JN272594

日本語の構造

推論と知識管理

田窪行則〔著〕
Yukinori Takubo

Kurosio Publishers

まえがき

　本書は私の還暦の記念として有田節子氏，笹栗淳子氏が編集してくれたものである。私がこの30年間に書いた論文のうち，言語学，生成文法の解説記事，別途出版を予定している博士論文の内容に関連する論文を除いたものをほぼそのまま再録してある。

　本書の企画，論文の選定，章立てはすべて有田節子氏と笹栗淳子氏が行ってくれた。本書の企画は，二年ほど前，有田氏から，なにかの拍子で私の還暦祝いの話が出た時，「記念論文集などはみなに迷惑になるから，私の論文を集めた論文集を作ってほしい」とずうずうしいお願いをしたのが始まりである。みなに迷惑をかけるかわりに有田さん，笹栗さんには何人分もの大変な迷惑をかけてしまい，いまとなっては後悔している。

　本書の編集は困難だったと想像される。なにせ，私はその時の興味に任せて書きなぐるような論文の書き方しかできず，全体としてストーリのある本ができるような気がしなかったからである。有田，笹栗両氏はくろしおの編集担当の池上氏となんども打ち合わせを重ね，私の論文の内容から章を立てて，論文を配置し，また，いくつかの英文論文を日本語に直して，なんとか統一性を持たせるようにしてくれた。

　採録された論文は最低限の誤植の訂正，文献の誤り，非適切な語句の訂正は行ったが，非常に若いころの未熟な論文も多く含まれており，全面的な書き直しをしたい欲求を抑えるのに苦労した。論文のなかには私が現在支持していない主張をしているもの，主張にいくつか矛盾する部分も含まれ，また重複する部分も散見するが，これも元の論文の内容をそれほど変えないという本書の編集方針から書きなおさなかった。これらの不備を少しでも補足するため，各章

には論文の解説を付けてある。

　いま読みなおしてみると，どれも満足がいくものでなく，議論の不備や説明不足が目立つ。いつも学生たちに論文指導するさい，「いまの自分に書くのでなく，一年後の自分，五年後の自分に向けて書かなければ，人に分かってもらえる論文は書けない。」などと言っているのだが，いま，読んでみると，独善的な議論や議論のステップが飛んでいるところも多く，非常に分かりにくい。その時の自分に聞くわけには行かないから，なぜもっと明示的な，分かりやすい文章で議論を展開できなかったのか後悔しきりである。

　このようなできの悪い論文であるが，やはり，自分が生み出したものなので，それなりに可愛いし，書いた時の自分の状況が浮かんできて懐かしい。これまで私の論文を読んできてくださった方々も，関連論文を読めば，すこしは書かれた背景もわかってくださるかもしれないと思い，思い切ってそのまま世に出すことにした。

　有田，笹栗両氏，また，くろしおの編集担当の池上氏にはいくら感謝しても足らない。ありがとうございました。

2010年9月
著者

目　次

まえがき ———————————————————————————————— iii

第一部　日本語の統語構造と推論

解　説 ———————————————————————————————————— 3
第1章　統語構造と文脈情報 ———————————————————————— 7
第2章　日本語の文構造——語順を中心に—— ———————————— 19
第3章　日本語における否定と疑問のスコープ ———————————— 41
第4章　中国語の否定——否定のスコープと焦点—— ———————— 63
第5章　日本語複合述語の構造と派生の諸問題
　　　　——述語繰りあげ変換を中心にして—— —————————— 75
第6章　現代日本語の「場所」を表す名詞類について ———————— 101
第7章　日本語における個体タイプ上昇の顕在的な標識 ——————— 125

第二部　談話管理と推論

解　説 ———————————————————————————————————— 145
第1章　対話における知識管理について
　　　　——対話モデルからみた日本語の特性—— —————————— 147
第2章　談話管理の標識について ———————————————————— 161
第3章　談話管理の理論
　　　　——対話における聞き手の知識領域の役割—— ——————— 173
第4章　音声言語の言語学的モデルをめざして
　　　　——音声対話管理標識を中心に—— ———————————— 181
第5章　感動詞の言語学的位置づけ ——————————————————— 193

第三部　推論と知識

解　説	203
第1章　対話における聞き手領域の役割について 　　　　―三人称代名詞の使用規則からみた日中英各語の対話構造の比較―	207
第2章　ダイクシスと談話構造	223
第3章　名詞句のモダリティ	239
第4章　日本語の人称表現	261
第5章　日本語指示詞の意味論と統語論――研究史的概説――	289
第6章　談話における名詞の使用	317
引用文献	341
初出一覧	352
索　引	354

第一部　日本語の統語構造と推論

第一部　解　説

　第一部には日本語の統語構造に関する論文を集めた。**第1章**の「統語構造と文脈情報」は,『日本語学』5月号(明治書院,1987年)に掲載された同名の論文に加筆したものである。付記にあるように私が参加した特定研究「言語情報処理の高度化」(長尾眞(京都大学教授(当時)))の筆者担当の研究の一部である。この論文は南(1985)の階層的な構造を句構造規則の形で書いたため,南の理論を言語学の研究者にわかりやすく紹介するという役割を果たした。私の本論文執筆の意図としては,このころ行っていた談話管理的な言語の理解の基礎となる部分を構築しようというものであった。実際,この特定研究の発表会では,発話された文を談話管理的に処理して,心的データベースを書きかえる操作の一部をなすものとしてこの論文のもとになった内容を発表している。しかし,時間的な制約もあり十分に明示的に規則を書くことができなかったため,『日本語学』に掲載した論文では統語構造のみに注目して書いた。

　当時私は疑問文と否定文の焦点とスコープの研究を行っており,**第3章**の論文と第1章の論文とは並行して書いていた。**第3章**の「否定と疑問文のスコープ」の論文は,韓国の大学での2年間の日本語教師生活を終えて帰国した82年ごろから書き始めたものである。83年ごろ完成し,85年の *Papers in Japanese Linguistics* Vol. 10 の論文として英文で発表された。翻訳は下訳を笹栗淳子氏(長崎純心大学)が準備され,それに私が加筆した。この論文は,二つの主張をしている。一つは否定や疑問のスコープと焦点を別のものとし,否定,疑問の焦点がそのスコープ内になければならないことを示そうとしたものである。たとえば,「これは僕の本ではない」というとき,「ない」が否定す

るのは「僕の本」という部分だが，このうち実際に否定されるのは「僕の」の部分で，「本」の部分ではない。このとき「僕の本」の部分を否定のスコープとし，「僕の」部分を焦点とするわけである。この論文のもう一つの主張は，否定辞「ない」，疑問辞「か」のスコープをその c-構成素統御領域とするというものである。「ない」，「か」のスコープが直前の動詞にしか及ばないという久野の主張を，これらが接辞であるという事実から c-構成素統御により説明しようとしたものである。しかし，これらの接辞は条件節に入るなどすると，直前の動詞より広い，動詞句までスコープを広げる解釈が可能である。したがってこの論文の二番目の主張はそのままではなりたたず，修正が必要と思われる。

　第2章の論文は第1章の論文の増補改訂版である。南の4階層をもう少し一般的な形で書き直したものである。この論文にも二つの主張があり，一つは南の4階層を4階層に限定する理由は特になく，統語的には要素の結合した回数だけの階層が想定されるというものである。この場合，4階層を設定するのは語用論，情報構造の問題であるということになる。これは，日本語に機能範疇が存在しなければ，自動的に出てくる結論である。v, T, C, Mのような機能範疇がこれらの階層の主要部をなすとすると，機能範疇が四つなら四つの階層が設定される。実際，田窪(1987a)では，そのような構造が仮定されている。しかし，このような機能範疇が存在しなければ，四つの階層を仮定する必要はないわけである。この論文のもう一つの主張は，南の論文で明示的にされていない，従属節の「係りの深さ」，すなわちその従属節が修飾する構成素と，「受けの深さ」，すなわちその接続助詞が下位範疇化する構成素が同じ範疇であるとする観察をし，それを説明したものである。南の論文ではA類の接続助詞がA類，B類の接続助詞はB類，C類の接続助詞はC類の節をとるという一般化がなされているように解釈できる。これらの類の名前はそのなかに何を含むかという機能と何を修飾するかという機能の両方を含むのであるが，それを明示的にしたのがこの論文である。

　第4章は中国語の否定に関する論文であるが，基本的な考え方は第2章の論文と同じで，いわばその応用ということができる。否定のスコープを否定辞の

c-構成素統御とすることで，中国語の否定の構造の分布を説明したものである。

　第5章は一番古く書かれたもので，その内容は1979年3月に提出された京都大学の博士課程の報告論文を増補改訂したものである。ここでは複合動詞のうち統語的なものと語彙的なものを分ける方法を提示し，統語的なものの構造を統語テストにより記述しようとしたものである。ここで前提とされている生成文法のモデルはかなり時代遅れになっているといえるが，古典的な生成文法の議論方法を使っているものとして採録した。

　第6章は私の修士論文を改訂したものである。日本語の場所名詞を扱い，非場所名詞を場所名詞に変換する形式名詞としてトコロを扱ったものである。この論文ではトコロの「部分化」という機能を設定しているが，現在はそのように考えておらず，トコロは基準点を表すものであると考えている。この論文では，「左右」，「東西南北」といった相対空間名詞を扱っているが，これらの名詞は基準点を必要とする。トコロをこの基準点を同定するために使用する名詞であるとするとここで扱う現象を説明できる。この観点からトコロが条件文の後件に使われた場合，反事実解釈が強制されることが説明できる。

　第7章は「〜のこと」という形式の形式意味論的考察を行ったもので，その統語構造にも言及した。これも原論文は英文で下訳は有田節子氏（大阪樟蔭女子大学）が準備された。ここで「〜こと」がついてできた名詞句は談話管理理論でいう直接知識に属する要素を表す。このことは，1989年に書かれた「文の階層構造を利用した文脈情報処理の研究——対話における知識処理について」（『言語情報処理の高度化の諸問題』258-275）の第4節に述べてある。その後，この問題は九州大学言語学講座で私の指導学生だった笹栗淳子氏が扱い，さらに笹栗氏と金城由美子氏（長崎純心大学（当時））と私とで共同研究を行った。第7章の論文はこれらの一連の研究を形式意味論で整理したものである。

　「〜のこと」は「あなたのことを話した」のように「〜について」という意味を持つものと「あなたのことが好き」のように「あなた」と同じ意味にしかならず，まったく意味を加えていないように見えるものとがある。この二つの「〜のこと」に対し同じ意味論を与えようとしたのがこの論文である。これは

「〜こと」がその名詞句を項とするような属性の集合，すなわち，その名詞句が表す個体タイプ上昇(individual sublimation)を表すとする。そのようにすると，その名詞句と固有名とは同じ対象を表すために，「〜のこと」が随意的に付いているように解釈されるわけである。「〜について」の解釈は，この属性の部分集合について言及することで得られる。

第1章
統語構造と文脈情報

1. はじめに

　これまでの機械処理に関連した日本語文法では統語構造と文脈情報は，互いに独立したものとして捉えられることが多かった．このため統語構造を非常に単純なものとして，文脈情報は，外界の知識などを参照して得ることが一般的に行われているようである．文の統語的解析の役目が，文構造を特定の意味表示に移すだけなら，実際，単語の切れ目と，節の境界さえ正しく得られればどのような統語表示をしてもそれほどの差はないであろう．しかし，情報構造まで含めた文解析の効率を高めるためには，かなり，正確な統語構造が必要と考えられる．

　これまで，統語構造と文脈情報との相関については，英語をはじめとする西欧語で多くの研究が成されている(Greenbaum 1969；中右 1983；福地 1985；岡田 1985)．それらによれば，文の成分のうち，述語の補語，及び制限的修飾節は，焦点に入ることができ，主語，述語動詞などは，特別の場合にのみ焦点化され，非制限修飾節などは，焦点に入ることができない．ここで問題になっているのは，潜在的な焦点位置であり，焦点化可能な位置のうちどこに焦点が入るかは，文脈によって決まる．

　日本語については，三上(1953, 1963)，南(1974)などに提案されている階層的な統語表示を修正し，日本語と西欧語の細かい差異を調整すれば，ほぼ同様の結果を得ることができる．また，この統語表示は，意味タイプと相関しており，これによれば，ゼロ名詞句の分布と機能及び，疑問詞の生じ得る位置など

を明らかにすることができる。

　本章では，このような西欧語学，日本語学の研究成果に基づき，統語構造と文脈情報との相関——特に文の階層構造と，前提・焦点に関する文脈情報構造との相関——を利用して，統語構造からさまざまな文脈情報を得る方法を概観する。

2. 階層的統語表示

　以下では，説明の便宜上，まず，南 (1974) の修正を提案し，それを利用してゼロ名詞句の分布を考える。

2.1　南の説，及びその修正

　南による日本語の文の構造を多少単純化して述べると次のような階層を成す。

(1)　　A＝様態・頻度の副詞＋補語＋述語
　　　　B＝制限的修飾句＋主格＋A＋(否定)＋時制
　　　　C＝非制限的修飾句＋主題＋B＋モーダル
　　　　D＝呼掛け＋C＋終助詞

　これらはそれぞれ次のような統語範疇と対応する意味タイプを表していると考えてよい。

(2)　　A＝動詞句　　動作
　　　　B＝節　　　　事態
　　　　C＝主節　　　判断
　　　　D＝発話　　　伝達

　さて，南では主格名詞は，時制辞と同じ階層にあり，したがって共起関係を持っている。しかし，実際には非意志的動作・過程の主体を表す主格名詞は時制の区別がない節にも現れることができる (益岡 1987a，金水 1987)。

(3)　　[氷が解ける]ように冷蔵庫の外に出しておいた[1]。

---

[1] (3), (4) の「ように」がA類であることは，これが同じA類の「ながら」の中に入るこ

また，このような節では，否定形も表れる。
(4)　［氷が解けない］ように冷蔵庫にいれておいた。
　つまり，A類は，意志的動作を示すのか，過程・状態を示すのかで，要素が異なるわけである。これには，さまざまな技術的問題があって，確定的な構造を示しにくい。ここでは，非意志的動作・過程の主体を「対象主格」，意志的動作の主体を「動作主格(経験者格を含む)と名付け，暫定的に，次のように修正しておく(益岡 1987 b)。
(1)′　A類1＝様態・頻度の副詞＋補語＋動詞
　　　A類2＝頻度の副詞＋対象主格＋動詞(＋否定)
　　　B類＝制限的修飾句＋動作主格＋A＋(否定)＋時制
(2)′　A類1＝動作の命名
　　　A類2＝過程・状態
　もちろんこの場合，動作主格と対象主格は，共起できない場合が多い。共起できるのは，対象主格が三上(1953)のいう部分主格である。そうでなければ，動作主格の形を「ニ」などに変える必要がある。また，副詞類も，動作主格の節と，対象主格のみが表れる節とではかなり異なる。
　さて，接続助詞，述語などはこれらA，B，C，Dのどれを項に取りかえるかで分類される。接続助詞は，(5)のようになる。
(5)　A：－て(様態)，ながら(同時動作)，つつ，ために(目的)，まま，ように(目的)……
　　　B：－て(理由，時間)，れば，たら，から(行動の理由)，ために(理由)，ので(？)，ように(比況)……
　　　C：から(判断の根拠)，ので，が，けれど，し，て(並列)……
　　　D：と(引用)，という

―――――――――――――――――――――――――――――――
とでも分かる。
(i)　彼は[[[氷が解けないように]冷蔵庫にいれ]ながら]私にこう言った。

2.2 階層構造とゼロ代名詞の分布

上の階層構造と日本語のゼロ代名詞の分布との相関を見る。

(6) a. ［歩く］のは健康にいい。
　　b. ［歩いて行く］のは／が難しい，面白い，大切だ，重要だ，必要だ。
　　c. ［自分を知る］のは難しい。
　　d. 私は［行く］ことを約束した。
　　e. 花子は太郎に［行く］ことを禁止した。
(7) a. ［歩いて行く］ことは明らかだ，当然だ，事実だ，嘘だ。
　　b. ［歩いて行った］ことを発見した，非難した，反省した。

(6)，(7)は，主語や補語に取る要素の性質を異にしている。(6)の類と(7)の類とを比較すると，(6)の主語，目的語は内部の動詞が現在形と過去形の対立を持たず，表しているのは「歩く」という一般的な行為ないし動作である。これに対し(7)は，時制の対立があり，ある事態，ないし事件を表している。つまり，これらの述語はそれぞれ，主語・目的語の位置に要求する要素の意味タイプが異なるわけである。(6)はA類，(7)はB類が来る。

さて，上の文では，埋め込み文中の主語が明示されていない。(7)の文では埋め込み文中の主語は，先行文脈を参照すれば具体的な値が決められるものである。この明示されていない名詞句を小文字のpro(＝音形のない代名詞)と表す。例えば，(8)，(9)のような「省略形」は，この要素を含んでいると考える。

(8) 田中さん来た。
　　うん，pro 来た。
(9) 君，あの本読んだ。
　　うん，pro_1 pro_2 読んだ。

そこで(7)の文の構造は次のようになる。

(10) ［pro［歩いて行く］時制］ことは明らかだ。

また，時制の対立を持たない節においてもなんらかの主語要素(動作主格)を仮定せねばならないことは，次のような文からも分かる。

(11) ［自分を知る］ことは難しい。

「自分」の先行詞は，原則として上位にある主語である。「自分を知ること」

は，主語節であり，主節には先行詞になる主語はないから，主語節の主語の位置に，やはり，音形のない代名詞を仮定し，大文字の PRO と表す．そこで，(6)の文は，次のような構造を持っていると考えられる．

(12) ［PRO［自分を知る］］ことは難しい．

さて，(10)のゼロ代名詞と，(12)のそれとの違いは，前者が文脈内に先行詞を持つ，文脈指示的(discourse anaphoric)な代名詞として機能しているのに対し，後者が，総称的な代名詞(＝「一般に」という意味の代名詞)，あるいは，統制指示的(controlled)代名詞(＝同一文内に先行詞を持たなければならない代名詞)として機能しているという点である．さらに重要な点は，文脈指示的なゼロ代名詞は，主語以外の位置にも生じるのに対し，PRO のほうは，主語(動作主格)の位置にしか生じないということである[2]．この間の事情は，英語などの西欧語とほぼ同じである．pro は英語で人称代名詞に当たり，A 類は，いわば非定形節を，B 類は定形節を表していると解釈すれば，その分布はほぼ平行する．英語も，主格名詞は，定形節(時制辞のある節)にしか表れず，非定形節(不定詞，動名詞)の主語は，PRO が来るか，for を付けたり，所有格などでマークしたりしないといけない．ただ，両者には，多少の差がある．先に述べたように，日本語では，対象主格は，A 類の節に入る．したがって，英語と違い，対象主格は時制辞がなくとも，音形を持った名詞として表れる．また，対象主格の位置が，ゼロの代名詞になった場合，小文字の pro の解釈しかとれない[3]．

(13) ［汗が出る］のは健康によい．

(14) ［φ　出る］のは健康によい．

---

[2] 目的語を落とした場合は，文脈指示的な代名詞(pro)になるか，(i)のようにその動詞の典型的な目的語に解釈される．後者の解釈の可能性は，語彙的に制限されており，一般的なものではない．

(i) ［飲みすぎる］のは健康によくない．

[3] ここでは，対象主格を「わかる」，「できる」などのいわゆる状態述語の目的格を表すガとある面では同一に扱っている．「出る」「解ける」などの対象変化を表す自動詞と，状態述語との違いは，前者が目的格を取った上，さらに B 類の主格である経験者格のガ(あるいはニ)をも取るのに対して，後者がそのような外部の主格を必要としないことである．

ここには多少理論内部の技術的な問題が関わっているので，ここではこれ以上扱わない(詳しくは，Saito (1982), Kuroda (1983), Hasegawa (1985) などを参照)。

また，副詞節の場合も同じで，A類の接続助詞に導かれた節の主語は，独立した値を持たず，上位節の要素に統制された解釈をとる。

(15) ［φ［φ新聞を読み］ながら食事をする］のは下品です。
(16) 私は彼に［φ［φ本を読み］ながら食事をする］ことを勧めた。

これは，例えば(17), (18)のように，「－た」の形を取っていても，時制の対立がない場合には，成り立つ。

(17) ［φ食事をした］後すぐ寝るのは，健康に悪い。
(18) 子供が異物を飲み込んだ場合，［φできるだけ早く医者に見せた］ほうがよい。

B類の接続助詞では，よく知られているように，それが導く従属節の主語は，上位節の要素とは，独立した値をとることができる。

(19) 外庭に出たら，雨が降っていた。
(20) 山道を降りれば，彼が待っているはずです。

もちろん，主語節，目的語節と違い，これらの条件節は現在形・過去形の対立を明示的には示せない。

2.3 係り先

三上(1953, 1963)，南(1974)などが明らかにしているように，A, B, C, D類の下位の節は，上位の類の要素を含むことはできない。したがって，(21)の文は，(22)のように，分析することはできず，(23)のように分析しなければならない。

(21) 金があるから結婚するのはよくない。
(22) ［金があるから結婚する］のはよくない。
(23) 金があるから［結婚する］のはよくない。

(22)の解釈を得るためには，(24)のように引用句にする必要がある。

(24) ［金があるから結婚する］というのはよくない。

または，「と」を付ける。これは，様態の副詞化のような役目を持つ。
(25) ［金があるからとムダ使いする］のはよくない。

2.4 副詞要素に関する南説の修正

南は，それぞれの接続助詞の導く節内に来られる成分を観察して，副詞句タイプの分類をしているが，B類に「実に，やはり，とにかく」などや，評価の副詞類（幸い，幸運にも，ざんねんながら）を入れている。澤田(1978)，中右(1980)，Kato(1985)などが示しているとおりこれらは，機能的には文副詞であり，非制限的修飾要素であるから，ここでいうB類の従属節内には入らない。このことは，これらの副詞が(7)のような文の主語節に含まれないことからも分かる。

(26) ＊［残念ながら，彼が来ない］ことは明らかだ。
(27) 　残念ながら，［彼が来ない］ことは明らかだ。

これらを含む節は，PROを許さず，制限的修飾要素の特徴である，焦点を受け取るという性質を持たない。南の根拠は，これらが理由の「－ので」節の内部にくるということであるらしいが，次節で見るように「－ので」は非制限修飾節の用法を持ち，「けれど」などのC類の接続助詞と同じく扱うことができる。これらの副詞類を除けば，B類はすっきりしたものになり，(2)の意味的特徴付けが正当化される。

3. 焦点位置の記述

次に，上の統語的階層構造を利用して焦点構造を考える。

3.1 疑問の焦点

文は，前提部分（旧情報）と焦点部分（新情報）とに大きく分けることができることは，よく知られている（ここでは，焦点の厳密な定義はせず，当面の作業のため，「質問の答えの部分に成り得る」などの常識的な理解を取っておく）。ここで大切なのは，焦点化可能な位置（潜在的焦点位置）と実際の焦点位置との区別である。当然のことながら，統語的に決定できるのは，潜在的な焦点位置

のみであり，それも，無標の場合にほぼ限られる．実際の焦点は，潜在的焦点位置の中，及び，部分から，文脈によって決まる．このように考えれば，英語などと日本語の焦点位置も，階層的な統語構造との相関関係を捉えることが可能である．

さて，英語ではつとに Greenbaum (1969) などが，文の機能的位置と潜在的焦点位置との関係を記述している．それによれば，無標の場合，焦点に来るのは，補語と制限的修飾語句（特に両方が存在している場合は後者）であり，有標の場合（＝特殊な強調ストレスを伴ったりすれば），主語，及び，述語動詞も焦点に成り得る．

日本語の場合，焦点構造を考えるのには多少準備がいる．日本語では，原則的に文末の述語以外が自然な質問文の焦点に来ることができない．そこで「の」を付けて，焦点に来る要素を文末述語内に入れる必要がある (Kuno 1982 ; Takubo 1985)．

(28) ?? 彼がいるから，北海道大学に行きますか．

(29) ?? 英語をマスターするために，アメリカに行きますか．

(28), (29) は，どちらも反語の読みか，「彼」，「英語」に選択的対比の意味を強調したクイズ的な読みしかない．「から」節，「ために」節に焦点を入れるためには，(30), (31) のようにしなければならない．

(30) 彼がいるから，北海道大学に行くんですか．

(31) 英語をマスターするために，アメリカに行くんですか．

文末の述語以外が疑問の焦点に入るためにはまず，この「の」のスコープ内に入らなければならない．

同様の現象が，モーダルのスコープに関しても起こる．

(32) 彼が行ったから彼女も行ったでしょう．

(32) は，「から」節で「でしょう」のスコープ内に入れた読みができず，解釈は (33) のごとくなる．

(33) 彼が行ったから [彼女も行った] でしょう．

すなわち，「から」は，「彼女が行った」理由ではなく，話者がそう推測する理由を述べている．「から」節が「でしょう」のスコープ内に入り，「彼女の

行った」理由を述べられるようにするためには，(34)のように，「の」を入れなければならない．

 (34) 彼が行ったから，彼女も行ったのでしょう．

(34)は(35)のごとく解釈できる．

 (35) [彼が行ったから，彼女も行った]のでしょう．

(33), (35)の差も焦点の差として考えることができる．

 文末の述語以外では，「の」のスコープ内に含まれる要素が，潜在的な焦点位置である．「の」のスコープ内，したがって疑問やモーダルの焦点に来うるのは，A，B類の要素である．そして，A，B両方の要素が存在するときは，B類の修飾要素に，A類のみのときは，A類の修飾要素，補語のみのときは，補語，というような順序で焦点が置かれる．C類の要素には，焦点が置かれない．つまり，非制限的修飾節には焦点が来ないのである．これは，主語に無標の焦点が置かれるという点を除いては，英語の場合と同じである．

3.2 疑問詞と主題的位置

 疑問詞の生じうる位置は，上の焦点位置とほぼ一致する．つまり，潜在的な焦点位置である．B類より内部の構成素に現れ，C類の修飾節内部には生じ得ないのである．

 最も代表的なのは，疑問詞と主題の「は」との関係で，疑問詞，あるいは疑問詞を含む句には「は」を続けることはできない．

 (36) *誰は行きましたか．

 (37) *[誰が書いた本]は面白いですか．

「NPは」のような位置を主題的位置というとすると，いわゆるC類の修飾語句はすべて主題的位置となる．これらの語句は，原則として，それ自身が，焦点に来ることもなく，疑問詞を中に含むことはできない．つまり，シンタグマティックな関係をのみ持ち，パラディグマティックな関係を持たないのである．

 (38) [田中が訪ねて来た]けれど，私は会わなかった．

 (39) *[2][誰が訪ねて来た]けれども，君は会わなかったの．

上の(33)の「から」も主題的な要素と考えられる。確かに，(33)には疑問詞を入れることはできない。これに対し，(35)の「から」節は疑問詞を入れることができる。

(40) *[誰が行った]から，彼女も行ったでしょうか。

(41) [[誰が行った]から，彼女も行った]のでしょうか。

ここでは，「から」が，焦点に入るか否かによって，制限修飾節，非制限修飾節の二通りの用法を持つと考えられる。

上の分析が予測する面白い現象を見てみよう。

(42) a. 誰がいるから北海道に行くんですか。
　　 b. 田中さんがいるから，北海道に行くんです。
　　 c. 田中さんがいるからです。

(43) a. *誰がいますから，北海道へ行くんですか。
　　 b. 田中さんがいますから，北海道に行くんです。
　　 c. *田中さんがいますからです。

(43)のように，「から」節の中に「ます」をいれた場合，疑問詞を中に含むことができない。また，「から」の部分を答えとする文も成立しない。これは，一見奇異な現象であるが，「から」節と「ますから」節の談話意味機能を考えると至極当然の結果である。ここでは，前者は，行為の理由となって，制限修飾節を成しているのに対し，後者のほうは判断，依頼などの根拠を示しており，非制限修飾節となっている。このことは，次のような文を比較することでより明確になる。

(44) 田中さんがいるから，北海道に行くのだろう。

(45) 田中さんがいるから，北海道へ行くのですか。

(46) 田中さんがいるけれど，北海道へ行くのだろう。

(47) 田中さんがいるけれど，北海道へ行くのですか。

(44), (45)は，「から」節が「のだろう」，「のですか」のスコープ内にはいるか否かで曖昧となるのに対し，(46), (47)の「けれど」節のほうは，両者のスコープ外にあり，曖昧性はない。同様に(44), (45)を「ますから」にすれば，曖昧性は解消される。

(48) 田中さんがいますから，北海道に行くのでしょう。

さて，一般に知られているように，C類の従属節は，丁寧度を主節の述語に一致させる。

(49) 田中さんがいましたけれど，北海道へ行くのでしょう。
(50) 田中さんがいたけれど，北海道へ行くのでしょう。
(51) *田中さんがいましたけれど，北海道へ行くのだろう。

B類の従属節の場合，節内の述語を丁寧形にすると，主文の丁寧度は普通より上がる。

(52) ［誰が申しました］言葉がお気にさわったのでございましょう。

したがって，「ますから」は，B類の「から」でなく，「けれど」と同じC類の接続助詞である「から」に「ます」を付けたものと解釈できるわけである。C類の「から」節は疑問詞を含むことはできない[4]。

「から」に制限・非制限の二用法があることは，次の例からも分かる。

(53) 彼が来るだろうから。
(54) *誰が来るだろうから。

つまり，C類の「だろう」を入れた場合は，疑問詞も含めることはできないのである。「のだ＋から」でも同じである。

(55) 一郎さんが来るのだから，もっと女らしい格好をしなさい。
(56) *誰が来るのだから，女らしい格好をするのですか。

この観点からは，「ので」は，三上や南の考えるごとく，B類の要素でなく，C類の要素である可能性がある。「ので」節は，それ自身が焦点にくることがなく，疑問詞を含んだ文はかなり不自然だからである。また，次の評価の副詞に関する考察から，「ので」に，C類，すなわち，非制限従属節の用法があることは確実である。

(57) ??誰が来るのであわてているのですか。
(58) ??田中さんが来るのです。
　　　cf. 誰が来るというので，あわてているのですか。

---

[4] 「ますから」をC類の接続助詞とするのは，少し問題もある（三上 1953, 1963）。

「から」,「ので」が,C類の用法を持つことは,先に述べた「評価の副詞」に関しても観察できる。評価の副詞類が入る文脈を考えてみる。

(59) [幸運なことに締切に間にあった]ので,ほっとしている。
(60) [幸運にも東大にはいれた]から,いいようなものだ。
(61) [残念ながら原稿が締切に間に合わなかった]ので先生の部分は白紙になります。
(62) [やはり,子供をそんなところへ連れて行くわけには行かない]から置いて行こう。
(63) [せっかく一郎さんが来るのだ]から,もう少し,女らしい格好をしなさい。

これらの節は非制限修飾節であり,疑問詞を中に含めることはできない。また,これらの「から・ので」節は,「ます」を文体をそれほど考えずに挿入することができる。つまり,評価の副詞類を含んだ理由節は,焦点に入ることができず,C類の従属節であることが分かるのである。

4. 結語

南の文の階層構造を,統語範疇及び対応する意味のタイプとして解釈し,多少の修正を加えれば,日本語の省略(ゼロ代名詞),疑問の焦点などの情報構造と統語構造の階層性に関する部分との相関を一部記述できることを見た。

付記

本章は科学研究費特定研究(1)「言語の情報処理の高度化」研究報告会発表資料の筆者担当部分に多少手を加えたものである。

第 2 章
日本語の文構造
――語順を中心に――

1. はじめに

　本章では日本語の文法構造を一般言語学的な議論の中で捉え直すことを試みる。特に語順を中心に，日本語がどのような面を他の言語と共通して持ち，どの面が違うのかをおおづかみに捉えることが本章の目的である。

　まず第1節では，日本語の特徴として広く受け入れられている入れ子型の構造を，三上(1970)，南(1974)，北原(1981)などの階層的な構造枠組みを拡張することで捉える。次に第2節では，このような階層的な意味構造を線状化する際の日本語の特徴を見て，入れ子型構造と橋本式の文節構造とを線状化規則によって関係付ける試みを非常に単純化した形で紹介する。さらに，第3節では日本語の階層的構造のもう一つの特徴である，従属節の従属度がどのような性質を持つかを見る。

2. 入れ子構造と階層的構造

　日本語学の伝統では日本語の文構造に対して次のような構造が想定されることが多い(北原1981，仁田1997，野田2002)。
　(1)　　［［命題(的意味)］モダリティ(的意味)］
すなわち，文は，命題部分とそれを包み込むモダリティを表す部分とに分かれ，いわゆる入れ子の形で表現されるとするものである。命題部分は，dictum，モダリティ部分は，modusなどとも言われる。命題部分は，主語を含む部分と命題から主語を取った残りである動詞句部分とにさらに分かれる。

モダリティ部分に関しては命題目当てのものと聞き手目当てのものとを区別すると次のような構造になる。

(2) 　[[[主語　動詞句]命題目当てモーダル]聞き手目当てモーダル]

命題目当てモーダルには命題目当てモダリティ修飾句が付き，聞き手目当てモーダルには聞き手目当てモーダル修飾句が付く。これを表示すると(3)のような入れ子構造になる。

(3) 　[聞き手目当てモダリティ修飾句[命題目当てモダリティ修飾句[主語　動詞句]命題目当てモーダル]聞き手目当てモーダル]

入れ子関係は，左にくる要素と右にくる要素が呼応関係にあることを表している。つまり，聞き手目当てのモダリティの修飾句は，聞き手目当てモーダルと呼応し，命題目当てのモダリティ修飾句は命題目当てモーダルと呼応する。また，主語句は述語と呼応するので，(3)のような入れ子の構造ができる。南(1973,1991)のA，B，C，Dの4段階の階層関係はこのような構造を表していると解釈することができる。このような考慮から田窪(1987a)では，句構造規則として表し，次のような階層構造を想定した[1]。

(4) 　A＝様態の副詞＋補語＋述語
　　　B＝制限的修飾句＋主語＋ A ＋(否定)＋時制
　　　C＝非制限的修飾句＋ B ＋モーダル
　　　D＝呼掛け＋ C ＋終助詞

聞き手目当てモーダルを終助詞，それと呼応する修飾句を「呼掛け」と呼んでいる。また，命題目当てモーダルは単にモーダル，それに呼応する修飾句は非制限修飾句と呼んでいる。

(4)は，それぞれの段階がどのような要素を含むかを示した句構造規則になっているが，これは主要部と補語からなる句に付加的な句が修飾するという形式をとると考えることもできる。そこで(4)は，次のように，[付加句[補語　主要部]]という構造を持つと考えられる[2]。

---

[1] 田窪(1987a)ではA類を二つに分けたがここでは無視する。
[2] このような立場からの具体的な構造の提案に関しては吉本(1993)参照。

(4')　A＝［様態の副詞＋［補語＋述語］］
　　　B＝［制限的修飾句＋［主語＋［［A＋(否定)］＋時制］］］
　　　C＝［非制限的修飾句＋［主題＋［B＋モーダル］］］
　　　D＝［呼掛＋［C＋終助詞］］

南の四つの階層は，日本語の階層構造を非常にうまく表せていると同時に意味構造を表しているといってよい。田窪(1987a)ではこれらはそれぞれ次のような統語範疇と対応する意味タイプを表していると考えた(多少簡略化してある)。

(5)　A＝動詞句　　動作のタイプ
　　　B＝節　　　　事態のタイプ
　　　C＝主節　　　判断
　　　D＝発話　　　伝達

しかし，A-D類を句構造として表し，それに関わる上のような意味的階層関係を考えると階層関係が4層である根拠はそれほど強くない。実際，南以降4段階以上の階層関係を想定する研究が非常に多く出ており，この4層の階層構造をさらに詳しく分類し，より詳細な区別をする。例えば，野田(2003: 12)では述語部分に次のような区別がされている。

(6)　述語語幹］ヴォイス］アスペクト］肯否］テンス］対事的ムード］対他的ムード］
　　　　｜　　　　｜　　　　　｜　　　　｜　　　　｜　　　　　｜　　　　　　｜
　　　閉め］　　られ］　　　てい］　　なか］　った］　　ようだ］　　　　ね］

この詳細な述語構造に対応して，対応する副詞類などが呼応すると考えると，さらに詳細な階層構造ができる。しかし，このような「文法カテゴリー」を立てることにはそれほど強い根拠はない。受身の「られ」は，(7)のように「アスペクト」の一形式とされる「て－い」の前にくることもできるし，(8)のように，後にくることもできる。

(7)　この本はいろんな人に読まれている。
(8)　そんなところに立っていられては邪魔になる。

もちろん，「て－い」の後に来る「られ」は，いわゆる被害の受身であり，「て－い」の前に来るものは直接受身であるなどといって区別することは可能である。また，前者のほうがより広い範囲の要素をとると見ることもできる。これ

らを互いに異なる文法カテゴリーであるとすると，これらを区別してヴォイス1，ヴォイス2とでも名前を付ける必要が出てくるだろう．また，過去時制を表すタの形は，モーダルの要素より前にも後にも出てくる．「行ったようだった」のごとくである．そこで，文法カテゴリーを立てるなら，時制1，時制2とでもしなければならなくなる．この場合ももちろん時制1はアスペクト，時制2はテンスなどと区別することも可能である．

　一つの文法カテゴリーはいわゆる縦の関係をなし，他の対立するメンバーとパラディグマティックな関係を持つ．例えば，非過去の「る」形と過去の「た」形は「るた」，「たる」のように連結して現れることはないため，一つの文法カテゴリーをなすと考える根拠になるかもしれない．しかし，「る」や「た」に対し，アスペクトとテンスの二つの用法があるとすれば，このような連結形がないのは，単に形態の問題で，文法カテゴリーとして連結は許さなければならない．また，使役の「させ」と受身の「られ」は「させられ」の形で連結できる．このようにパラダイムをなさず，シンタグマティックな関係に立つものをヴォイスとして一つの文法カテゴリーのように扱うのは問題である．となると，それぞれを別の文法カテゴリーとして，例えば「させ」は述語語幹の一部とし，「られ」はヴォイスとするという不自然な取り扱いをせねばならない．また，その場合「られさせ」が不自然なのは意味的な問題ではなく，文法的な問題であるとしなければならないが，これが適切かどうかは疑問である．また，D類の主要部となる終助詞も「わ」，「よ」，「ね」を重ねることができるが，これらをD1，D2，D3と別のカテゴリーにする必要はなく，単に，終助詞として連結できるとすればよい．また，これらの「よわ」，「ねわ」，「ねよ」などが言えないのも特に文法的というよりはそれぞれの終助詞要素が持つ意味操作からくるものだと思われる[3]．

　これらの点を考慮に入れると特に4段階の文法カテゴリーのようなものは立てず，単純にこれらの述語要素がそれぞれ主要部となって補部をとるような構

---

[3] 田窪・金水(1997)では，「よ」は情報の間接知識領域への設定を表すとし，「ね」を計算，特にこの場合は設定された仮説的情報と外的証拠との一致の計算を表すとして「よね」の順序しかないことを導出しようとした．

造を考えるほうが簡単である。主要部要素がとる補部の構文的性質はほぼ意味的な選択により決まると考えられる。例えば次のような意味的な選択があると考えてみよう。

(9) 述語主要部の意味的選択
　　　食べ：[食べられるもの]をとってそれを食べる動作(のインターバル)を与える
　　　させ：[動作]をとって，使役動作を与える
　　　られ：[動作]をとって，受身過程を与える
　　　アスペクトの「た」：動作のインターバルをとって終点を与える。
　　　ようだ：命題をとって現実に対する説明を与える。
　　　テンスの「た」： 動作のインターバルをとって参照点(無標では発話時)より以前に位置付ける

述語にこのような意味的な選択が想定されるとすると，述語がとる補語句の性質はこのような意味的性質を持つものに限られる。

「させ」は動作を表す動詞句をとって，使役動作を表す動詞句を作る。「られ」は動作を表す動詞句をとって，被害受身を表す動詞句を作る。「させ」の構造を次のようなものだとしよう。「させ」は，動作を表す動詞句を補語として動詞句を作り，それに被使役者を付加句としてとるような下位範疇化特性を持つとすると，例えば次のようになる。

(10) [被使役者に　[動作 − させ]]
　　　[太郎に　　　[[りんごを食べ] − させ]]

受身は，動作を表すものをとって，受身過程を与えるとしよう。その下位範疇化特性は，動作を表す動詞句を補語として動詞句を取り，受身動作主を付加句としてとるとする。したがって，受身は使役化されてできた動作をとることができる。これを受身にすると次のようになる。

(11) [受身動作主　[[使役動作] − られ]]
　　　[次郎に　[被使役者ニ[りんごを食べ] − させ] − られ]

被使役者は，受身過程と結び付く，経験者と同一になるので表面には現れないから，これを pro で表すと次のようになる。

(12)　［経験者　［受身動作主　［pro［使役動作］］－られ］
　　　太郎が［次郎に［pro［りんごを食べ］させ］－られ］

次に，「られ－させ」を見てみる。

「られ＋させ」は，「られ＋補語句」に受身動作主を付けたものを補語句にしてそれに「させ」を付ければできる。

(13)　［太郎に［次郎に［りんごを食べ］　－られ］　－させ］

このとき，「られ」は過程を作るもので，動作を作るものではないし，受身動作主は，ニ格であるために，「させ」がとる被使役者のニ格と重なり，ニ格が二つ続く。意味としては，被害を受けさせるという意味になる。「に」が二つ続くことと「被害を受けるということをさせる」ことが可能であるという不自然な想定ができれば意味はとることができることになり，実際には使えないが，文法的には適正な組み合わせであることになる。

次に「モーダルの助動詞」が二つ続く例を見てみよう。「だろう」は，後ろに終助詞以外はくることができないが，これが意味上の問題なのか形態上の問題なのかはよく分からない。形態上の問題をクリアできれば，モーダルの助動詞とされているものも重なることが可能である。以下のものはgoogle検索によるものであり，多少不自然ではあるが，非文とまではいかず問題なく解釈できる。

(14)　彼はずっと寝たきりらしいそうだ。
(15)　思索というのは非常にいいらしいそうだ。
(16)　太陽熱温水器というものは凍結期は使えないもので無理して冬に使う場合は凍結期のパンク修理件数は結構多いらしいようだ。
(17)　株が下がる，下がる，景気が下がる，下がる，日本もドイツもアメリカも中国までもデフレ経済にはまったみたいらしい。

つまり，日本語では意味的制限が守られれば，述語は補語句をとって重ねていくことができるものであり，特に文法カテゴリーによる制約は必要ないと考えられる。日本語の主要部の承接は形態的な制約と意味的な制約による。これに対し，英語では後述するようにモーダルの助動詞を組み合わせることはできず，may can, must can などの組み合わせは許されない。これは，意味的な制

約ではなく，モーダルの助動詞の位置が節に一つしかないことからくる統語的な制約である。

　主要部と補部とでできた句にさらに付加的な要素が加わった日本語の基本構造は次のようになる。

(18)　　X：補語＋主要部
　　　　Y：付加句＋X

```
           Y
          / \
         /   X
        /   / \
      付加句 補語 主要部
```

このようにしてできた句をさらに別の述語要素が補部としてとるとすると次のような構造ができる。

(19)　[付加句3＋[付加句2＋[[付加句1＋[補語1＋主要部1]]＋主要部2]＋主要部3]]
　　　　　　｜　　　　｜　　　　　｜　　　｜　　　　　　｜　　　　｜　　　　｜
　　　　[山田が＋[[彼に＋[[ゆっくり＋[カレーを＋食べ]＋させ]]　　た]]

このような単純な構造の繰り返しにより，層をなす日本語の階層構造ができているのだと考えよう。A–D のような区別は，このようにしてできた意味階層構造に対して，適用される連続的な区別として見ることができる。

3. 日本語の語順と線状化規則

　第1節で見た日本語の階層は語(あるいは形態素)を，形態的な制約に従って順次組み合わせて作っていく意味的な階層と考えることができる。この階層構造と日本語の実際の語順との関係は自明ではない。(4')で述べた句構造は，句構造自体に語順の情報が書き込まれており，それに従えば，語順が指定できる。

(20) ＝ (4')

　　　　A＝[様態の副詞＋[補語＋述語]]
　　　　B＝[制限的修飾句＋[主語＋[[A＋(否定)]＋時制]]]
　　　　C＝[非制限的修飾句＋[主題＋[B＋モーダル]]]
　　　　D＝[呼掛＋[C＋終助詞]]

句構造規則は，句の構成要素とその構成要素間の順序をコード化したものだから，例えばAであれば，様態の副詞，補語，述語をこの順序で並べること

を意味する。したがって，A-D のような4段階を認めず，単に，付加句，補語，主要部からなる階層構造を認める場合でも，例えば，付加句，補語，主要部という順序を認めておけば，語順を指定しておくことができる。しかし，このような順序を含んだ句構造を想定し，これにより語順を指定することは次の点で問題がある。

　まず，意味的な階層から意味解釈をする場合，語順の指定は意味には直接関係がない。語順が意味に関係があるのは可能な語順が複数選択できる場合に限られ，名詞と格助詞とか，関係節（連体修飾節）とそれが修飾する名詞とかのように完全に語順が決まっている場合には，語順は意味とは無関係である。つまり，意味的な階層に語順を指定するのは，レベルの混同がある可能性がある。

　次に，いわゆるハシモト単位の問題がある。広く知られているように日本語では文の発音の単位は上で見たような階層構造ではなく，文節という単位で行われる。文節による分析は，上で見た意味的階層とは異なることが知られている。例えば，(21)は次のような文節に分けられる[4]。

(21)　｜お母さん｜，｜どうも｜｜お隣は｜｜息子さんが｜｜大学に｜｜入ったようだね｜。

文節は，「ね」「ですね」「あの」のようないわゆる間投詞が入り得る切れ目やポーズ，方言によってはアクセント規則などの配置にも関わる発音の単位として有用であるため認めざるをえない。しかし，(4)のような構成要素に順序を付けた句構造がそのまま線状化の規則であるとすると，それだけではこのような音韻句が出てくる余地はない。したがって，第1節で見た意味的な階層構造と，この文節という音韻句を持つ線状的構造とを結び付けるような線状化規則が必要となるのである。

　これまで意味階層構造がどのようにして日本語の語順として線状化されるかに関しては，日本語学ではあまり具体的な議論はないように思われる。階層構造を基本とする分析では，それほど明示的な文節を認めていない。そこで，こ

---

[4] このようにして分けられた文節をさらに結び付けて階層構造にしたものがいわゆる連文節であるが，文節とは異なり，連文節という単位に根拠があるか否かは疑問である。

こでは意味階層構造には語順の指定をせず，線状化規則を別途立てることで，意味階層構造を文節構造に写像する試みを行う[5]。

3.1 日本語の線状化規則

線状化というのは，半順序構造を持つ階層的な構造を全順序構造に変える操作である。日本語の基本的な線状化規則は，次のように述べることができる。

(22) 日本語の線状化規則
  (i) 階層構造の上から構成素をはずして線状化する。
  (ii) 構成素は非主要部＞語彙的主要部の順に線状化する。
  (iii) 線状化は先端に到達したら，線状化の後，隣接した同位要素（sister）を線状化する。

この規則に従えば，階層構造の上のほうから非主要部のほうを先にとって並べ，その後に主要部を並べていく形で日本語の語順ができ上がる。つまり(20) = (4')で見た意味的な階層構造の一番上から始めて，左側の要素を順次取り外して，線状に並べていき，下に降り，一番下についてから上に上がっていくことで日本語の基本語順ができ上がる。このため，意味的構造は(23)のようにたまねぎの皮のように，外から中へと入れ子のような構造となっているが，線状化された構造は，いくつかの構成素を並べた後で，主要部が連続した形となった，いわゆる文節構造となっている。

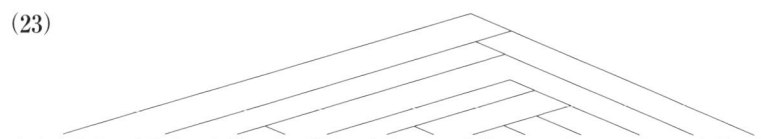

(23)

おかあさん どうも お隣 は 最近 息子 が 大学 に はいっ た ようだ ね

一番上の階層で，非主要部の｛お母さん｝を取り外す。同様の理由で，次の階層の非主要部の｛どうも｝を取り外して，その次に並べる。

---

[5] ここで想定した線状化の規則はTakano(1996)，Fukui and Sakai(2003)など（特にTakanoのDEMERGEの概念）から基本的アイデアを得ているが，非常に簡略化してあるため，細部や理論的な前提は必ずしも同じものではない。理論的な前提や詳細に関してはこれらの文献に直接当たられたい。

(24)　|お母さん| |どうも|

次に，|お隣－は| を取り外し，この中で非主要部の |お隣| を先に並べ，次に |は| を並べる。このとき，助詞類は，拘束形態素であるためそれが付く名詞類に拘束され，一つの句を形成する。以下，順次，上から取り外していくと一番下の句に到達し次のようになる。

(25)　|お母さん| |どうも| ||お隣| |－は|| |最近| |息子| |－が|| |大学| |－に||

これで，非主要部はすべて線状化されたので，次に主要部を取り外し，|大学に| の次に並べる。そして(iii)に従い順次，並べていく。「た」「ようだ」「ね」も拘束形態素として先行する形態素に拘束されると以下のような文節構造になる[6]。

(26)　|お母さん| |どうも| ||お隣| |－は|| |最近| |息子| |－が|| |大学| |－に|| ||入っ| －た| |－ようだ| |－ね|

日本語の構造に対する分析は，いわゆる時枝，三上，南式の入れ子構造と橋本式の文節構造との相反する立場からなされる。上の分析は，意味的な階層構造を線状化規則により文節構造に写像することで，両方の構造を認めた[7]。

3.2 言語間の語順の差異

さて，上で見た階層構造は意味的階層を反映していると考えられる。このような意味的階層構造が一般的なものであるとすると，言語間の語順の違いは線状化規則の違いに帰着することになる。

例として英語に対してほぼ同じような意味的階層関係を仮定して，線状化規則の違いで日本語との違いを説明してみよう。英語では補語は一般に主要部に

---

[6] 主要部を上の主要部に移動して付加するという主要部上昇規則を考える研究者もいる。例えば，「入る」が「た」の位置に付加して，[[入る]＋た]]のような構造を作ることになる。これにより，主要部が一つの複合主要部になることは記述できるが，その場合でも主要部間の語順を別途指定しなければならず，やはり，線状化した後で複合主要部のまとまりを作らなければならない。

[7] Sells(1995)はLFGの理論的枠組みを使い，ハシモト的な連文節構造から意味階層構造が指定できるようなシステムを構築している。

後続する。
(27) 　V + PP： go to school
　　　V + NP： read a book
　　　A + PP： afraid of dogs
　　　P + NP： in the mountain

英語の付加句はそれが修飾する要素の右，左どちらでも可能であるが，基本的には右にくるとして，左にくるものは移動したと見ることにしよう。

(28) 　will go to school on Monday

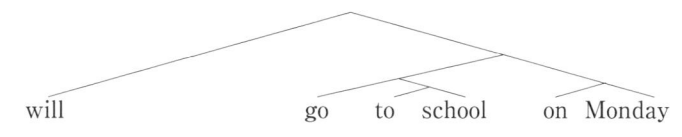

　　　　　　　　　will　　　　　go　to　school　on　Monday

(29) 　英語の線状化規則：
　　　(ⅰ) 階層の上から構成素単位をはずして線状化する。
　　　(ⅱ) 構成素は，主要部＞非主要部　の順序で線状化する。

これらの規則を適用して順次線状化していくと次のような順序になる。

1層　 |will, go to school on Monday|：will ＞ go to school on Monday
2層　 |go to school, on Monday|：go to school ＞ on Monday
3層　 |go to school|：go ＞ to school
4層　 |to school|：to ＞ school
4層　 |on, Monday|：on ＞ Monday

少なくとも述語の階層だけなら，日本語と英語は同じ意味的な階層構造を仮定し，それに上の線状化規則を適用するだけで，語順の違いを導き出すことができそうである。英語には，冠詞類と主語と動詞の一致があるため少し複雑になる。

まず，冠詞類は，それが関係する名詞に先行するため，冠詞＋名詞からなる構成素において名詞を主要部とすると上の規則は間違った規則を与える。これに対しては冠詞類を主要部とする理論に従うことにすれば問題はなくなる[8]。

---

[8] また，英語では補語を取らない形容詞句は名詞に先行する。これに対しても特別の扱い

次に，主語であるが，英語では定形の動詞と主語とは人称と数で一致しなければならない。一致は，主要部と付加位置で行うとすると，一致のために主語が本来の意味階層の位置から定形動詞を主要部とする句に付加する位置に移動しなければならない。主語の位置は基本的に日本語の意味的階層と同じだとし，もとの位置を t で示すと次のようになる。

(30) a.　　{will,{John,{{go to school}，{on Monday}}}}
　　　b.　　{John,{will,{t {{go to school}，{on Monday}}}}}

このとき，主語は付加的な位置にくるが，この位置は時制やモーダルのような定形動詞と一致するため，他の副詞句などと違い特別な位置を占めると考えられる。一致がある付加句を指定部というとすると，語順の指定に関して次の規則を仮定する必要がある。

(31)　英語の語順指定規則追加

　　　(iii)　指定部＞主要部を含む構成素　の順序で線状化する。

主語が指定部に移動した段階で(i)(ii)(iii)を適用すると，次の英語の語順ができ上がる。

(32)　{John} {will} {t} {{go} {to} {school}} {{on} {Monday}}

つまり，日本語と英語の違いは，主語が定動詞と一致するため定形節の節頭に移動してそれを先に線状化する，構成素の線状化の際に主要部のほうから先に線状化するという二点にあると見ることができる[9]。

次にドイツ語のような言語は日本語と英語と両方の性質を持つ線状規則を持つ。ドイツ語では，主文では，定形動詞が必ず二番目に来るという性質を持つ。そして，従属節では定形動詞が節末に，非定形動詞は，定形動詞の前に来る。

主文：XP	定形動詞	付加句	補語	非定形動詞
Ich	habe	bei Ihnen	ein Zimmer	reseviert.
私	完了	で あなた	不定冠詞 部屋	予約する(完了分詞)

---

[9] 実はこれだけではすべての構成素の語順を指定することはできない。ある種の副詞句は語順の指定が特にないとしないといけない。をしないといけない。

「私はこちらで部屋を予約しました。」
Bei Ihnen habe ich ein Zimmer reseviert.
同上

従属節：補文標識(＝C) 主語 付加句 　補語 　　　非定形動詞 定形動詞
　　　　dass　　　　　ich　 bei Ihnen　ein Zimmer　reseviert　 habe

主文におけるドイツ語の語順は，次のように説明されている。まず，ドイツ語の構造では，文頭に文のタイプを示す空の補文標識主要部Cが存在すると仮定する。この要素は例えば英語のWH移動の受け皿になるような位置と考えられ，平叙文，疑問文など節のタイプを決める主要部である。英語ではWH移動や，否定倒置(Never have I thought that ...のような文)のときにだけこの位置が使われるが，ドイツ語では平叙文でもこの位置が存在すると見るのである。この空の主要部の指定部に要素が移動し，さらに空の要素を支えるために，この主要部の位置に定形の動詞が移動してきて，定形動詞の位置が決まる。そのために動詞は必ず2番目となるわけである。この空の指定部より下の位置は，述語句内部では主要部が後続する。そこでここでは次のようなドイツ語の線状化規則を想定しよう。

(33)　ドイツ語の線状化規則
　(i)　階層の上から構成素単位をはずして線状化する。
　(ii)　指定部＞非指定部で線状化する。
　(iii)　述語を主要部とする構成素は非主要部＞主要部の順序で線状化する。
　(iv)　述語以外の要素を主要部とする構成素は，主要部＞非主要部の順序で線状化する。

(i)(ii)により，Cの指定部が最初に線状化され，Cは述語でないとすると，そこに移動した動詞は述語でなく，その次に線状化される。さらに補語や付加句は階層が高い順に線状化され，述語主要部である定形述語が最後に線状化される。

英語とドイツ語の違いは，Cの規定が英語より一般化されていること，述語に関する指定が日本語と同じで述語の主要部が先行する形になっていることで

ある。
　次に中国語を見てみよう。中国語では，動詞の後には補語が一つと頻度句が一つしか来られない。他の要素はすべて動詞に先行する。そこで階層構造上で付加句が主要部に先行し，補語と量副詞(回数，時間など)だけが主要部に後続する構造を考えればよい。さらにXを補語としてとる主要部からなる述語句をY，それに付加句を付けた句をZとする。

(34)　X：［［主要部］(量副詞)］(補語句)］］
　　　　　去　　　一趟　　　北京
　　　　　行く　　一度　　　北京
　　　Y：主要部＋X
　　　Z：付加句＋Y

これを繰り返していくと次のような階層構造となる。

(35)　［付加句　［付加句　［主要部　［［主要部　回数］　補語］］］
　　　　｜　　　　｜　　　　｜　　　　｜　　　　｜　　　｜
　　　　下个月　　我　　　　要　　　　去　　　一趟　　北京
　　　　来月　　　私　　　つもり　　　行く　　一度　　北京

実際には，中国語ではアスペクトのような文法関係に関わる接尾辞的な要素は，それが付く要素に後続するし，頻度の副詞は補語が代名詞の時は補語に後続し(我看过他一次)，固有名詞のときは補語に後続することもあり(我去过北京一趟)，先行することもあるので(我去过一趟北京)，細部の語順の指定は，それほど簡単ではない。

　しかし，それらも動詞にどの要素が意味的に近いかという問題に帰着すると思われるので，基本的には上のような階層構造の上のほうからとっていけば，表面的な語順ができ上がる。中国語の線状化規則は次のように述べることができる。

(36)　中国語の線状化規則
　　　(i)　階層の上から線状化する。
　　　(ii)　付加句を先に線状化する。
　　　(iii)　述語句内では主要部＞非主要部の順に線状化する。

付加句や主語は主要部より上の階層にあるとすると，この規則により文の意味的な階層構造から中国語の語順が導出できる。いわゆる兼語式と言われる動詞が補文をとる構造も次のような構造とし，［去吃冰激凌］を［清你们］の補語とすると(36)により，線状化ができる。

(37)　我　　请　　　你们　　　　去　　吃　　　冰激凌
　　　　私　招く　あなたたち　行く　食べる　アイスクリーム
　　　「アイスクリームを食べにつれていってあげるよ」

(38)　［　我　［［请　　　你们］　［　去　　［　吃　［冰激凌］］］］
　　　　　　｜　　　｜　　　　｜　　　　　｜　　　　　｜　　　　　｜
　　　　［付加句［［主要部　補語］　［主要部　［主要部　　補語］］］］

また，いわゆる介詞構造といわれる，前置詞＋名詞句の構造も，この兼語式に準じ，主要部と補語からなるとするとし，全体を付加句とすれば，(36)により線状化ができる。

(39) a.　付加語　［付加句　［主要部　［付加句　　　［主要部　　回数］］］］
　　　　　下个月　　我　　　　要　　　　到　　北京　　去　　　一趟
　　　　　来月　　　私　　　つもり　　　に　　北京　　行く　　一度
　　　　「来月私は一度北京に行くつもりだ。」
　　 b.　［到　　［北京］］
　　　　　主要部　補語

以上，日本語と英語，ドイツ語，中国語に関してほぼ同じ意味的な階層を設定し，線状化の規則を変えるだけで語順の違いを記述する試みを行った。実際には，語順の問題は意味的な階層以外に多くの複雑な要因を含むためこれほど簡単にはいかないが，単語を組み合わせていく意味的階層構造を想定して，それを線状化するという方向で，ある程度まで言語間の類似と相違が浮き彫りにできることを示した。

日本語とこれらの言語との違いは，線状化規則だけではない。英語は主語と定形述語とが一致するため，文の中の定形述語は一つしかくることができない。このため，定形しか形を持たない助動詞類は意味的には可能であっても重ねることができなくなる。例えば，可能の can と may, should などは意味的に

は問題なく重ねることができるが，may can, should can の形はない。Can は be able to などとして，非定形の形で同じ意味のものにしなければ定形動詞が定形節に一つしかくることができないという制約を破ってしまうからである。これは，英語の定形動詞が義務的な一致をしなければならないということから来ている。

英語では，疑問詞が一つだけ節頭に移動するのに対し，日本語では移動がないという事実も節頭の疑問文の節タイプを担う C 要素が疑問詞との一致をするためであるという説がある[10]。このとき，C 要素が疑問という節タイプであることを示すため，助動詞が C の位置に移動する。つまり，ドイツ語の動詞二番目の原則に対応する現象である。従属文でこれが起きるのは間接疑問文の場合で，その場合 C の位置は，その上位にくる動詞が疑問詞節を要求するという選択制約により，C が疑問という節タイプであることが保証されるため，助動詞が C の位置に移動する必要はない。先に述べたように英語ではこのタイプの一致は，否定文と疑問文とでしか起きない。ドイツ語では必ず起きる。英語とドイツ語の区別も主文の C の位置が否定と疑問以外でも義務的な一致を持つか否かということから来ているとも考えられる。

日本語ではこのような一致に関わる制限はないが，形態的な制約が存在する。例えば，丁寧形の「ます」は，動詞の連用形にしか付かないため，意味的にまったく問題なく結合できる「過去」，「否定」の形とは形態上の理由で結合できない。「行ったます」「行かないます」は，形態的に不可能であり，「行きました」「行きません」という「ます」自体が形態変化した形式を使わなければならない。これに対し，韓国語では，「ka（行く）-ess（過去）-upnita（丁寧）」のように，「動詞語幹＋過去＋丁寧」という形式が使われる。意味的な階層としてはこちらのほうがより無標であると考えられる。このため，日本語では最近では形態的に「過去」や「否定」に「丁寧」が付けられるような形式が作られている。「です」がそれで，「行ったです」「行かないです」の形が可能である。ただ，この形式には，「行きませんでした」のように「ません」に限り，「でした」の形があり複雑である。

---

[10] Fukui (1995)，福井 (1989) 及びそこに出ている文献などを参照。

4. 従属節

この節では従属節に関して，階層構造と線状化の関係を見る。

最近の日本語研究において広く受け入れられている原則に次のようなものがある[11]。

(40) 文の成分の係りの深さと受けの広さには正の相関がある。

第1節で見たように主文の成分がこの原則に従うのは定義による。A, B, C, D類の成分が，それぞれ同じ類の述語要素に係るのは当然である。係り受けの概念自体が，この原則に合うように定義されているからである。

しかし，従属節でこの原則がはたして成り立つのか，成り立つとすればなぜなのかは実は自明ではない。よく知られているように「と」が導く引用節は，この原則が成り立たない例である。引用節は，D類の要素を下位範疇化するが，引用節自身はA類と見ることができるからである。一方，他の従属節ではほぼこの原則が成り立つように思われる。野田 (2002) は，次のような例を示して，この原則が，従属節でも成り立つことを主張した。

表 3.1 主文述語の階層構造から見た節の種類 (野田 2002: 27)

節の種類	節の例
語幹階層節	早く逃げろと叫んだ。
（ヴォイス階層成分）	喜んで資金の援助をした。
アスペクト階層節	テレビを見ながらご飯を食べている。
肯定否定階層節	よく見ずに買った。
テンス階層節	ぼくは生まれたとき，体重が少なかった。
対事的ムード階層節	安いので買った。
対他的ムード階層節	環境はいいけれど，不便です。

野田によれば，これらの下線を引いた要素は，それぞれ主文の節の当該の階層の述語成分と呼応する。例えば，「よく見ずに買った」とは言えるが「よく見

---

[11] この原則の存在の可能性を明示的に示したのは尾上 (1999a, b) であると思われるが，そこではこの原則が成り立たないこと，従属節の包摂可能性とそれの係りの部分は原則として別であると主張されている。

ずに買わなかった」とは言えないからである。

さて，これらの節構造がそれぞれどのような内部構造をとるかに関して，野田は次のような表を挙げる（表3.2）。

表3.2　節の内部構造からみた節の種類（野田 2002: 15）

節の種類	節の内部に現れる要素	ヴォイス (ら)れる	アスペクト ている	肯定・否定 ない	テンス た	対事的ムード だろう	対他的ムード ね
（節ではない）	喜んで	×	×	×	×	×	×
ヴォイス分化節	〜ながら	○	×	×	×	×	×
アスペクト分化節	〜ずに	○	○	×	×	×	×
肯定否定分化節	〜とき	○	○	○	△	×	×
テンス分化節	〜ので	○	○	○	○	×	×
対事ムード分化節	〜けれど	○	○	○	○	○	×
対他ムード分化節	〜と(発言引用)	○	○	○	○	○	○

表3.2は次のように見る。「表の左の方に上下に並んでいるのは，節の内部構造から見た節の種類とその代表的な節である。表の上の方に左右に並んでいるのは，節の内部に現れる要素のカテゴリーとその代表的な要素である。」(野田 2002: 15)。

以上二つの表から，階層から見た節と内部構造から見た節の相関関係について，野田(2006: 16)は次のような表を挙げる。

表3.3　階層から見た節と内部構造から見た節の相関関係

節の例	階層から見た節	内部構造から見た節	南の分類
〜ながら	アスペクト階層節	ヴォイス分化節	A類
〜ずに	肯定否定階層節	アスペクト分化節	B類
〜とき	テンス階層節	肯定否定分化節	B類
〜ので	対事的ムード階層節	テンス分化節	B類
〜けれど	対他的ムード階層節	対事的ムード分化節	C類

つまり，内部構造から見た節は，それより一つ上の階層の節となるという一般化ができるわけである。ここで，第1節で見たように主節のほうの主要部が，補部にとる節は定義上一つ下の階層の節となる。そこで上の関係を主節を示して表すと次のようになる。

(41) 　補部　　　　　　　　主要部
　　　［ヴォイス分化節］＋アスペクト
　　　［アスペクト分化節］＋肯定否定
　　　［肯定否定分化節］＋テンス
　　　［テンス分化節］＋対事的ムード
　　　［対事ムード分化節］＋対他的ムード

この補部と主要部からなる構造に対して，従属節が係ると以下のようになる。

(42) 　従属節　　　　　　補部　　　　　　主要部
　　　［ヴォイス分化節＋ながら］［ヴォイス分化節］＋アスペクト
　　　［アスペクト分化節＋ずに］［アスペクト分化節］＋肯定否定
　　　［肯定否定分化節＋とき］［肯定否定分化節］＋テンス
　　　［テンス分化節＋ので］［テンス分化節］＋対事的ムード
　　　［対事的ムード分化節＋けれど］［対事的ムード分化節］＋対他的ムード

つまり，これらの従属節を導く要素は，同じ階層の節要素を結び付ける，という点ではいわば「等位接続詞」と似たような役割をしていると見ることができるのである。

　例えば，「ながら」「から」などの従属節接辞を conj と名付け，それが受ける要素を X，X ＋ conj が係る要素を Y とすると節は次のように表せる。

(43) 　［［X ＋ conj］＋ Y］

　ここで X と Y は同じ深さの階層になる。conj は付加句を作る主要部とすると，この構成素全体の主要部は，構成素 Y の主要部である。これをさらに主要部 Z が補語としてとると次のような構造になる。

(44) 　［［X ＋ conj］＋ Y］＋ Z］

これを第1節の線状化規則で線状化すると，X，conj，Y，Z の順番となり，さらに，X の主要部と，conj は連結し，一つの文節となるので，正しい文節構

造が得られる。以下の例で見てみよう。

(45) |||テレビ－を| ＋見| －ながら| |ご飯－を| ＋食べ| |ている|

「テレビを見」と「ご飯を食べ」が等位構造をなし，同時に「テレビを見ながら」は「ご飯を食べ」に係る付加句となる。階層の上から，付加句，補語句のほうを先に線状化していくと，|テレビを見ながら| が先に線状化され，以下の文節構造ができる。

(46) |テレビ－を| |見ながら|

これに「ている」の補語句である「テレビを見ながら，ご飯を食べ」の主要部である「ご飯を食べ」が線状化され，最後に全体の主要部である「ている」が線状化されて，「食べ」と連結される。

(47) |テレビ－を| |見ながら| |ご飯を| |食べ－ている|

これらの従属接続助詞類(及び従属節を作る形式名詞類)を，ここでいう同じ階層の節要素に対する付加句的等位節を作るものであると考えると(40)の原則が記述できる。

　上で述べたように従属節がこのような性質を持つことは，自明ではない。引用を表す「と」はこの性質を持っていないし，英語の従属節は，このような性質を持っていない。日本語の従属節の多くがこのような性質を持っているとすると，日本語が一致を持たず単に要素の意味的選択により，階層構造を作るという性質からきていると思われる。しかし，尾上(1999a, b)や中村(2001)[12] のように，この性質自体を認めない立場をとる研究者もあり，さらなる分析が待たれる。

5. おわりに

　以上，非常に簡略化したかたちであるが，日本語の意味的階層構造を示し，それから文節構造を持つ構造に線状化する方法を示した。ここで対照したのは，英語，ドイツ語，中国語という非常に限られた言語にしかすぎない。世

---

[12] 中村(2001)は，従属接続詞毎に，それが受ける節要素と，係り先を指定するという提案をしている。

界の言語の中にはこのような形では分析が難しい言語も多く存在する．本章で示したのは，日本語のような意味階層を想定でき，それに線状化を適用することが可能であると思われる言語のみである．また，意味階層に関しても，さまざまな階層が提唱されているが，それらがどの程度普遍性を持つのかも議論できなかった．ただ，言語が人間による外界の認識を反映している限りにおいてかなりの部分は共通しているようである．とすれば，その階層構造から，ここで議論した以外の言語の語順を導出する方法としてはここで想定した線状化の手法は有効であると思われる．

第3章
日本語における否定と疑問のスコープ

1. はじめに

本章は，日本語の否定辞と疑問詞のスコープを線状的先行関係で捉える Kuno (1982)，久野 (1983) の分析が不適切であることを指摘し，その代わりに Reinhart (1976, 1983) が提案する統語的領域に関する分析が妥当であることを示すことを目的とする。Reinhart の分析は久野の分析が説明できない現象を説明でき，かつ，否定と疑問のスコープに関して通言語的な説明を与えるという点で，記述的にも説明的にも久野の分析よりすぐれていることを示す。

2. 問題の所在

まず，次の文を見られたい。

(1) I was not born <u>in 1920</u>.

(2) ?? 私は <u>1920年に</u>生まれなかった。

(1) の英文は全く問題ない文であるのに対し，それに構造的に対応していると考えられる (2) の日本文は大変落ち着きの悪い文になっている。この理由を考えてみると大体次のようである。(1) の否定の焦点は下線の部分であると考えられる。すなわち，"not" が否定しているのは，"in 1920" の部分であり，その意味は (3) に近いものである。

(3) It was not in 1920 that I was born.

これに対し，"in 1920" が否定の焦点にならない解釈は意味的に変則的になる。そのような解釈に対応する文は，例えば (4) で表すことができる。

(4) ?? In 1920, I was not born.

　さて，(2)の日本文が認容性が低いのは，(3)に対応する解釈がとれないことに帰される．つまり，(2)において，「1920年」は「ない」の焦点になり得ないのである．さらに，「1920年」を否定の焦点としない解釈は，(4)と似た理由で意味的，語用論的に変則的になる．

　日本語で「1920年に」を否定の焦点とするためには，(3)に対応する(5)で表すか，(6)のごとく，「の」を「ない」の前に付けねばならない．

(5)　　私が生まれたのは1920年ではない．

(6)　　私は1920年に生まれたのではない．

上のような事実に基づいて，久野(Kuno 1980, 1982；久野 1983)は次のような原則を立てている．

(7)　　否定辞のスコープ：否定辞「ない」の否定のスコープは，それが附加されている動詞，形容詞，「名詞／形容動詞＋だ」に限られる．

(久野 1983: 127)

(7)によって(2)，(5)，(6)の他に次のような文が説明できる．

(8)　A：　君は終戦の年にはもう生まれていたのか．
　　　B：　いや，終戦の年にはまだ生まれていなかった．

(9)　A：　君はこの時計をパリで買ったのか．
　　　B：??いや，パリで買わなかった．

(10)　A：　君はパリで時計を買ったのか．
　　　B：　いや，パリでは時計は買わなかった．

(8)において否定の焦点となっているのは，「終戦の年」ではなく，直前の動詞「生まれてい」である．したがって(7)により，この文は文法的となる．これに対し，(9A)は時計を買ったのが「パリで」か「パリでない」かを問題とする文であり，(9B)における否定の焦点は「パリで」となる．(7)の原則は，否定の焦点はそのスコープ内になければならないという意味であるので，否定の焦点が，否定のスコープの外に来てしまう(9B)は非文となるのである．(9)に対し，(10)の文は，時計を「買った」のか「買わなかった」のかを問題とする文であり，(7)の原則に合うので文法的になっている．

久野は疑問詞「か」のスコープについても(7)が成り立つとしている。(11)の文はすべて，下線の部分に焦点がある解釈としては大変落ち着きが悪い[1]。

(11) a. ??君は<u>1920年</u>に生まれたか。
    b. ??君はこの時計を<u>パリ</u>で買ったか。

これらを完全に適格な文にするためには，(11)の下線部分は(12)や(13)のように「か」が直接付加される述部の中になければならない。

(12) a.　君は[<u>1920年</u>に生まれたの]か。
    b.　[君が生まれたの]は<u>1920年</u>　か。
(13) a.　君は[この時計を<u>パリ</u>で買ったの]か。
    b.　[君がこの時計を買ったの]は　<u>パリ</u>で　か。

(12)と(13)の下線部分は「か」が直接付加するコピュラ句の中にある。一方，以下の文は「か」が直接付加する動詞に焦点が当たる解釈ができる適格文である。

(14)　君は1920年にもう生まれていたか。
(15)　君はパリで時計を買ったか。

(14)は君が1920年に「生まれたか，生まれなかったか」を尋ねており，(15)はパリで時計を「買ったか，買わなかったか」を尋ねている。(7)に疑問詞を付け加えて一般化すると(16)のようになる[2]。

(16)　否定辞と疑問詞のスコープ
　　　否定辞「ない」と疑問詞「か」のスコープはそれが附加されている動詞，形容詞，「名詞／形容動詞＋だ」に限られる。

ただし，久野はこの一般化の例外を二点挙げている。一つは次のような文である。

---

[1]　ここで問題の焦点は「穴埋め式」焦点(fill-in-the-blank focus)である。例(11b)は(i)のように「パリで」がマルチプルチョイス式焦点(後述)内に入るか，(ii)のように焦点がない場合に容認可能になる。
　(i)　君はこの時計をパリで買いましたか，ロンドンで買いましたか。
　(ii)　君は僕がすすめたとおり，この時計をパリで買いましたか。
[2]　(16)は久野が挙げているものではなく，(7)と久野(1983: 137-138)の記述とをまとめたものである。

(17) A：君は今日学校に車で来たか。
　　 B：いや，今日は車で来なかった。
(18) A：君は今日は弁当を持って来たか。
　　 B：いや，今日は弁当を持って来なかった。

(17),(18)では動詞よりはむしろ下線部分が「か」「ない」の焦点内にある解釈となる。久野は(17),(18)が(1),(2),(9)と区別されるのは，これらの焦点構造の違いによると観察している。つまり(17),(18)では下線部分が「マルチプル・チョイス式」焦点を持ち，問題の部分はある特定の限定された選択肢の中から選ばれる。一方，(1),(2),(9)において，焦点が当たっている部分は「穴埋め式」焦点で，選択肢は限定される必要はない。以上のことから，(16)が適用できるのは，話し手が限定された選択肢を前提としていない場合のみであるということがいえる。「マルチプル・チョイス式」焦点内にある部分は「ない」と「か」が直接付加する述部の外にある場合でも，それらの焦点に入ることができるとするのである。

久野が指摘するもう一つの例外は疑問詞疑問文である。下記の例を見られたい[3]。

(19)　誰が来ますか。
(20)　何を買いますか。

(19),(20)の疑問詞は明らかに「か」のスコープ内にある。しかし，いずれも「か」の直前にはないため(16)の条件が適用されているとはいえない。以上のことから，久野は一般化を修正して(21)のような最終版を示している[4]。

---

[3]　久野が実際に用いているのは「ます」を伴わない次のような例文である。
　（ⅰ）　誰が来るか。
　（ⅱ）　何を買うか。
例文(ⅰ)(ⅱ)は自然な疑問のイントネーションでは筆者にとって完全に非適格文である。疑問のイントネーションを持たない場合，従属文をそのまま発したという解釈しかない。

[4]　久野の(21)は(ⅰ)のような焦点を持たない場合については何も言っていないことに注意されたい。
　（ⅰ）　昨日は雨が降らなかった。
(ⅰ)では，「ない」のスコープが動詞だけをとっても，文全体をとっても違いはない。「な

(21)　否定辞と疑問詞のスコープ
　　　日本語の否定辞「ナイ」と疑問助詞「カ」のスコープは極めて狭く，通常，その直前の動詞，形容詞，「X ダ／デス」に限られる。このスコープ制限の例外は，「マルチプル・チョイス式」焦点と，疑問詞である。
　　　　　　　　　　　　　　　　　　　　　　（久野 1983: 140，一部省略）

(21)は明快な記述であり，「ない」と「か」のスコープに関する基本的事実をうまく捉えるが，問題点がある。(21)では説明できない例(22)が示すように観察的に妥当でない。

(22)　私は［彼が1920年に生まれたと］(は)思わない。

(22)は(23)，(24)の解釈が可能である。

(23)　私は1920年に生まれたのは彼ではないと思う。
(24)　私は彼が生まれたのは1920年ではないと思う。

これは(22)において，「ない」の焦点が直前の動詞でなく，補文の要素であり得ることを示している。この事実が(21)で説明できないのは明らかである。(「生まれた」を否定する解釈は，先に議論したように語用論的な理由から不可能である)。この場合，英語で適用される'否定辞転送(negative travel)ルール'により，もともと補文内にある「ない」が主文へ繰りあげられるという分析をとることで(22)を正しい文とすることはできない。なぜなら，英語と異なり，基底とするべき構造(すなわち「彼が1920年に生まれなかった」)が先に見たようにそもそも非適格で，望ましい解釈をとることができないからである。

い」が焦点化されていないとすると，他の何かが降ったり降らなかったりすることが前提とされないからである。この文は単純に「雨が降らなかった」ことを意味するもので，「降ったのは雨ではない」とか「降らなかったのは雨だ」ということは意味しない。注意すべきはもし焦点がある場合は，「雨」は否定の焦点には決して入らないということである。次の例を見てみよう。
　(ii)　??昨日は雨が降らなかった，雪が降った。
この文は雨に否定の焦点が当たる解釈を持つことはできない。「雨」を否定の焦点内に入れるためにはこれまで述べてきたような「ない」のスコープに入る必要がある。一つの方法は「ない」の前に「の」を挿入することである。
　(iii)　昨日は［雨が降ったの］ではない，［雪が降った］のだ。
(iii)は「雨」が「ない」の焦点に入る解釈を許す。

さて，これらはどのように解決されるべきであろうか。久野の原則の問題点は日英両語の否定のスコープの差を全く各言語固有のものとしたことであった[5]。否定のスコープといった抽象的な原則は，個別言語毎に全く特有なものとして子供が習得するとは考えられない。これは，それらの言語のより一般的な特性と否定の一般的性質の関数として導出されるべき性質のものである。

　以下ではこれらの問題について考察する。まず①日本語の否定スコープを線状的先行関係で分析する久野の一般化が誤っていることを示し，対案として階層的構造を基礎とする構成素統御(c-command)という概念を導入する。次に②この概念を導入することにより，否定辞及び疑問詞に関する統一的でかつ一般的な特徴付けを行うことが可能になり，その特徴付けと，階層性(configurationality)に関するパラメータから，個別言語の現象を説明することができることを示す。

　次の節では，英語の否定スコープを支配する原理に関して議論し，関連

---

[5] 久野はおそらく日本語の動詞が文末にくるという特徴がここでの問題に関わると考えているようだが，同じ動詞文末の特徴を持つ朝鮮語については説明することはできない。朝鮮語では理由を表す節及び節相当の構成要素は否定のスコープの外にあり，項といくつかの付加部は否定と疑問のスコープ内に入ることができる。次の例を見てみよう。
  (i) 　Na-nun saranghayess-unikka, kunye-wa kyelhonha-ci　 ani 　hayessta.
　　　　私-TOP 愛していた-から　　　彼女-と　結婚する-補文化辞 否定　した
　　　　「彼女を愛しているから，私は彼女と結婚しなかった」
  (ii) 　Na-nun saranghayess-unikka, kunye-wa kyelhonha-n　　kes-un anita.
　　　　私-TOP 愛していた-から　　　彼女-と　結婚する-過去連体 の-TOP 否定繋辞
　　　　「私は，彼女を愛しているから結婚したのではない」
(ii)は(i)が名詞句化されたもので，理由節を否定スコープ内におさめることができる。次の例も考えてみよう。
  (iii) 　Na-nun Tongkyong-eyse o-ci　　　ani hayessta.
　　　　私-TOP 東京-から　　来る-補文化辞　否定 した
　　　　「私は東京から来たのではない」
(iii)では「東京」が否定の焦点の中に入る。ci を名詞化の接辞として扱うことで(iii)を説明しようとする久野の試みでは(i)と(iii)とを区別できない。(i)と(iii)を区別する簡単な方法は，朝鮮語のVPをV'とし，V'の中にはその項を含み，下位範疇化されていない理由節のような付加部は含まないとすることである。これにはさらなる議論が必要であるが，ここでは立ち入らない。

するスコープ上の特徴は統語的概念である構成素統御によって定義されなければならないことを示す．第3節では，日本語が（部分的に）非階層的（nonconfigulational）な言語であると仮定すれば，「ない」のスコープも構成素統御によって規定されていることを示す．さらに，このアプローチは必要な修正を加えると「か」の分析にも広げることができる．そして，この分析が記述的妥当性・説明的妥当性の両面においても久野の分析よりもすぐれていることを示す．第4節では，「か」によって構成素統御されない疑問詞がマルチプル・チョイス式焦点にあることを示し，久野の一般化(21)にある疑問詞についての但し書きを削除することができることを示す．さらに(21)では扱うことができない多重疑問詞疑問文に関する現象についてもこの分析が説明可能であることを論じる．

2．英語の否定のスコープ

この節では英語のスコープはどういう原則によっているかを考える．次の文を見られたい．

(25) I didn't buy watches in Paris.

(26) I didn't marry her because she was rich.

上の二文は，"not"のスコープが下線部を含むか否かで曖昧である．すなわち，"not"が下線部をそのスコープ内に含む解釈では(25), (26)はそれぞれ(27), (28)のような意味になる．

(27) I was not in Paris that I bought watches.

(28) It was not because she was rich that I married her.

これに対し，下線部がそのスコープ外にある解釈は，それぞれ(29), (30)に似たものになる．

(29) In Paris, I didn't buy watches.

(30) Because she was rich, I didn't marry her.

つまり，前者の解釈では "I didn't buy watches", "I didn't marry her" が論理

的に含意(entail)されないのに対し[6], 後者ではそれらが含意される。このような観察を Quirk et al. (1972)は次のようにまとめている。

(31) The scope of the negation normally extends from the negation word itself to the end of the clause, or to the beginning of a final adjunct. The subject, and any adjuncts occurring before the predication, normally lie outside it.

(*The Grammar of Contemporary English*, p. 381)

(31)によれば(25)(26), (29)(30)における "not" のスコープは次のようになる。

(32) a. I did not buy watches in Paris.
  b. I did not buy watches in Paris.
  c. In Paris, I did not buy watches.

(33) a. I did not marry her because she was rich.
  b. I did not marry her because she was rich.
  c. Because she was rich, I did not marry her.

さて, 上のような "not" のスコープの制限を(31)のごとく線状的順序で表すのは適当ではない。なぜなら, (32a,b), (33a,b)の差がなぜ生じるかが不明になるし, (32b)と(32c), (33b)と(33c)が意味的に類似していることは全くの偶然になってしまう。さらに, 日本語と英語でなぜ差が生じるのかに対しても説明を与えることができない。

このような観点から, 上のような現象を記述するのに適当な概念は, Reinhart (1976)の提出した統語的領域(syntactic domain)の概念である。統語的領域は構成素統御に基づいて定義される。まず, 構成素統御は次のように定義される[7]。

(34) C-command: Node A c-commands node B if the branching node α_1, most immediately dominating A either dominates B or is

---

[6] (32a), (33a)と(27), (28)は意味が多少異なる。(27), (28)では, "I bought watches", "I married her" が論理的に含意されるのに対し, (32a), (33a)では, これは, 会話的に含意されるだけで論理的に含意はされない。

[7] これは Reinhart(1983)の定義である。

dominated by a node α₂, which dominates B, and α₂ is of the same category type as α₁.

統語的領域は次のように定義される。

(35) Syntactic Domain: The domain of a node A consists of all and only the nodes c-commanded by A.

統語的領域を使って"not"のスコープを定義すれば次のようになる。

(36) Scope of negation: The focus of negation must be in the syntactic domain of the negative morpheme.

(36)がいかにして(32), (33)の例を説明し得るかを見てみよう。まず，(36)によれば(32a)の例では "in Paris" は "not" の統語的領域の内に，(32b,c)の例ではその外にあることになる。同様に，(33a)では "because..." は "not" の統語領域の内に，(33b,c)ではその外にあることになる。ここで"not" は VP (=Vの最大投射)に直接支配されていると仮定しよう。そうすると，(36)によれば VP に支配されている構成素は "not" の統語的領域の内側に，VP に支配されていない構成素は "not" の外側にあることになる。したがって(32a)の "in Paris"，(33a)の "because..." は VP に支配されており，(32b,c)の "in Paris", (33b,c)の "because..." は VP の外側にある。このように考えると，(32a), (33a)の各文の構造は次のようになる。

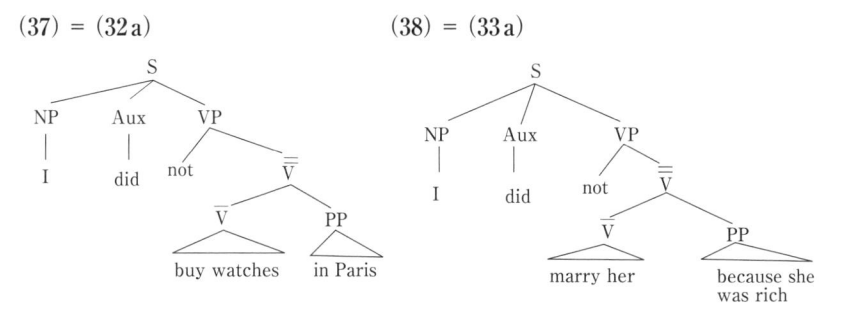

(37) = (32a)

```
        S
      / | \
    NP Aux VP
    |   |  /|\
    I  did not V̄
              / \
             V   PP
             △   △
         buy watches  in Paris
```

(38) = (33a)

```
        S
      / | \
    NP Aux VP
    |   |  /|\
    I  did not V̄
              / \
             V   PP
             △   △
          marry her  because she
                     was rich
```

同様に，(32b), (33b)の各文の構造は次のようになる。

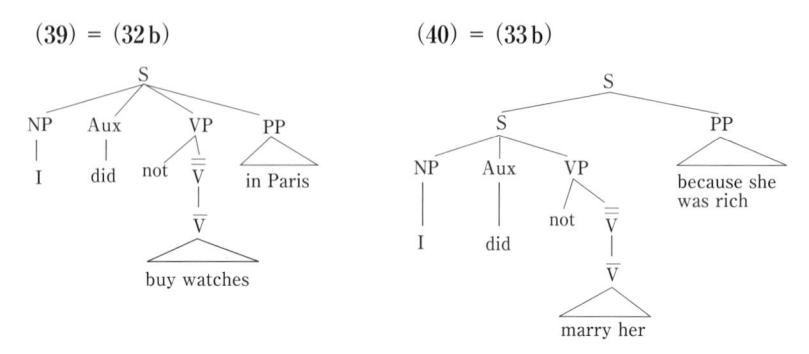

(32c), (33c)において, "in Paris", "because…"が"not"の統語領域外にあることは明白であるので, (37)-(40)の構造が正しければ(36)の説明力は保証される。そこで問題は, (37)-(40)の構造が正当化されるか否かである。これを少し考えてみよう。

英語には(41)のように同一のVPを消去する規則がある。

(41) a. John couldn't have been studying Spanish, but
　　 b. Bill could.
　　 c. Bill could have.
　　 d. Bill could have been.

(41)において, (a)に続けて, (b-d)のどれもが可能である。このような観察からAkmajian et al.(1979)はこの規則を次のように形式化している。

(42)　V^n deletion
　　　Delete V^n, $n \geq 1$　　Optional

AuxとVPの分析をAkmajian et al.(1979)にしたがえば(41b)はV^3(=Vの最大投射)の消去と考えねばならない。このことを考えに入れて次の文を見られたい。

(43) a. Did you buy watches in Paris?
　　 b. No, I couldn't, in Paris.
(44) a. Did you marry her?
　　 b. I couldn't, because she was rich.

(43b), (44b)において, 省略されているVはV^3と考えねばならない。した

がって，"in Paris"，"because..." は，最大投射の外側に出ていることが分かるのである。そして，両者とも，"in Paris"，"because..." を "not" のスコープ内に含めて解釈することは不可能である。よって，場所の前置詞句，理由節は，V の最大投射の外側に出ることがあること，その際，"not" のスコープ内に入らないことが示される。

次に，場所の前置詞句，理由節が V の最大投射内に入ることがあること，その際，"not" のスコープ内に入り得ることを示そう。次の例を見られたい。

(45) a. Did you buy watches in Paris?
　　b. No, I didn't.
(46) a. Did you marry her because she was rich?
　　b. No, I didn't.

(45)，(46)において，"in Paris"，"because..." は消去された VP 内に含ませる解釈のほうが自然である。そしてその際，"not" のスコープ内にこれらが入っている解釈がとられる。

上のような考察から，(37)-(40)までの構造が正当化し得ること，したがって(36)がこれらを説明することができるということが分かる。

このような分析はさまざまな技術的な問題をかかえているが，(36)が他の分析，例えば，K-統御(K-command)，先行及び統御(precede and command)といった概念を使った分析よりすぐれていることは確かである。それは，K-統御，先行及び統御などは，否定辞のある節とか名詞句に言及してスコープを定義しているため，日本語と英語に差があることを予測できないからである。これに対し，構成素統御を使った(36)によれば，日本語と英語の独立して立て得る統語的差異に基づいて，両者の否定のスコープの差を予測することができるのである。次節で，これを詳しく見よう。

3. 日本語の否定のスコープ

さて，2節で，英語では否定辞 "not" のスコープはその統語的領域であることを見た。ここで，日本語でもそのような原則が働いていると考えてみよう。そうすると，日英両語の否定のスコープの差異は，独立して動機付けられた両

者の構造の違いに帰せられるべきであると考えられる。このような構造的差異とはどのようなものであるだろう。

　従来より，日本語と英語の基本的差異の一つは動詞句の有無であるといわれてきた。すなわち，英語は，動詞が目的語と動詞句という構成素をなすのに対し，日本語では，これらはＳの直接構成素をなし，いわば平べったい構造をなすと見られる。

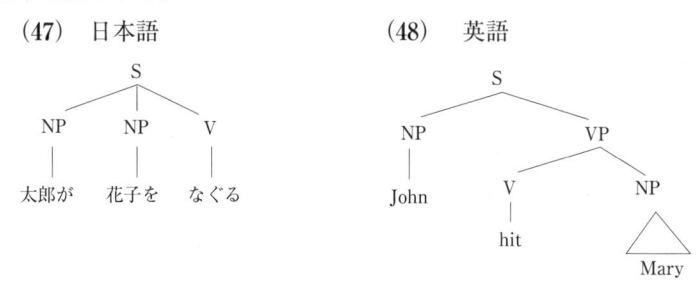

(47)　日本語

```
        S
    ┌───┼───┐
   NP   NP   V
    │    │    │
   太郎が 花子を なぐる
```

(48)　英語

```
         S
       ┌─┴──┐
      NP    VP
       │   ┌─┴─┐
      John V    NP
            │   △
           hit Mary
```

Hale (1982)はこのような性質は他のさまざまな性質と共起関係を持つことを発見し，言語を区別するパラメータとして考えて，「階層性(configurationality)」のパラメータと呼んだ。彼によれば［±階層性］の差は，その基底構造の差に帰せられる。

(49)　$\bar{X} \rightarrow \cdots\cdots \bar{X} \cdots$

(50)　$\bar{X} \rightarrow \cdots\cdots X \cdots$

［+階層性］の言語は(49), (50)の両方の句構造規則を持っているのに対し，［-階層性］の言語は(50)のみを持っていると考えられる。すなわち，［+階層性］の言語は(51)のような構造，［-階層性］の言語は(52)のような構造をなす。

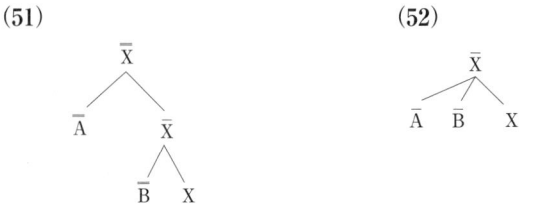

(51)

```
        X̄
      ┌─┴─┐
      Ā    X̄
          ┌┴┐
          B̄  X
```

(52)

```
        X̄
     ┌──┼──┐
     Ā   B̄   X
```

さて、このような差が(47)と(48)の差であると考えると、この差は非常に一般的なものと見なせる。そこで(52)、つまり、(47)のような構造を仮定すると、日英両語の否定のスコープの差は、(36)で説明できる。

まず、「ない」は、動詞に接辞として付くのでその構造は(53)のようになる。

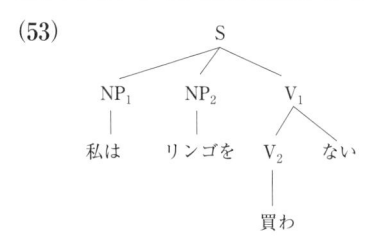

(53)

```
            S
     ┌──────┼──────┐
    NP₁    NP₂     V₁
     │      │     ┌─┴─┐
    私は  リンゴを  V₂  ない
                  │
                  買わ
```

(53)において、「ない」の統語的領域は V_1 のみである。つまり、NP_1, NP_2 は「ない」の統語的領域に入らないのである。これは、久野の原則に合致する。(53)において、「ない」の焦点になるのは「買う」という直前の動詞のみだからである。したがって、久野の原則は、(36)と日本語が[−階層性]の言語であるという一般的な性質(及び、「ない」が接辞であるという個別的知識)から自動的に出てくるのである。このように考えると、「ない」のスコープ内に動詞以外の要素が来るのはある種の階層性が認められる場合に限ることになる。実際(6)はそのような場合であると考えられる。

(54) = (6)　私は1920年に生まれたのではない。

(54)において「1920年に生まれたのではない」は構成素をなしていると考えられる。したがってその構造は(55)のごとくなる。

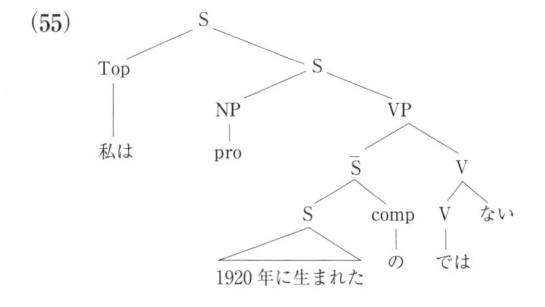

(55)

```
              S
        ┌─────┴─────┐
       Top          S
        │      ┌────┴────┐
       私は    NP        VP
               │    ┌────┴────┐
              pro   S̄         V
                 ┌──┴──┐      │
                 S   comp   ない
              ┌──┴──┐  │   ┌─┴─┐
          1920年に   の   V
          生まれた         │
                         では
```

(55)において,「1920年に」は「ない」のスコープ内に入ることが(36)によって保証される。(55)において,「1920年に生まれた」がNPではなく$\overline{S}$'であることは,それが「それ」で承けられず,「そう」で承けられなければならないことから分かる。

(56) 私は1920年に生まれたのではない。
　　　そう／*それではなくて,1930年に生まれたのだ。

「1920年に生まれたの」がNPでなく$\overline{S}$'であるとすると,久野の原則では直接説明できず,(55)のような構造を考えて,(36)によって説明せねばならない。

久野の原則が全く説明できないのは,(22)のような例である。

(57)＝(22)　私は彼が東京に行ったと(は)思わない。

(57)の構造は,(58)のようなものと考えられる。

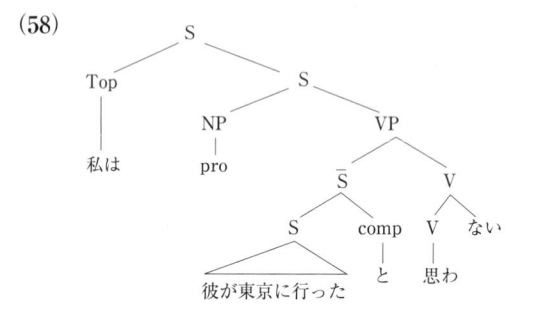

(58)

```
              S
           ／   ＼
         Top       S
          |     ／   ＼
         私は  NP      VP
               |     ／  ＼
              pro   S̄      V
                  ／ ＼   ／ ＼
                 S  comp  V   ない
                △    |   |
             彼が東京に行った と 思わ
```

(58)において,(36)により補文の要素はすべて「ない」のスコープに入り,(23),(24)の意味が説明できる。

ここで問題はやはり,(58)の構造が,正当化できるか否かであろう。しかし,注意すべきことは,久野の原則は,どのような構造を認めようとも(23)－(24)の解釈が説明できないことである。したがって(58)の構造自体は不備があっても,この分析の方向性は一応正しいとしなければならない。

さて,紙面の都合で詳しい議論はできないが,(58)が正しいことを示すと思われる証拠を一つだけ挙げる。次の例を見られたい。

(59)　彼は<u>行く</u>ことは<u>行った</u>。

(60)　彼はかしこいことはかしこい。

日本語には(59),(60)のように「VことはV」「AdjことはAdj」とする構文がある。この構文で，「V」，「Adj」の部分は，補語を含んではいけない。

(61)　*彼はそこへ行くことはそこへ行った。

(62)　*彼はそれをすることはそれをした。

さて，「思う」は，補文を代示化し，それを含んでくり返すことが可能である。

(63)　私もそう思うことはそう思う。

したがってこの規則はV^nのくり返しとして定式化することが可能で，「そう思う」の「そう」，すなわち，「補文」の部分は，動詞と構成素をなして動詞句を形成することが分かる。

　以上，多少問題はあるが，日本語が[-階層性]の言語であるとすると，否定のスコープは英語と同じでよいこと，また，日本語がある面で[+階層性]の構造を持っているとすると，その場合のみ，「ない」の直前の述語以外の要素が，そのスコープ内に入ることが理解されたと思う。

4. 日本語における疑問詞

　この節では，日本語の疑問詞がマルチプル・チョイス式焦点をなすもので，したがって，それらは「か」のスコープ内に入ることを示す。これはマルチプル・チョイス式焦点内にあるその他の構成要素と同じ振舞いである。さらに，このように疑問文を捉えることで，日本語の多重疑問詞疑問文の振舞いをうまく捉えることができるということを提案する。

4.1　疑問詞疑問文と構成素統御

　第1節で挙げた疑問詞疑問文を見られたい。

(64)　誰が来ますか。

(65)　何を買いますか。

(66)　昨日どこに行きましたか。

(64)-(66)は質問者が疑問詞の領域としてある特定の選択肢を想定しているというのが自然な解釈である。このような疑問詞疑問文は限定された選択肢の中

から，その文内の記述部分と一致するような要素を選び出せという依頼として解釈される。これはまさにマルチプル・チョイス式焦点の特徴である。(17)，(18)と(64)-(66)との間に見られる唯一の違いは以下の通りである。前者はある特定の選択肢が与えられ，その中から一つの要素が選択され，その結果が正当であるかどうかチェックされる。一方，後者ではこのような選択肢は提示されず，マルチプル・チョイス式焦点を構成するのに十分な選択肢の限定集合は語用論的に前提される。

(64)-(66)にある疑問詞が限定された選択肢領域を持つという観察が正しいことを「一体」という語を付けることにより確認できる。以下の例を見られたい。

(67) ??一体誰が来ますか
(68) ??一体何を買いますか
(69) ??昨日は一体どこに行きましたか

(67)-(69)はすべて不自然である。それは疑問詞が取りうる領域に関して質問者が何も情報を持たないことを含意する「一体」という語が，疑問詞が含まれるべきマルチプル・チョイス式焦点と適合しないことが原因である。これらの文は「か」の前に「の」が挿入されると適格な文になる。

(70) 一体誰が来るのですか
(71) 一体何を買うのですか
(72) 昨日は一体どこに行ったのですか

これらは予測どおりである。補文辞「の」はそれに先行する文をコピュラ「です」の補部とする役割を持つ。「か」は先行する述語に直接付加されると仮定すると，述語の補部の中にある構成要素は「か」の構成素統御領域にあり，一方，動詞の項は構成要素統御領域の外にあることになる。これは「か」のスコープの中に入るためには，補文の外にある疑問詞はマルチプル・チョイス式焦点内になければならないということを意味する。このことは疑問詞がコピュラの前に来ている次のような文も説明する。

(73) これは(一体)何ですか。
(74) あなたは(一体)誰ですか。

(75)　ここは(一体)どこですか。

「一体」が挿入されても解釈が可能であることから、(73)-(75)の疑問詞は限定された選択肢領域を持つ必要はない。

4.2 多重疑問詞疑問文

上で見てきた分析は日本語の多重疑問詞疑問文をどのように扱うべきかにも適用できる。多重疑問詞疑問文とは複数の疑問詞句を含む疑問文を意味する。

(76)　誰をどこに座らせますか。

(77)　誰が誰を殴りましたか。

(78)　何を誰に送りましたか。

(76)から(78)に対する答えは、(79)-(81)のように多重疑問詞に対して複数の対で答えるのが普通である。

(79)　太郎をそこに　次郎をあそこに　花子をここに　座らせよう。

(80)　太郎が次郎を　花子が良夫を　俊夫が美智子を　殴った。

(81)　お酒を田中先生に　お菓子を山田さんに　送った。

(76)から(78)までの疑問文に対して、(82)から(84)のように一つの対の答えだけを与えるのでは何か不完全に感じる。

(82)　太郎をそこに座らせよう。

(83)　太郎が次郎を殴った。

(84)　お酒を田中先生に送った。

ここでなぜこれらの答えが不完全なのか考察してみよう。我々は「か」に構成素統御されない限り、疑問詞が限定された選択肢領域を持つということを見た。したがって(76)から(78)の疑問詞は限定された領域を持たなければならない。これが正しいことは、(85)-(87)のように「一体」の挿入が不自然なことからも示すことができる。

(85)　??一体誰をどこに座らせますか。

(86)　??一体誰が誰を殴りましたか。

(87)　??一体何を誰に送りましたか。

疑問詞の領域を知っているということは、話し手は問題となっている行為が何

でその参加者が誰かを知っているということである。となれば,話し手が知らず,求めている情報は,参加メンバーの組み合わせだけである。このことから,なぜ(82)-(84)が(76)-(78)の適格な答えにならないのかが分かる。もし,メンバーの組み合わせが複数対以上あるならば,明らかに(82)-(84)は完全な答えにはなれず,結果としてグライスの量の公準に違反することになる。一方,もしメンバーがただ一つの組み合わせであるなら,(76)-(78)はそもそも意味がない質問となる。なぜなら,話し手が既に知っていること,つまり,一つしかない組み合わせを尋ねていることになるからである。

　我々のアプローチはまた「の」が「か」の前に付加される場合,疑問詞が限定された選択肢領域の解釈を持つ必要がないということを予測する。これは「の」に先行する文がコピュラ「です」の補部となり,その補部Sの中にある疑問詞が「か」によって構成素統御されるためである(これは「か」がVかVPにチョムスキー付加されているという仮定に基づいている)。次の例がこの予測が正しいことを示している。

(88)　一体誰をどこに座らせるのですか。
(89)　一体誰が誰を殴ったのですか。
(90)　一体何を誰に送ったのですか。

(88)-(90)の疑問詞の選択肢領域が限定される必要のないことは「一体」が挿入されることから分かる。また(88)-(90)の質問は「誰をどこに」の組み合わせについて尋ねる解釈である必要もない。これらの文は何が起こったのか,何がなされるべきだったのかなどが尋ねられていると捉えればよく,(82)-(84)に挙げた一つのペアがこれらの疑問に対する完全な答えとして可能となる。

(82)　太郎をそこに座らせよう。
(83)　太郎が次郎を殴った。
(84)　お酒を田中先生に送った。

(90)と(84)は例えば次のような状況のときに用いることができる。あなたが妻に知らせることなく大金を使ったことを,妻に見つかってしまったと仮定しよう。あなたは彼女に昇進のためある人に高価な贈り物をしたのだと説明する。すると彼女は(90)のような質問をし,それに対してあなたは(84)のような返答

をする。このような状況において，「誰」の選択肢領域はあなたが昇進するための力を持っていると妻が考える誰かに当たり，「何」には高価なものが当たる。

次の例はさらに我々のアプローチを支持する。
(91)　誰が来ると思いますか。
(92)　一体誰が来ると思いますか。

第2節で見たように動詞「思う」は補文を取り，これらは構成要素VPを形成する。

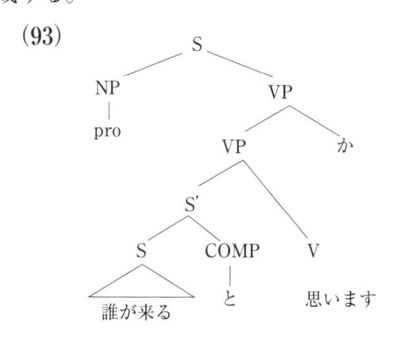

(93)

```
         S
       /   \
      NP    VP
      |    /  \
     pro  VP   か
         /  \
        S'   V
       / \
      S  COMP
     /|\  |
    誰が来る と  思います
```

(93)において補文Sは「か」によって構成素統御されている。補文S'にある疑問詞が選択肢領域に限定される必要がないということはここから導出される。(92)が容認可能なのはこれが正しいことを示している。このように確認すると，(94)のような多重疑問文が複数の組み合わせを答えとして必要としないことも予測する。

(94)　誰が誰を殴ったと思いますか。

(95)が(94)の答えとして適格であることによって，この予測は支持される。

(95)　太郎が次郎を殴ったのでしょう。

S'補部は例外的に動詞と結び付きVPを構成することができることを，我々は既に見た。もしS'がNPによって支配されるなら，このNPは格付与されなければならずVPによって支配されることはできない。下記の例を見てみよう。

(96)　君は［誰が行くこと］を知っていますか。

(96)の「誰が行くこと」という句はS'ではなくNPで，対格を与えられている。したがって，この場合は「か」の構成素統御領域の外にあると仮定しなければならない。「か」によって構成素統御されない疑問詞はそのスコープ内に位置するためにマルチプル・チョイス式焦点の中にあり(96)の「誰」もマルチプル・チョイス式焦点内になければならない。(96)の「誰」は限定された選択肢領域の解釈のみが可能である。「誰」が限定された選択肢領域をとる必要がない場合は，(97), (98)に見られるように「か」によって構成素統御されなければならない。

(97)　君は［一体誰が来たことを知っている］のですか。

(98)　［君が知っていると］は一体誰が来たことですか。

(97)では「の」が付加することで，それに先行するS全体が「か」の構成素統御領域に入る。(98)では「誰が来たこと」は「か」によって構成素統御される分裂構文の述部にある。このどちらの場合の「誰」も限定された選択肢領域をとる必要はない。

ここまで見てきた現象は「か」のスコープという構造的特徴だけで説明が可能であり，ここでの我々のアプローチが妥当であることを示している。

5. 結論

以上，否定辞「ない」と疑問詞「か」の領域を直接先行条件で捉える久野の記述が誤っていることを示し，その代わりに構成素統御という概念を用いて記述すべきであることを議論してきた。この分析は多くの点で久野の分析よりすぐれている。まず久野の(21)が扱うことができない例を扱うことができ，記述的にすぐれている。また(36)のような普遍的原理によりスコープに関わる現象を記述できる点で，理論的にもすぐれており，これは言語間の差異を言語間のパラメータ的な差異，例えば［±　階層性］(そしておそらく疑問に関する形態素の語彙的特徴も)，に帰することができる。また疑問詞「か」のスコープに関する我々の考えは，久野が「謎」とした現象を説明できることも示した。

付　記

　本章は 1983 年 7 月に京都で開催された the Kyoto Workshop on Japanese Syntax and Semantics と，1983 年 12 月にソウルで開催された the Third Korea-Japan Joint Workshop on Formal Grammar での発表に基づいている。The Kyoto Workshop on Japanese Syntax and Semantics 1983 での原稿が本章の preliminary version である。貴重なコメントをくださったすべての方，特に PIJL の査読者に，お礼を申し上げたい。本章にある誤りはもちろん筆者の責任である。

第4章

中国語の否定
―否定のスコープと焦点―

1. はじめに

　本章では，現代中国語普通話の否定構造に関して，統語構造の面から一般言語学的な考察を行う。ここで考察された現象は多くは既存の文献などで取り扱われたものであり，特に中国語の否定に関して新しい知見をもたらすことを意図したものでない。また，否定の分析自体も特に新しいものとはいえない。中国語に限らず否定とは何かを一般言語学的な統語操作から見ることで，多少なりとも違った観点を与えることが本章の主たる目的である。

2. 否定の意味 ── スコープと焦点

　否定は否定を表す要素とそれが否定する要素からなる。否定を表す要素を否定辞，それが否定する要素を被否定項とすると，例えば，［否定辞［被否定項］］や，［［被否定項］否定辞］のような構造をなす。(1), (2)では，それぞれnon, un が否定辞，nuclear, clear が被否定項となり，［non-[nuclear]]，［un[clear]]という構造をなす。(3)では，not が否定述語，go to school が被否定項となり，[not[go to school]]のような構造をなす。

(1) 　　non-nuclear
(2) 　　unclear
(3) 　　He will not go to school.

否定をこのような一項述語と考えれば，否定辞と構造的に同位関係(sister)にある構成素が被否定項となり，否定辞の影響する範囲を決める。この影響領域

を否定のスコープと呼ぶ。被否定項の大きさは否定辞の性質によって決まる。例えば，被否定項が句より小さい単位(例えば形態素や単語)であれば，単語や形態素の否定をすることになり，単語の表す意味の否定を与えることになる。言語によっては，被否定項のとる構成素の大きさや範疇により，否定辞を変える。英語の no, non, un, not のごとくである。

単語や形態素に付いた否定辞は普通その単語や形態素の意味の補集合(の特性関数(characteristic function))を表す。例えば，英語の non- は形容詞，名詞に付く否定要素であるが，non-nuclear, non-fiction の外延は，nuclear であるもの，fiction であるものの集合の補集合の要素であることを表す。本章では，文否定もこの一般的定義に従うものとする。

否定辞が句や節を被否定項とする場合は，その「否定の意味」は自明ではない。句の意味と単語の意味を表すものが原則的には違わないとすると，それらは同じように補集合を表すといってよいわけであるが，句や節の場合は，一つ以上の単語からなるわけであるから，補集合の構成の仕方は少し複雑になる。例えば，「私の本だ」という述語句を否定して，「私の本ではない」という句を作ったとする。「私の本だ」という述語句の意味は，私の本である要素が主語にくれば真，そうでなければ偽であるような関数として理解できる。しかし，このとき主語に来る要素を「私の本」と見なせるためには，「本であり」かつ「私のもの」という二つの条件を満たさなければならない。したがって，これを否定したものは，次のようになる。

(4) $\neg[(x が本である)\wedge(x が私のものである)]$
　　　$= \neg(x が本である) \vee \neg(x が私のものである)$

すなわち「私の本だ」は，「私のものである」ことと「本である」ことの連言からなるため，その否定は，ド・モルガンの法則により「本でない」と「私のものでない」の選言となる。すなわち，「私の本だ」という句の否定は，「本であり，私のものではない」場合，「私のものであり，本ではない」場合，「本でもなく，私のものでもない」場合，の三つの場合があることになる。ここでも否定の意味が，単語の場合のように補集合を表すとすると，この三つの場合をあわせたものが「私の本ではない」の意味となる。しかし，実際に使用される

場合は，普通「私の本ではない」の意味には「本ではない」は入らず，この句は，「本であり，私のものではない」ことを表す。この場合「本であること」は否定されず，前提とされるのである。

「ない」とその被否定項である「私の本だ」の関係は，[[私の本で]ない]という構造をしており，同位関係(sister relation)をなすと考えられるので，被否定項が単語である場合と変わりはない。否定のスコープはどちらにおいても同位要素であるので，否定の影響領域は構造的には同じであると見ることができる。上で見た違いは「私の本だ」のうち，「私の」だけが選択的に否定と結びつき，その部分のみが否定されていることから生じる。スコープ内の選択的に否定されている部分を焦点という。「これは私の本ではない」において，「私の」の部分のみが否定されているのは，この部分が否定の焦点となっているからである。このように句以上の否定では，否定のスコープと焦点が問題となる。

以上のような否定のスコープと焦点の関係はより一般的にいうことができる。(5)を否定する場合を考えよう。

(5) 　太郎がりんごを食べる

文の否定が真であるというのはどのような場合かを考えるため，文を一項述語の連言として表す方法を考える。文を一項述語の連言として表す方法としてはイベント論理を使う方法がある(イベント論理の概説や記法については，Parsons 1990 などを参照)。例えば，「太郎がりんごを食べる」は，あるイベント e があり，e は「食べる」で，e の動作主が太郎で，e の対象がりんごだという意味である。これは次のように表せる。

(6) 　∃e[taberu(e)∧Agent(e, Taroo)∧Patient(e, Ringo)]

これを否定すると次のようになる。

(7) 　¬∃e[taberu(e)∧Agent(e, Taroo)∧Patient(e, Ringo)]

これは以下のように変形できる。

(8) 　∀e¬[taberu(e)∧Agent(e, Taroo)∧Patient(e, Ringo)]

この(8)は(9)と等価である[1]。

(9) a. $\forall e[\{Agent(e, Taroo) \land Patient(e, ringo)\} \rightarrow \neg taberu(e)]$
　　b. $\forall e[\{Agent(e, Taroo) \land Patient(e)\} \rightarrow \neg Patient(e, Ringo)]$
　　c. $\forall e[\{Patient(e, Ringo) \land taberu(e)\} \rightarrow \neg Agent(e, Taroo)]$

つまり，どの場合もある出来事はあったことが前提とされている。これにより，それぞれは次のようにパラフレーズできるだろう。

(10) a. 太郎が食べるのはりんごではない。
　　 b. りんごを食べるのは太郎ではない。
　　 c. 太郎がりんごにするのは食べることではない。

これらは，例えば次のような否定の文の解釈に対応するだろう。

(11)　太郎がりんごを食べるのではない。

ここでは，否定の焦点に入るものは普通焦点アクセントを取るので，(10)は，(11)の「りんご」，「太郎」，「食べる」にそれぞれ焦点アクセントが入り，そのようなイントネーションとなったもののパラフレーズに相当する。このような焦点アクセントがなければ，(11)は，(10)の三つの解釈で曖昧になる。「のだ」は否定のスコープを全体に広げる役目を果たすため，このように文の否定を使わず，単に動詞に否定辞「なし」を付けた場合は，否定のスコープの範囲の特定は少し難しくなる。(12)のように日本語で主語の部分を主題にすると普通否定のスコープには入らないから，その場合は(10b)は排除される。

(12)　太郎はりんごを食べなかった。

また，日本語は，「ない」が接辞として現れるため，「ない」のスコープが動詞句に及ぶのか，動詞だけとなるのかに関しては多少議論の余地がある[2]。例えば，(12)では，「りんご」が否定の焦点であるとすると，「太郎が食べたのはりんごではない」とパラフレーズできる解釈になるが，これはそれほど普通の解釈ではない。しかし，(13)のように条件文の中にいれ，否定のスコープが分かるように数量詞を使った文では，数量詞が否定のスコープに入った解釈が可能

---

[1] $\neg(p \land q \land r) \Leftrightarrow \neg((p \land q) \land r) \Leftrightarrow (p \land q) \lor \neg r \Leftrightarrow (p \land q) \rightarrow \neg r$ であり，p, q, rのそれぞれは交換可能であるからである（郡司隆男氏の助言による）。

[2] Kuno(1973), Takubo(1985), 益岡(1989), 片岡(2004)などを参照のこと。

である。
(13)　太郎が3日の間にあと7台以上の車を売らなければ，ノルマの100台には達しない。（＝あと3日で売る車が7台以上でなければ）

これは主語と否定の関係でも同じで，必要条件を述べる場合には，否定のスコープは主語まで伸びることができるようである。
(14)　あと3人以上出席しなければ，定足数に達しない。
　　　（＝出席者があと3人以上でなければ）

もちろん，条件文の中に否定がある場合でも，主語や目的語が否定されない解釈も場合によっては可能である[3]。
(15)　太郎が5台以上の車を売り残さなければ，売り上げは先月と同じだ。
　　　（＝売り残さない車が5台以上なら）
(16)　あと3人以上出席しなければ，欠席者が10人を超えてしまう。
　　　（＝出席しない人があと3人以上なら）

そこで日本語の否定では，否定のスコープは動詞句が文全体を含み，焦点が文脈により異なるとするのがよさそうである。

以上をまとめると次のようにいえる。

　A.　**否定のスコープ**
　　　否定のスコープは否定辞の同位要素である。否定辞は同位要素の意味の補集合を作る。
　B.　**否定の焦点**
　　　否定の焦点は否定のスコープ内になければならない。

A, Bは，基本的にはどの言語でも同じと考えられる。言語によって，否定辞は異なり，それぞれの否定辞がとる同位要素は異なるため，言語差が生じる。また，主文と従属節で焦点位置が異なることも考えられ，そこでも言語差の生じる可能性があるかもしれない。

以上のことを踏まえて中国語の否定を考えてみよう。

---

[3]　条件文と否定の関係に関しては今仁(1993)，片岡(2004: 2章)，及びそこに示された文献を参照。

3. 中国語の否定のスコープ1——否定と焦点

中国語においても，否定辞はそのスコープと焦点から考察することができる。ここでは，不と没(有)に限って考える。これらはどちらも述語句に付くと考えられる。中国語ではある種の付加句は述語より前に現れ，不も没(有)も述語に付くため，付加句は不のスコープにはないと考えられる。例えば，英語では，tomorrow のような時の副詞は動詞句の後に来て，動詞句の中に入りえるため否定辞のスコープ内に入りうる。したがって，(17)は，tomorrow が否定のスコープに入るか否かで二義的になる。

(17)　He will not go to school tomorrow.
　　　「明日は彼は学校に行かない」
　　　「彼が学校に行くのは明日ではない」

Go to school tomorrow は，e = go to school と Time (e) = tomorrow の二つの述語の連言からなるため，これを否定すると「学校に行かない」か「それが明日でない」かのどちらかになる。英語では連言のどちらを否定してもよいため二つの解釈が生じるのである。これに対して，中国語では，明天は否定辞に先行する(Li and Thompson 1989: 419)ため，否定のスコープに入らず，(18a)では英語のような曖昧性はないし，(18b)は非文である。

(18) a.　他　明天　不　　上学.
　　　　彼　明日　ない　学校に行く
　　b. *他不明天上学.

これは日本語でも同様に，(19)では普通「明日」を否定するのは難しい。

(19)　彼は明日学校に行かない。

(18)で，明天を否定するためには，是(コピュラ)を使った構文などで明天を明示的に否定のスコープにいれ，これを否定する必要がある。したがってこの構文は否定のスコープを明天にまで広げると同時に他の構成素を前提とする役割を果たす。

(20)　他不是明天上学.

(20)の構造は(21)のようになっていると考えられる[4,5]。
(21)　他［不［是［明天上学］］］.

また，主語は中国語では必ず否定詞の左側に来るが，その場合も否定のスコープ内には入らないと思われる。否定のスコープ内に入るためにはやはり，(22)のように焦点構造に入れなければならない。

(22)　不　　　是　　　　他　給　我　糖果.
　　　ない　コピュラ　彼　に　私　キャンディ

同様に以下の意味の違いも否定辞のスコープの差であると考えられる(Li and Thompson 1989: 420)。

(23) a.　他　不　　一定　来.
　　　　彼　ない　必ず　来る　「彼は必ずくるわけではない。」(部分否定)
　　 b.　他一定不来.　　　　　「彼はきっと来ない。」
(24) a.　我　不　　能　　　去.
　　　　私　ない　できる　行く「私はいくことができない。」
　　 b.　我能不去.　　　　　　「私は行かないことができる。」
　　 c.　我不能不去.　　　　　「私は行かないことができない。」

不と没(有)の差も一部はスコープの差として記述することが可能である。不は動詞句，没(有)は，アスペクト句の否定とされているが，アスペクト要素が動詞句を補語としてとる主要部であるとすればよい。また，没(有)は，聡明，［知道＋名詞句］［是＋名詞句］など状態句には付かないとされているが，これらはアスペクト要素を取らないものである。

このことは，没(有)がアスペクト句を，不が動詞句をその同位要素としてとるとすれば記述できる。アスペクト句には，さまざまなものがあるが，基本的

---

[4]　他是不是明天上学のような文は次のような構造から，最初の明天上学の消去，是不是の再構造化を経て形成されると考える。
　　他［是明天上学］［不是明天上学］.
[5]　英語でも perhaps や probably のようなモーダルの副詞類は否定のスコープには入らない。
　　He will perhaps not go to school tomorrow.
　　同様に中国語では也などのモーダルの副詞類は入らないがこれは統語的なものというよりはモーダルの副詞類は焦点を受けないという意味的な制約であると思われる。

にどれも動詞が表すイベントを時空間に定位するものと考えてよいだろう。したがって，没(有)は，そのイベントの時空間への定位を否定すると考える[6]。

4. 中国語の否定のスコープ2——部分否定と全称否定

この節では，否定とスコープが関連する現象として全称否定と部分否定について考える。

全称否定にはいくつかの方法があるが，一つは否定のスコープ内に否定極性要素をいれるものである。否定極性要素は普通スケールの下のほうの要素を述べるものか，存在量化子である。例えば，(25), (26)で budge an inch, anyone はそれぞれスケール上の一番下のものを述べるもの，任意の要素を述べるものである。これらはどちらも否定のスコープ内に入っている。前者は，スケールの一番下のものを否定することで全称否定を表し，後者は，存在量化子を否定することで全称否定を表している。

(25) I didn't budge an inch.

(26) I didn't see anyone.

これに対し，否定のスコープ内に全称量化子が現れれば部分否定になりえる。

(27) I didn't see everybody.

しかし，everybody は，広いスコープをとることもできるので場合によっては，(27)は全称否定にとることも可能である[7]。

中国語では，誰や何のような不定名詞は否定のスコープ内に入っても否定極性表現としては機能しないようである。(28)で什么は否定極性表現としては機能せず，英語でいえば，something という意味としてしか機能していない。そのため，これは全称否定の意味はないようである。

---

[6] 没有の記述には，イベント論理におけるアスペクト，時制の記述が必要なのでここでは取り扱わない。おそらく，イベントの存在を否定するのではなく，イベントの関わるインターバルとの関係を指定し，そのインターバル内にイベントが存在しないことを述べればよいと思われる。

[7] ∀x[man(x)& I didn't see x]という解釈になる。

(28) 没　　说　　什么.
　　　ない　言う　何

全称否定をするなら，(29)のようにいわなければならない。

(29) 什么　也　没　　说.
　　　何　　も　ない　言う

この什么也は没の左側に現れており，否定のスコープ内にはないとしなければならない。この全称否定は，英語でいえばeverythingが意味的に（あるいはLFで）否定のスコープの外に移動したのに対し，明示的に（あるいは顕在的部門（overt syntax）で）左に移動したか，あるいは最初からこの位置に生成されたと考えられる。この什么也は，日本語の「どれも」「なにも」と同じような構造で，全称量化子として働いているため，全称否定として機能していると考えられる。つまり，任意の要素に対し，否定述語没说が成り立つため全称否定になるわけである。英語で任意要素を表すanyoneは否定極性表現であるため，否定のスコープ内にその出現位置が限定されている。中国語の什么はこの意味では，否定極性表現ではないと考えられる。

中国語でも一句话のようなスケール上の最も下のものを表す表現は否定極性表現になりえる。

(30) 没　　说　　一句话
　　　ない　言う　一言

(30)で，一句话は，没のスコープに入っていると考えられ，全称否定が可能であると考えられる。これに対し，(31)，(32)では，一句话は没のスコープ内に入っていないのに，全称否定の解釈が可能である。

(31) 一句话　也　没　　说.
　　　一言　　も　ない　言う

(32) 一句话　都　　　没　　说.
　　　一言　　すべて　ない　言う

一句话はこの位置でスケール的含意の解釈が可能であると思われる。つまり，一句话は，これを下端とするスケールの中にあるわけであるが，それに否定述語没说がかかり，也，都はスケール上の他の要素でもこの否定述語が成り

立つことが含意されるため，スケール上のすべての要素が否定される[8]。

これが正しいとすると，$\forall x (x: A\cdots N)(没说 x)$のような構造になり，集合のすべてのメンバーに対し否定述語が成り立つという意味になるため，これで全称否定ができる。したがって，否定のスコープを左側に広げなくても，全称否定が可能になるのである。

一句话|也，都|没说は，結局，集合要素のすべてに対して否定述語が成り立つという意味になる。これは，谁，什么など，任意の要素を表す表現が否定述語をとって全称否定ができるのと結局同じメカニズムであると考えられるのである。

5. おわりに

以上非常に簡単であるが，中国語の否定のスコープと焦点に関して，一般統語論的に見てみた。中国語においても次の否定のスコープと否定の焦点に関する制約が成り立つのではないかという立場にたっていくつかの現象を考察した。上で見た中国語の否定の性質は A，B を仮定し，中国語の統語構造，否定語彙の統語特性，数量関係の語彙の統語特性から特に特別の仮定をせずに導出できることを見た。

 A. 否定のスコープ
  否定のスコープは否定辞の同位要素である。否定辞は同位要素の意味の補集合を作る。
 B. 否定の焦点
  否定の焦点は否定のスコープ内になければならない。

---

[8] 日本語における「一言も言わなかった」なども，否定のスコープにあると考えるより，否定述語がスケール上のすべての要素で成り立つと解釈するほうがよい。一般に日本語の否定は否定極性表現をスコープ内に含むものではなく，否定述語をスケール上のすべてに成り立つとするタイプのもの，すなわち，全称量化を含む要素が否定述語をとるもの，が多いように思われる(片岡 2004 参照)。スケールと否定の関係については Fauconnier (1975a, b)を参照のこと。

付記

中国語に関しては，木村秀樹氏，杉村博文氏，中川正之氏，イベント論理などの論理表記に関しては三藤博氏のアドバイスをいただいた。ここに記して感謝したい。間違いがあればすべて私の責任である。

第5章

日本語複合述語の構造と派生の諸問題
──述語繰りあげ変換を中心にして──

1. はじめに

本章では現代日本語の複合的述語の構造と派生について論じる。ここでは,特に,変換生成文法の枠組において,これらの複合述語の派生に関与していると考えられる「述語繰りあげ」の適応条件について詳しく見ていくことにする。

2. 補文をとる述語類
2.1 補文をとる4種の述語類

日本語の変換生成文法の分析で,補文を含むと考えられている複合述語は次の4種である[1]。

A. 推量,断定を表す述語

らしい,ようだ,かもしれない,はずだ,そうだ(伝聞),だろう,に違いない,etc.

B. 「て」を介した表現[2]

---

[1] 形容詞+する/なる,漢語+する も補文をとると分析する者もある(Kageyama 1976; 奥津1978)。田窪(1978)はこの奥津に対する反論である。

[2] 「て」を介した表現には非常にさまざまなものがある。文接続(例.私は岡山に行って,彼女は東京に行った。) 理由節(例.今日は寒くて,池がこおった。),その他(例.今日は寒くて仕方がない。お母さんと一緒にいられていいね。) これらの構文とここでいう補文をとる構文とは,さまざまな統語的差異が観察されるが,ここでは扱わない。また,B.に挙げたものと「～ていく」,「～てくる」などの表現もいくつかの興味深い違いが見られるがここでは触れない。

(i) 受与動詞
   てくれる, てやる, てもらう, てあげる, てさしあげる, てくださる, ていただく, etc.
(ii) 完了を表す動詞
   てしまう, ている, てある, etc.
(iii) その他
   てみる, ておく, てほしい, etc.
C. 動詞連用形をとるもの[3]
   (i) 動作の終動, 起動を表すもの
      はじめる, おわる, おえる, かける, つづける, やめる, やむ, だす, etc.
   (ii) 動作の否定と関係しているもの
      わすれる, しぶる, おとす, まちがう, 損じる, etc.
   (iii) 動作の完了を表すもの
      きる, おおせる, とおす, etc.
   (iv) その他
      たい, 合う, 直す, 返す, にくい, etc.
D. 用言の語幹に付く述語
   (i) 動詞に付くもの
      可能(/e/ 〜 /rare/), 使役(/sase/), 受動(/rare/)
   (ii) 動詞, 形容詞に付くもの
      そうだ, すぎる

これらの述語が補文をとることに関しては, Nakau(1973), Harada(1977), 柴谷(1978), 井上(1976), Kuroda(1965), 久野(1973), 田窪(1975, 1978)がさまざまな根拠を挙げて証明を試みている。ここでは, 一応, この分析が正しいものとして論をすすめ, 必要と思われる時にのみその根拠を示すことにする。

さて, 従来の変換文法の枠組による分析では, これら四つの類に対してほ

---

[3] これらの分類は便宜的なものである。

ぼ同様の基底構造を設定し，同様の変換による派生を考えている．例えば，Aの「らしい」，Bの「てほしい」，Cの「はじめる」を使って例示するとその基底構造は，それぞれ，

(1) [_S[_S 彼 行く] らしい]
(2) [_S 私 [_S 彼 行く] ほしい]
(3) [_S 私 [_S 私 行く] はじめる]

と考えられる[4]．

(1)は，主語上昇変換(Subject Raising, 以下 SR)がかかって，「彼」が主文に上がり，さらに，埋め込み文中の動詞が繰りあがってSの節点が刈りとられて，主文の動詞と埋め込み文の動詞が構成素をなす．

(4)

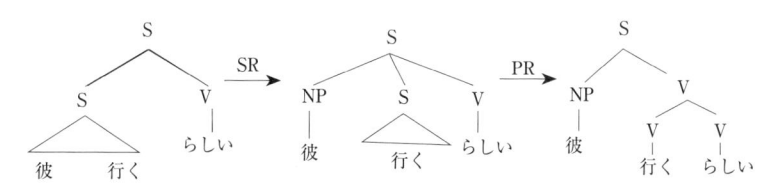

(2)も同様に，SR, 述語繰りあげ変換(Predicate Raising, 以下 PR)がかかって表層形が得られる．

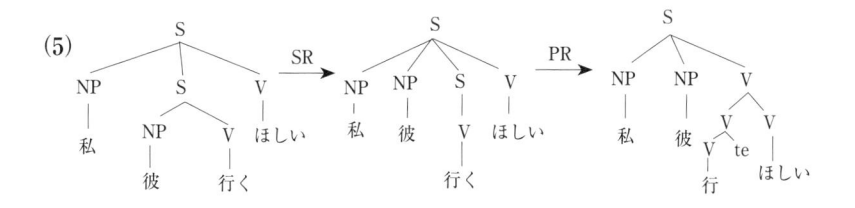

(5)

(3)は，まず同一名詞消去変換(Equi-NP deletion, 以下 Equi)がかかり，次にPRがかかって表層の単文構造が得られる．

---

[4] これらの基底の設定には，研究者によって細部の異同がある．後の節でそれらを比較対照して，正しい基底構造の設定を試みる．

(6)

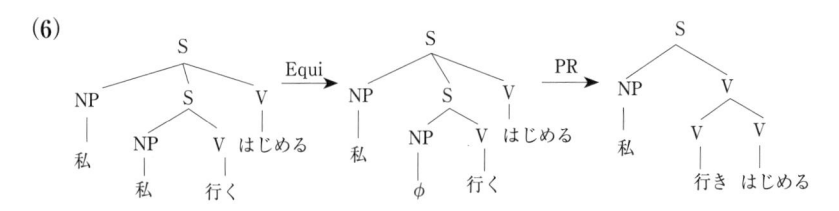

```
        S                          S                         S
       /|\          Equi          /|\          PR           /|\
      NP S  V       ──→         NP  S   V      ──→        NP   V
       |  |\ |                   |  |\  |                  |   /\
       私 NP V はじめる            私 NP V はじめる           私  V  V
          |  |                      |  |                      |  |
          私 行く                    φ  行く                  行き はじめる
```

　ここで，三つの構造すべてに PR がかかっている。現在までこの変換は，さまざまな文法現象を説明するために使われているが，その性質については，はっきりと分かっていない。その問題点を，①構造記述，②構造変化，③適用の形式，についてそれぞれ論じることにする。

2.2　述語繰りあげ変換(PR)の問題点
2.2.1　構造記述
　多くの変換文法の記述では PR の構造記述に［+Aux］を使っている。例えば，井上(1976)では，

(7)　　SD：X[$_{NP}$[$_S$　Y　　Pred]]Pred Z
　　　　　　 1　　　2　 3　　　　4　　 5
　　　SC：1　　　2　　 φ　　　3 ♯ 4 5
　　　　　　　　　　　　　　　　　　条件：4 =［+Aux］

しかし，この［+Aux］という統語特徴は，正に PR がかかる述語を同定するために作られたもので，独立の存在理由を持たない[5]。また，PR がかかると考えられる動詞の多くは，PR のかかっていない構造を並行して持っている[6]。とすれば，［+Aux］は PR という現象を示す述語を定義できない。

---

[5]　Akmajian and Kitagawa(1976)は［+Aux］について，その存在理由を「ソウスル」動詞代示化，「お‐になる」主語尊敬語化を使って示そうとしているが，これによって［+Aux］が定義する述語のクラスと PR がかかる述語のクラスは異なっている。

[6]　例．彼は行くのをしぶった　v.s.　彼は行きしぶった。
　　　彼はジョンがいってほしかった　v.s.　彼はジョンにいってほしかった。

2.2.2 構造変化

(7)によれば，PR は述語を上位文の述語にチョムスキー付加する。とすれば，そのアウトプットは，(4), (5), (6)の構造について同じであるはずであるが，実際には，これらはさまざまな構成素のまとまりの差を見せる。

(i) 係り助詞挿入

(8) 　僕は君にこれを買ってはほしいが…。

(9) 　*彼は金をもうけははじめた[7]。

(ii) 主語尊敬語化

(10) 　*僕はあなたにこれをお買ってしまいになっていただきたい。

(11) 　先生はその本をお書きはじめになった。

2.2.3 適用の形式

一般にこの規則は巡回的に適用されると考えられてきた。ところが，最近 Aissen (1974), Newmeyer (1976)は，PR を持っていると思われるさまざまな言語(トルコ語，仏語，ポルトガル語，スペイン語)を考察し，PR は普遍的に巡回前の規則と考えねばならないと主張している。これが本当だとすれば，日本語のさまざまな規則の再定式化を迫られるものである。実際に井上(1976)はそのような考えを示唆している。

本章では，PR の適用を受けると考えられる述語の基底構造とそれに関係するさまざまな意味的，統語的現象を考察することによって 2.2.1 と 2.2.2, 特に 2.2.1 に解決を与えることを意図とする。2.2.3 については，問題が大きすぎるのでまた別の機会に詳しく考えたい[8]。

また，以下では，2.1 の「D. 用言の語幹に付く述語」の構文は考察の対象からはずす。(i)は非常に研究の量が多く，それらすべてを批判検討することが不可能であるからであり，(ii)は全く研究がないので，今のところ正しい分析が

---

[7] 上古の日本語ではこれは許された(関 1977)。

[8] 基本的には，筆者は，Aissen, Newmeyer の考えは誤りであると考えている。トルコ語の PR は語彙挿入前の規則と考えられ，仏語などに関しては，PR を使わない分析があるからである。

得られないからである。これらを除いても結論に大きな影響はないと思われる。

3. 推量，断定を表す述語

推量，断定を表す述語をPR，SRを用いて派生しているのはNakau (1973)，澤田 (1979) である。二人は，この二つの変換を立てる根拠を多く挙げているが，ほとんどが重複しているので，ここではよりまとまっている澤田を取り上げる。Nakauには必要に応じて触れる。

澤田はこの述語の基底構造を(12)のようなものと考える。

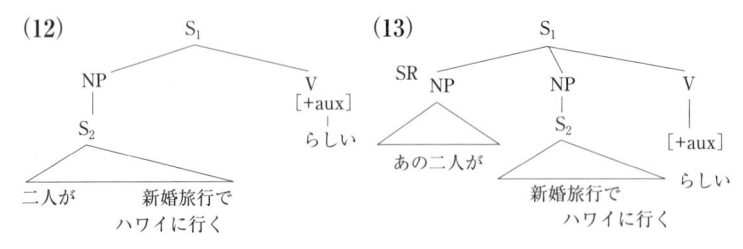

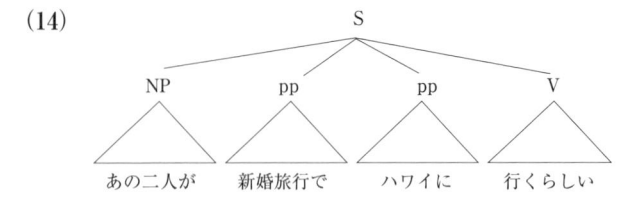

(12) [樹形図: S₁ → NP (→ S₂ → 二人が 新婚旅行でハワイに行く), V [+aux] らしい]

(13) [樹形図: S₁ → SR, NP, NP (→ S₂ → 新婚旅行でハワイに行く), V [+aux] らしい / あの二人が]

(14) [樹形図: S → NP (あの二人が), pp (新婚旅行で), pp (ハワイに), V (行くらしい)]

この構造にまずSRがかかり，(13)の構造が作られ，さらにPRが適用されて(14)の単文の構造ができる。

澤田は，SRの存在理由を四つ，PRの存在理由を三つ挙げている。ここでそのうち主なものを紹介し，それらが成り立たないこと，したがってこれらの述語にはSRもPRも考える必要がないことを示したい。

3.1 主語上昇変換(SR)の存在理由
3.1.1 「そう」による文の代示の議論
次の例を見られたい。

(15) a. 次郎は，［朝倉先生におそわる］だろう。
    b. 道江もそうだろう。
    c. それは　道江もだろう。

(15)の「そう」「それ」は(16)のS₂から主語のNPをとった形，(17)のS₂を代示していると考えられる。したがって(16)から(17)を導くSRが考えられねばならないという論理である。

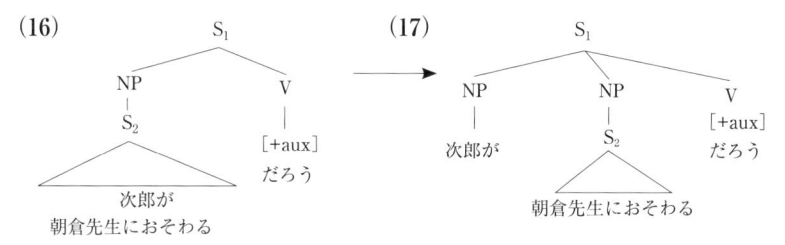

(16)
```
        S₁
       /  \
      NP   V
      |    |
      S₂  [+aux]
     /|\   だろう
  次郎が
  朝倉先生におそわる
```

(17)
```
         S₁
       / |  \
      NP NP   V
      |  |   [+aux]
   次郎が S₂  だろう
        /\
     朝倉先生におそわる
```

この説が正しい為には，「次郎は」でなく，係り助詞のない「次郎が」で同じ現象が現れねばならない。なぜなら，久野(1973)，Muraki(1974)によれば係り助詞を含む文は，$NP_i[NP_iV]_S$と分析されるからである[9]。さて，では，係り助詞なしではどうなるか。次の例を見られたい。

(18) a. このリンゴ誰が食べるだろう。
    b. *次郎がそうだろう。
(19) a. 今度のコンペ誰が優勝だろう。
    b. ?次郎がそうだろう。

(18)から分かるように，主題化せずに現れた，「次郎が」は「そう」の外に出すことはできない。(19b)が許容できるのは，「そう」が，述語の代示形「そうだ」から来ているためである。述語の代示形は「そうする」「そうなる」「そうだ」の三つがあり，それぞれ有意志の動詞，無意志の動詞及び，状態の

---

[9] 三上(1953, 1955, 1959)を参照。この分析の根拠はいろいろあるが，例えば次の文のように，S内のNPが消えずに残っている場合がその一つである。
  (i) 彼は自分がなさけなかった。
  (ii) 武器はこれを保持しない。

述語を代示する[10]。したがって(18b)は，述語のみを置きかえて
(18) c. 次郎がそうするだろう。
とせねばならないのである。
　さて，次に係り助詞の存在が，(15)の「それ」「そう」の生起の理由であることを示そう。
(20) a. このリンゴは次郎がかじったらしい。
　　 b. このリンゴもそうらしい。
　　 c. それは，このリンゴも $\left\{\begin{array}{c}\phi\\ そう\end{array}\right\}$ らしい。

(20)において「このリンゴ」は埋め込み文の目的語のはずなのだから，(20)がいえるのはSRによっては説明できず，係り助詞によって，文題に来たことが理由とされねばならない。

3.1.2　穴あけ規則(Gapping)による議論
(21) a. 太郎はテレビをみるかもしれない，次郎は本を読むかもしれない。
　　 b. 太郎はテレビをみ(ϕ)，次郎は本を読むかもしれない。
(22) a. 海幸は海に行くようだ，山幸は山に行くようだ。
　　 b. 海幸は海に行き(ϕ)，山幸は山に行くようだ。
(21a)の構造は澤田によれば，
(23)

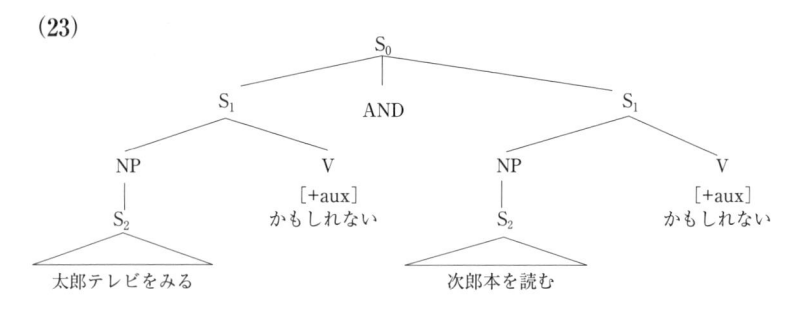

```
                              S₀
              ┌───────────────┼───────────────┐
              S₁             AND              S₁
         ┌────┴────┐                     ┌────┴────┐
        NP         V                    NP         V
         |      [+aux]                   |      [+aux]
        S₂     かもしれない              S₂     かもしれない
    ─────────                        ─────────
   太郎テレビをみる                   次郎本を読む
```

---

[10]　「そうだろう」を「そうだだろう」から導くのは，
(i)「だろう」の前には原則として終止形が来る．例．大きいだろう v.s.* 大きなだろう．
(ii)「だ」が「そうだ」の前で現れる．例．「そうだそうだ」　(i)(ii)の二つの理由による．

この構造には穴あけ規則はかかれない。穴あけ規則とは，主語の名詞句を残して共通の述語を消す操作だからである。例えば，

(24) a. 彼はテレビを見，彼女は映画を見た。
　　 b. 彼はテレビを φ，彼女は映画を見た。

(24b)が可能なのは，(24a)が他助詞であり，接続されている文のどちらもが主語以外の構成素を持っているからである。(23)のような主語以外に構成素を持っていない文は，穴あけ規則はかからない。

(25) a. ?彼は死に，彼女は死んだ。
　　 b. *彼は φ 彼女は死んだ。

したがって(23)の構造にこの規則がかかるためには，SR によって(26)のような構造が作らねばならない，というのが澤田の主張である。

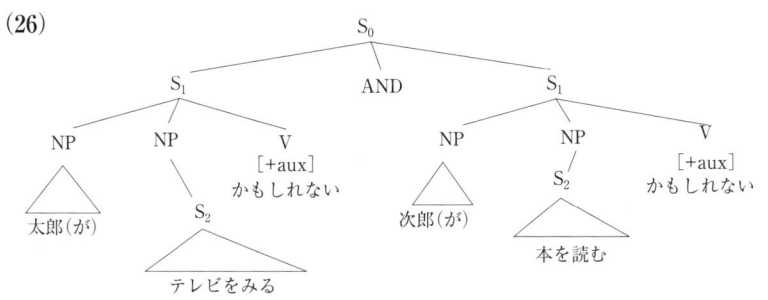

(26)

```
                         S₀
              ┌──────────┼──────────┐
             S₁         AND         S₁
        ┌────┼────┐            ┌────┼────┐
       NP   NP    V           NP   NP    V
        △    │  [+aux]         △    │  [+aux]
       太郎(が) S₂  かもしれない   次郎(が) S₂  かもしれない
            △                       △
         テレビをみる                 本を読む
```

これは単に(23)の分析が誤っているので，(23)は，(27)のように分析されるべきなのである。この構造は，穴あけ規則の適用に関して全く問題を生じず，しかも意味的により妥当である。

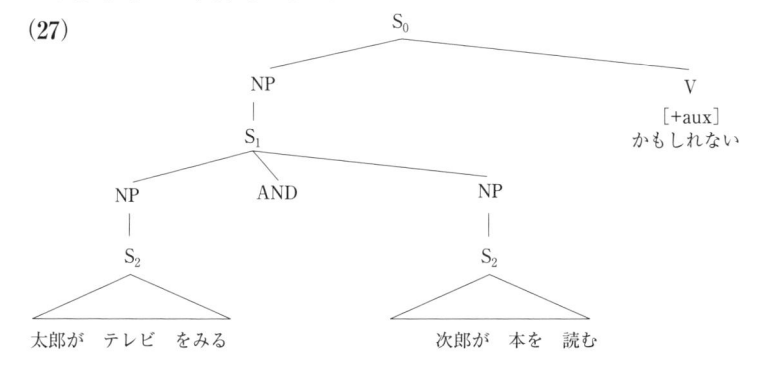

(27)

```
                    S₀
           ┌────────┴────────┐
          NP                  V
           │                [+aux]
          S₁               かもしれない
    ┌──────┼──────┐
   NP    AND     NP
    │             │
   S₂            S₂
    △             △
 太郎が テレビ をみる   次郎が 本を 読む
```

澤田の3番目の論拠は3.1.1と同じ理由で誤りと考えられ，4番目の論拠も説得的でない．ここで，Nakauの挙げている論拠を一つ考えてみよう．

3.1.3　総記の「が」による議論

久野(1973)によれば，総記の「が」は，従属節では中和される．
(28) a. 誰がどろぼうだったか．
　　 b. 太郎がどろぼうだった．（総記）
(29) a. *誰がどろぼうだったことにあなたは気づいたか．
　　 b. 次郎がどろぼうだったことに私は気づいた．（中立叙述）
　　 c. なににあなたは気づいたか．

(28b)は，(28a)に対する答えとしては総記の読みしかない．それに対して(29b)は，中立叙述の読みしかない．そのことは(29a)が不可能で(29c)が可能であることからも確かめられる．

さて，次の例文を見られたい．
(30) a. 太郎がどろぼうだったらしい．
　　 b. あの部屋があかるいに違いない．
　　 c. 次郎が頭がへんなはずだ．

(30abc)はすべて「が」を総記と解釈できる．このことは下線部を疑問詞で置き換えてみれば分かる．このことからNakauは(30)の文において，下線部の名詞句は従属節にはなく，主文の要素である，すなわちSRがかかっているのだとする．

この議論も問題がある．なぜなら，総記の「が」が中和されるのは，すべての従属節においてではないからである．次の文を見られたい．
(31) a. 私は，太郎がどろぼうだったと思う．
　　 b. 私はあの部屋があかるいと感じた．
　　 c. 彼は次郎が頭が変だと気づいた．

(31)において下線部の名詞句に総記の読みを与えることは可能である．しかも，これらの文において下線部の名詞句が主文に引きあげられている証拠は全くない．したがって，久野の一般化が成り立つのは，名詞句を主要部とするい

わゆる複合名詞節(complex NP)及び副詞節のみと考えられる。さらに，(31)の「と」によってマークされている節と「らしい」などの述語がとる補文の振舞いが似ていること[11]からも，久野の一般化はこのような節には当てはまらないことがいえる。したがって，上の事実は，(30)の文において主語名詞は従文の中にあることを示唆し，SR の存在の根拠とはなり得ない。

以上の他に Nakau はさまざまな SR の根拠を挙げているが，それらはすべて澤田と同じように反論することが可能である。したがって，これらの述語について，SR の存在を証明する事実はないと結論せねばならない。次に PR について考えてみよう。

3.2 述語繰りあげ変換(PR)の存在理由
3.2.1 かきまぜ変換による議論
(32) a. すでにエジソンは，電灯を発明しただろう。
b. エジソンは，すでに電灯を発明しただろう。
c. エジソンは，電灯をすでに発明しただろう。
d. *エジソンは，電灯を発明したすでにだろう。

澤田は(32d)の非文法性から「発明しただろう」が表層で構成素をなすと考えているが，そうである必要はない。(32d)の文の構造は，(33)と考えられる。

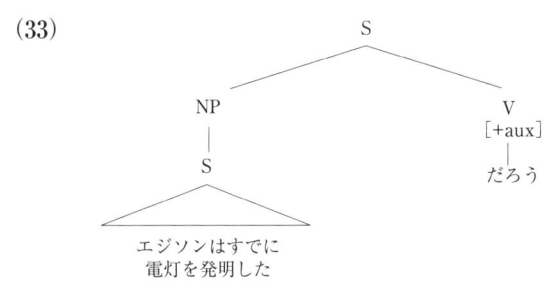

(33)
```
           S
          / \
        NP   V
        |   [+aux]
        S    だろう
       /|\
   エジソンはすでに
   電灯を発明した
```

埋め込み文中の要素が，S の節点を越えてかきまぜ変換によって移動されることはない。

---

[11] おそらくはどちらも NP という節点を持っていないのであろう。

(34) a.　私は彼が東京に行ったと思った。
　　 b.　*私は彼が行ったと東京に思った。
したがって澤田の主張は成りたたない[12]。

3.2.2　後置文による議論
(35) a.　［子供たちは，パンダに話しかけたかもしれないね］。
　　 b.　［子供たちは，話しかけたかもしれないね］，パンダに。

---

[12] かきまぜ変換による議論でより強力なのは次のような例である。
　(ⅰ)　多分，彼は東京に行くだろう。
　(ⅱ)　彼は，多分東京に行くだろう。
　(ⅲ)　彼は，東京に多分行くだろう。
　(ⅳ)　*彼は，東京に行く多分だろう。
(ⅰ)の基底は，下図(ⅴ)のようだと思われる。

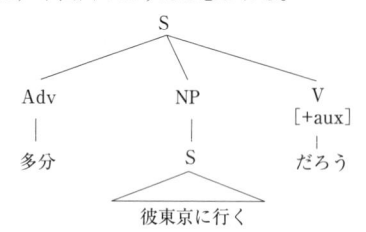

```
            S
    ┌───────┼───────┐
   Adv      NP       V
    │       │      [+aux]
    │       │        │
   多分      S       だろう
         ┌───┴───┐
         彼東京に行く
```

(ⅲ)の文法性から，主文の要素である「多分」が，埋め込み文の要素である「東京に」の後に来ていることが分かる。このことと，次の文(ⅵ)の非文法性とを考え合わせると，
　(ⅴ)　私は彼が東京に行くことを信じた。
　(ⅵ)　*彼が東京に，私は，行くことを信じた。
(ⅲ)は，単文構造をしているという根拠になりそうである。この問題は，かきまぜ規則が，clause internal であるか否かにかかっている。原田(1977)は，この規則を変項を使って，
　　　　W　(X″)　W　(X″)W　V　W
　　　　1　　2　　3　　4　　5　6　7
　　→　1　　4　　3　　2　　5　6　7
と定式化する。この定式化によれば変項5があるため，ここにSの節点があってもよいことになり，cakuse internal ではないことになる。そして，かきまぜ規則が原則として，同一節内の述語の姉妹要素のみに関係しているという事実を「相対化　A over A principle」という一般言語学的原則により説明する。したがって，(ⅲ)は，S node が"X"でない為，節点を越えて適用されると考えられる。この説には Muraki(1979)，井上(1978)の反論があり，結論めいたものは，ここではいえない。

c. *[子供たちは，パンダにかもしれないね]，話しかけた。
   d. *[かもしれないね]，子供たちはパンダに話しかけた。

澤田は，(35a, b)の文法性と，(35c, d)の非文法性から，①「かもしれない」と「話しかけた」が構成素をなす，②「パンダに」は，主文の構成素をなす，と主張している。しかし，これは，次の理由で問題である。

まず，このような後置文は先行要素が複文でも生じる[13]。
(36) a. 僕は[彼が東京に行った]と思うよ。
     b. 僕は行ったと思うよ，彼は，東京に。
次に，動詞が補文化辞なしで後置されるのは許されない。
(37) a. 彼は東京に行ったのかい。
     b. と思うよ。
     c. と思うよ，僕は。
     d. *と思うよ，東京に行った。
     e. ?僕は思うよ，そうだと。

(37b)で分かるように，「と」は他の補文化辞と異なり，先行する文を省略することができる。構成素構造は[$_{S'}$ [$_{S'}$ 東京に行った]と]と考えられるので談話則[14]に合えばS'を後置できるはずである。ところが(37d)が全く非文であることから，補文化辞なしで動詞を後置することを禁止する制約があると考えざるを得ないのである。

3.2.3 穴あけ規則による議論
(38) a. 海幸は海に行くそうだ，山幸は山に行くそうだ。
     b. 海幸は海にϕ，山幸は山に行くそうだ。

---

[13] 久野(1978)の観察。
[14] 久野(1978: 68)参照。久野は後置文について，次のような談話上の機能を考えている。

後置文において主動詞の後に現われる要素は，
(i) 話し手が最初，聞き手にとって，先行する文脈，或いは非言語的文脈から，復元可能であると判断して省略したものを，確認のため，文末へ繰り返したものか，
(ii) 補足的インフォーメイションを表わすもの，に限られる。

(38 b)において，「行くそうだ」が削除されている。澤田は，このことから，穴あけ規則がかかる際，「行く」が「そうだ」と構成素をなしていなければならないと主張する。しかし，(38)の基底構造を前述のごとく(39)のようにすれば「行く」「そうだ」が構成素をなしていなくても，穴あけ規則がかかり，(38b)を得ることができる。

(39) [[海幸は海に行き][山幸は山に行く]]そうだ

3.2で見たように澤田の挙げているPRの証拠は全く説得力を欠いている。したがって，PRが存在せねばならない積極的理由はない。

以上見てきたように，この類の述語には，SRもPRもかからないと考えて間違いないと思われる。

4. 「て」を介した表現

ここに属する表現は大きく次の2種に分かれると思われる。
　A. SRが関係していると思われるもの
　　　〜てほしい，〜てもらう　等
　B. Equiが関係していると思われるもの
　　　〜てみる，〜ておく，〜てしまう[15]等

ここでは特にA.について，その基底構造と派生の問題を考えることにする。

「〜てほしい」については，Harada (1977)，Tonoike (1977)が，「〜てもらう」については，柴谷(1978)が詳しく論じている。「〜てほしい」についていえることは，すべて「〜てもらう」についてもいえるので，この章では，「〜てほしい」について，Harada, Tonoikeの説を検討し，筆者の説を提案する。「〜てほしい」は，次の二つの構文をとる。

(40) a. 私は太郎に行ってほしい。
　　 b. 私は太郎が行ってほしい。

Haradaは，(40a, b)の文を次のように派生する。

---

[15] 〜ている，〜てしまう等はSRがかかっているという考え方もあるが，主語尊敬語化変換を考えるとき，Equiで派生したほうが都合がよいのでこうする。

第5章 日本語複合述語の構造と派生の諸問題　89

(41)
a. 基底　　　　　動作者「に」の付加　　　PR

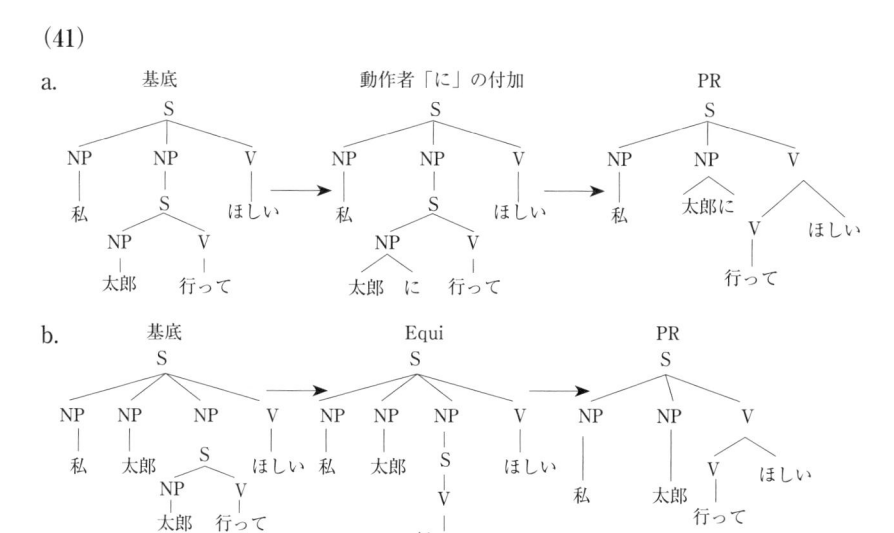

b. 基底　　　　　Equi　　　　　　　　PR

Tonoike は (40a, b) を次のように派生する。

(42)
a. 基底　　　　　与格「に」付加　　　　Equi

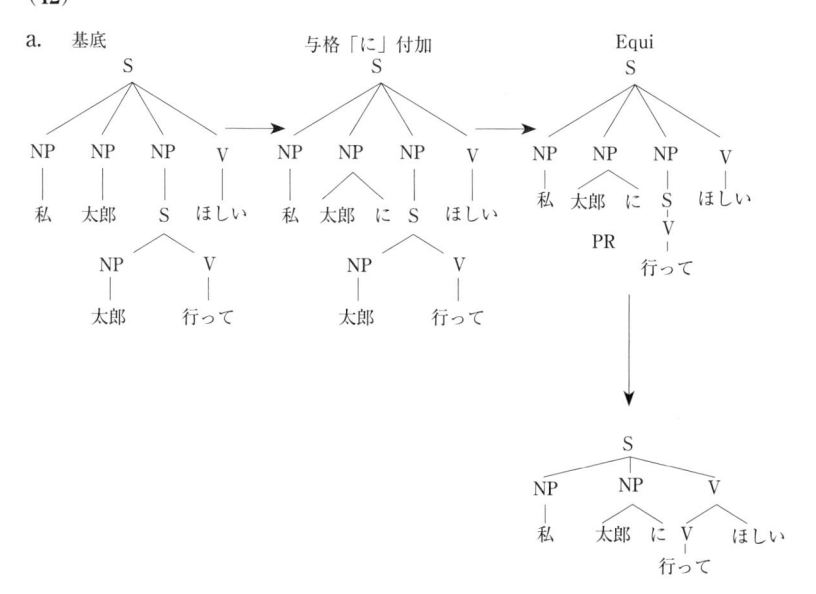

b.
　　　　基底　　　　　　　　　主語マーキング

（図：統語樹　「私　太郎　行って　ほしい」→「私　太郎が　行って　ほしい」）

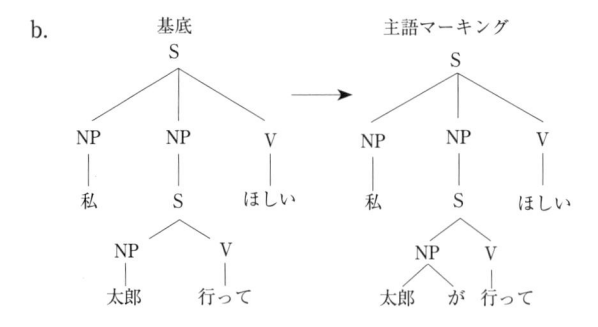

筆者は，(40a, b)に共通の基底構造を立て(43)の派生を考える。

(43)　基底　　　　　　　SRと動作者「に」付加　　　　PR

（図：統語樹の派生　「私　太郎　行って　ほしい」→「私　太郎　行って　ほしい」→「私　太郎に　行って　ほしい」）

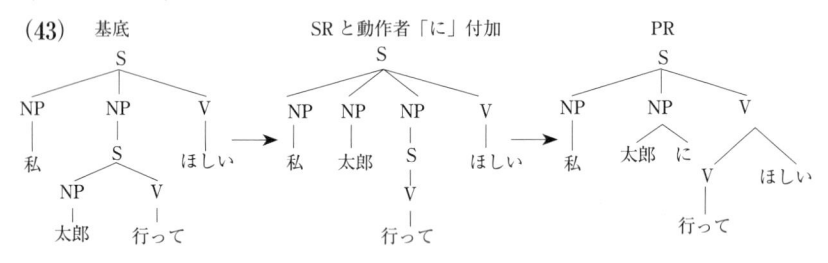

(41), (42)に比しての(43)の特徴は，

  (i)　「が」のbの文が複文の地位を保つ。
  (ii)　「に」のaの文が単文となり，「に」は，補文の主語が上昇したもので，主文に最初からあるものではない。
  (iii)　(i)(ii)を踏まえれば，基底に二つの構造を立てる必要はない。

さて，(41), (42)に対するHarada, Tonoikeの議論を紹介して，それに反論するのは煩雑なので，(43)の分析の根拠を述べて，(41), (42)と比較することにする。

(i)　(40b)の文が複文の地位を保っている根拠[16, 17]

次の文を見られたい。

　(44)　私はジョンが東京に行ったと思う。

---

[16] Muraki(1978)の観察。
[17] Tonoikeが挙げているかきまぜ変換による議論は成り立たないと思われる。

(45) 私はジョンが東京にしか行かなかったと思う。

上の例に見られるように「しか」と「ない」は，同一節内になければ互いに意味的関係を持つことができない。このことを頭において次の例を見られたい。

(46) a. 私は彼がチョムスキーを読んでほしい。
　　 b. 私は彼がチョムスキーしか読まないでほしい。
　　 c. *私は彼がチョムスキーしか読んでほしくない。

(46c)が非文であるのは，「しか」「ない」が同一節内になく，S節点によってさえぎられているからだと考えられる。すなわち，この文において「読んで」と「ほしい」は複合述語をなさず，全体は複文の地位を保っていることが分かる。

(ii) a. (40a)の文の「太郎に」が，SR によって主文に上がったもので，基底の与格ではない証拠

(47) a. 私は女の子3人に来るように言った。
　　 b. *私は女の子に3人来るように言った。
　　 c. 私は女の子3人に来てほしい。
　　 d. 私は女の子に3人来てほしい。

(47a)には(48)，(47d)には(49)の基底構造が与えられる。

(48) ［私は［3人女の子］$_{NP}$ に［__来るように］$_S$ 言った。］$_S$
(49) ［私は［3人女の子］$_{NP}$ が来］$_{S'}$ て］$_{S''}$ ほしい。］$_S$

数量詞のそれを支配するNPを越えての移動は，そのNPが主語，目的語の場合のみに限られる。

(50) a. 女の子が3人来た。
　　 b. 女の子を3人見た。
　　 c. *女の子に3人プレゼントをした。

(47b)は，与格から数量詞の遊離を行っているので非文となっているのである。それに対して，(47d)は，基底においては主語であるので，数量詞の遊離が可能なのである。また，(51)において，(51a)の「女の子」が[+specific]であるのに対し，(51b)の「女の子」が[−specific]である，という意味的違いも，これら二つの「に」が別のソースを持っていることの証左となるであろう。

(51) a. 私は女の子に来るように言った。
　　 b. 私は女の子に来てほしい。
(ii) b. (40a)の「に」を持つ文が単文である証拠
(52) a. 私は彼にチョムスキーを読んでほしい。
　　 b. 私は彼にチョムスキーしか読まないでほしい。
　　 c. 私は彼にチョムスキーしか読んでほしくない。
(52c)が文法的であることは、「読んでほしい」が、構成素をなしていることを示している。
(53) a. 僕は皆にこのことが知ってほしい。
　　 b. 僕は皆に映画が見てほしい。
　　 c. *皆がこのことが知る。
　　 d. *皆がこの映画が見る。
　　 e. リンゴがほしい。
　　 f. リンゴが好きだ。

「が」は「状態用言」の「対象格」を示す役わりがある。(53a, b)の文法性は、「知ってほしい」「見てほしい」がまとまって、「が」の選択に関与していることを示している[18]。(52),(53)より、PRの存在が証明される。

　(40a)が複文構造を保持しているのなら主文に目的語のNPを設定する必要はない。また、(40b)にPRがかからず、(40a)にPRがかかっているとすると、PRの適用はSR依存しているのではないかという考え方が可能である。したがって、(i)(ii)の分析より、(40a,b)は、一つの基底から(b)はSRの適用を受けそれに依存したPRがかかって派生され、(a)はSRが適用されず、したがってPRも適用されないで派生させる、とすれば高い一般性を得る。

---

[18] 実際に「てほしい」と結合して「が」を選択するのは主語が「経験者格」のもののみである。この点、「たい」とは異なる。
　(i) ??僕は彼にこの本が読んでほしい。
　(ii) 僕はこの本が読みたい。

5. 動詞連用形をとる述語

この構造の生成変換文法の枠組みによる取り扱いには，田窪(1975, 1978)，柴谷(1975)，Akmajian and Kitagawa(1976)がある。

この構造が補文をとるという考え方は，それほど明らかではないので[19]，その理由をここで述べることにする。

5.1 補文をとる理由
A　選択制限による議論
(54) a.　<u>雨が</u>降りはじめた。
　　 b.　<u>彼が本を</u>読みはじめた。
　　 c.　*雨が読みはじめた。
　　 d.　*彼が降りはじめた。

(54a, b)において下線部の名詞の選択制限は，完全に，「降り」「読み」という動詞によって規定されている。これは，前述の「らしい」などと全く平行する。

(55) a.　雨が降るらしい。
　　 b.　彼が本を読むらしい。
　　 c.　*雨が読むらしい。
　　 d.　*彼が降るらしい。

これらの例においてc，dの文のおかしさは，

(56) c′.　雨が読む
　　 d′.　彼が降る

のおかしさと同じものである。したがって，(54), (55)を

(54) a′.　[$_S$雨が降り]はじめた。
　　 b′.　[$_S$彼が本を読み]はじめた。
(55) a′.　[$_S$雨が降る]らしい。
　　 b′.　[$_S$彼が本を読む]らしい。

としておけば，c, dのおかしさは，c′, d′の文が意味的におかしいということ

---

[19] 関(1977)のように，これと語彙的複合述語を区別しない国語学者もいる。

を指定しておけば，自動的に記述される．

B　受動，能動同義性による議論
(57) a.　彼はジョンになぐられはじめた．
　　 b.　ジョンは彼をなぐりはじめた．
　　 c.　私はジョンになぐられるつもりだ．
　　 d.　ジョンは私をなぐるつもりだ．

(57a, b)はほぼ同義と考えられるが，(57c, d)は「なぐる」のが誰の意志かによって意味の差が感じとられる．この事実を説明するためには，(57a, b)には(58)を，(57c, d)には(59)をそれぞれ基底構造として与えればよい．

(58)　[$_S$[$_S$ ジョン　彼　なぐり]はじめた]
(59) c.　[$_S$ 私 [$_S$ ジョン　私　なぐる]つもりだ]
　　 d.　[$_S$ ジョン [$_S$ ジョン　私　なぐる]つもりだ]

(58)を立てれば，(57a, b)の同義性は(60a, b)の同義性から自動的に説明できる．

(60) a.　ジョンが彼をなぐった．
　　 b.　彼がジョンになぐられた．

(57c, d)の意味の違いは，その基底の主語の違いから説明できる．

C　主語尊敬語化による議論
(61) a.　<u>お客様</u>がお着きになりはじめた[20]．
　　　　 SSS
　　 b.　<u>先生</u>が御本をお読みになりはじめた．
　　　　 SSS

主語尊敬語化はHarada (1976)によれば，同一節内の主語をトリガーとしてかかる巡回規則である．したがって，「お客様」，「先生」は，それぞれ，「着く」「読む」の主語と考えられ(62)のような構造がたてられねばならない．

(62) a.　[お客様着き]はじめる．
　　 b.　[先生御本読み]はじめる．

---

[20]　Socially Superior to the Speakerの略．

5.1 では，主語の位置の補文すなわち，自動詞構造であったが，Shibatani (1973) は，目的語の位置の補文すなわち他動詞構造も立てられるべきであるという根拠を五つほど論じている。ここでは，それを一応正しいものとしておいて，詳しくは立ち入らない[21]。

5.2 表層での単文構造の根拠

さて，5.1節で動詞連用形をとる述語構造が基底で，(63a, b) という二つの補文構造のうちいずれか，あるいは両方をとることが論じられた。

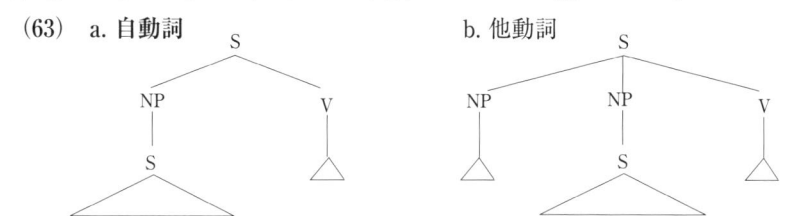

(63) a. 自動詞　　　　　　　　　　b. 他動詞

次にこれらが表層では単文構造を示し，a は SR, PR, b は Equi, PR がかからねばならぬことを示す。

(63a, b) の二つの構造を認めてしまうと，はたして，ある文に，SR がかかったのか Equi がかかったのか判定が困難になる。以下の議論は，したがって PR の存在の根拠を示すものである。

A 受動態による議論

(64) a. 多くの人が<u>この酒を飲みはじめた</u>。
　　b. <u>この酒</u>は多くの人によって<u>飲みはじめられた</u>。
　　c. [_NP 多くの人] [_NP この酒] [_V 飲みはじめる]

受動化は，clause internal な巡回規則と考えられる。したがって (64b) の input は，(64c) と考えられねばならない。すなわち，(i), (ii) の二点が満たされていなければならない。

　(i) ［この酒］が主文の要素であること

---

[21] 他動詞の構造は補文でなく，動詞句が埋めこまれているのではないかとも考えられる。

(ii)　［飲みはじめる］が単一の述語となっていること

B　主語尊敬語化による議論
(65) a.　先生が本をお読みになりはじめた。
　　 b.　先生が本をお読みはじめになった。
　　 c.　[$_S$[$_{SSS}$ 先生が][$_{NP}$ 本を][$_V$ 読みはじめる]]
前述したように，主語尊敬語化変換は，clause internal な巡回規則と考えられる。したがって(65 b)の input は，(65 c)でなくてはいけない。すなわち，
　　(i)　[$_{NP}$ 先生が]が[$_V$ 読みはじめる]の主語となっていなければならない。逆にいえば，
　　(ii)　[$_V$ 読みはじめる]が述語として，「先生」を統叙しなければならない。

C　「しかない」による議論
(66) a.　彼は英語の本を読みはじめた。
　　 b.　彼は<u>英語の本しか読みはじめなかった</u>。
「しか」「ない」は同一節内になければならない。したがって「英語の本」，「読みはじめ」は，同一節の要素である。

D　穴あけ規則による議論
(67) a.　*彼は英語を勉強し，彼女は仏語を勉強しはじめた。
　　 b.　彼は英語を，彼女は仏語を勉強しはじめた。
　　 c.　*[$_S$[$_S$ 彼は英語を勉強し],[$_S$ 彼女は仏語を勉強し]]はじめた。
「らしい」，「てほしい」と違って，(67 a)が非文なので(67 c)のような分析はできないとすれば，(67 b)が文法的であるということは，「勉強しはじめた」が，構成素をなすことの証拠になる。

　A〜Dより，この構造は，表層では単文構造をなすと考えられる。これに① SR or Equi　② PR によって得られる。「てほしい」の場合は，②は①の適用に依存していたが，この構造はどうであるか少し考えてみよう。
　この構造をとるいくつかの述語は補文化辞の付いた文を目的語にとる。

(68) a. 彼は行くのをしぶった。
　　b. 彼は娘が行くのをしぶった。
　　c. 彼は行くのを忘れた。
　　d. 彼は行ったことを忘れていた。
　　e. 彼は彼女が東京に行った|こと／の|を忘れていた。

(68)を見て分かるのは，(i)，(ii)の二点である。
　(i) 補文の主語と主文の主語が異なるとき，PR をかけた表現では言い表せない。
　(ii) 過去の時制辞があると PR をかけた表現は対応しない。

したがって a, c のみが PR をかけた表現で言い表すことができる。
(69) a. 彼は行きしぶった。
　　b. 彼は行き忘れた。

したがって，PR がかかった形は必ず，Equi がかかっているが，逆は真ではない。丁度，「てほしい」の SR と PR の関係がここでも生じている。おそらくは，このことは，自動詞の SR に PR についてもいえると思われる。

6. 述語繰りあげ変換(PR)の一般的性質

第 3, 4, 5 節で次のことが分かった。
　(i) 推量，断定の述語は，SR も PR もかからない[22]。
　(ii) 「て」を介する述語は，SR が随意的にかかり，その output に PR がかかる。
　(iii) 動詞連用形と接続する述語は，SR が自動詞文に，Equi が他動詞文にかかり[23]，その output に PR がかかる。

(i)〜(iii)より，PR は，SR あるいは，Equi によって補文の主語が消されたとき適用されると考えられそうである。しかし，これは，その必要条件ではあっても，十分条件ではない。次のような例があるからである。

---

[22] 実際には，SR がかかったと考えても以下の一般化には影響を与えない。
[23] これらを随意的にするか，義務的にするかは，補文化辞を含む構文とこの構文の関係をどう考えるかによっている。方針としては，随意的規則として定式化したい。

(70) a. 私は，彼に [$_S$ 東京に行く] ようにすすめた。
　　 b. 私は，先生に [$_S$ 東京にお行きになる] ようにすすめた。
　　 c. 私は，彼を [$_S$ 馬鹿だ] と思った。

(70a) は Equi, (70c) は SR がかかった文である。

(70a) に Equi が関係していることは(70b)から確かめられる。(71a)の下線部の NP が SSS とならなければならないからである。また，(70c) が(71b)から「彼」を主文に引き上げて得られるのだということは Kuno (1976) が詳しく論じている。

(71) a. 私は，先生に [$_{SSS}$ 先生が東京に行く] ようにすすめた。
　　 b. 私は，[$_S$ 彼が馬鹿だ] と思った。

また，(70a, c) が S 節点を保っていることは(72a, b)から分かる。

(72) a. *私は彼に東京にしか行くようにすすめなかった。
　　 b. *私は彼を女にしか強いと思わなかった。

(70)の文及び，(68)の文を見てみると，PR の必要十分条件は，次のようなものであると結論付けられる。

PR は，
　(i) 補文の主語が消され，且つ
　(ii) 補文が時制辞を含んでいない
という二つの条件がそろったときに適用される。

このように考えれば，[+Aux]といった恣意的統語特徴を使わずに，より一般性の高い記述が得られる。これによれば，PR は主語がなくなり，時制辞も存在しないので，文としての地位を失った節の述語動詞を隣接する母文の述語とまとめることによって再編成するという機能を持っていることになる。

7. おわりに

本章では，補文を取るさまざまな述語の基底構造と派生構造の再吟味をし，その派生に重要な意味を持つと考えられる PR の性質を調べた。従来，この変換は，はっきりとした性格付けがなされていなかったため，その存在がともす

れば疑われてきた[24]。本章では，この変換に，より一般的機能を仮定し，その性格付けを試みた。

この性格付けが正しければ，S節点の消滅(Tree-pruning)などに関し，価値のある一般化ができるものと思われる。

---

[24] 例えば井上(1976)。

第6章

現代日本語の「場所」を表す名詞類について

1. はじめに

　言語は森羅万象を捉えるものである。森羅万象自体は普遍であるが，その言語毎による捉え方は，多少言語毎によって異なり得る。

　例えば，物体の単数，複数は普遍的であり，どの言語の話者にも共通であるが，その「言語的」捉え方にはさまざまな差異がある。印欧語では，単複の区別は文法のカテゴリーとして義務的にすべての名詞と動詞に現れる。日本語では，単複の区別は種々の意味カテゴリーとして存在しており，その区別は随意的である。その一つの意味カテゴリーでは，名詞が複数メンバーからなっているか，単数メンバーからなっているかが問題となる。複数を表すといわれる接尾辞「たち」は，それが付けられた名詞によって特徴付けられるグループを作る機能を持ち，その名詞が複数個存在することを意味するものではない。

(1)　田中さんたちが来た。

(2)　女たちにまかせよう。

　上の「田中さんたち」は，「田中さん」及びその他の人からなるグループ，「女たち」は「女」からなるグループを意味する。

　これに対して朝鮮語の数表現は次のようになる。

　まず，日本語と同じく不定名詞句では複数を表現する必要はない。

(3)　na-nun　sakwa-lul　mek-ess-ta
　　　私は　　リンゴを　　食べた

(3)において，"sakwa"は，現実には複数であってもよい。さらに，

(4)　　sey　　haksayung　（-tul）
　　　3(人の)　学生　　　（たち）

において，学生を複数にしてもしなくてもよいことから，数は，朝鮮語においても意味的なカテゴリーであることが分かる。

　ところが朝鮮語は日本語とかなり違った特徴を示す。まず第一に，"tul" は無生物にも付き得る。

(5) i　chayk　-tul-ul ilke　posey-yo
　　この　本　　pl. を　読んで　見てください

(5)で "chayk" は定名詞であるので "tul" が付く[1]。この場合，日本語では「これらの本」というように，限定詞のほうを複数にするしかない。

　次に，"tul" は文中のさまざまな構成素について，主語が複数であることを示す。

(6) ese　　tul　　tule　　osey-yo
　　どうぞ　pl.　入って　ください

(7) manhi　　tul　capswusey-yo
　　たくさん　pl.　めしあがってください

(8) an　　tul　tule　o-nunya
　　否定　pl.　入る　来るか(＝入らないのか)

次に尊敬表現について考えよう。

日本語では，文中に敬意の対象になる名詞が来た際に動詞がそれに一致して敬体をとる。

(9)　　<u>先生</u>が<u>いらっしゃった</u>。

(10)　　<u>先生</u>に本を<u>さしあげた</u>。

(9)は主語敬語，(10)は非主語敬語とでも呼ぶべきものである。

　朝鮮語でも同様の現象があるが，その表現方法が異なる。

---

[1] "i-chayk" とすれば「この本」となり単数にしかならない。また，"tul" には「～や他のもの」すなわち「など」に近い用法もある。さらに，"ney" という，「人」にしか付かない複数の接尾辞もある。

(11)　sensayng -nim -i　o-si-ess-ta
　　　先生　　様　が　来 - 主語敬語 - た
(12)　sensayng-nim- kkeyse o-si-ess-ta
　　　　　　　　　が
　　　　　　　　　〔＋敬〕
(13)　sensayng-nim- kkey chayk-ul tuly-ess-ta
　　　　　　　　　に
　　　　　　　　　〔＋敬〕

(12), (13)に見られるように，主格，与格に常体と敬体で違った形を使うのである[2]（常体は，それぞれ "i"（＝(11)），"eykey"）。

これに対して英語では，敬意の表現は主に聞き手尊敬であり，そのやり方は，文法というより，プラグマティックスに属するといえる。このように，外界はどの言語の話者にとってもほぼ同じであるのに言語毎にその切り取り方が異なる。「数」は人間であれば誰でも認識できるし，人間の社会であればどこでも「敬意」は表現する。だから，「数」及び「敬意」のどの面を重要視して，どのように言語的に表現するかが言語差として現れるのである。

本章ではこのような観点から「場所」というものを各言語が，特に日本語が，どのように捉えて言語的に表現しているかを見る。

2．日本語と中国語，朝鮮語，英語の「場所」の捉え方

まず次の例を見られたい。

(14)　I went to the door.
(15)　*我　　到　　門　　去
　　　私　　に　　ドア　行った
(16)　*na-nun mwun -ey kass-ta
　　　私は　　ドア　に　行った

---

[2] 朝鮮語では現代語に関しては，動詞に非主語敬語形（＝謙譲語）が体系化していないので，共時的に見ると，この与格形がその穴をうめていると考えられるかもしれない。

(17) ＊私は<u>ドア</u>に行った。

(14)-(17)に見られるように，英語においては「ドア」に「行く」ことができるのに対して中国語，朝鮮語，日本語では，これが不可能である。これらの言語では，「ドア」は「行く」ことのできるものの範疇に入っていないからである。

日中朝の各語では，「行く」ことのできるのは次のような「場所」に限られる。

(18)　我到(学校，他家，他那儿…)去。

(19)　na-nun (hakkyo, ku-cip,…)-ey kass-ta.

(20)　私は(学校，彼の家，彼のところ)に行った。

したがって，これらの言語においては，「ドア」に「行く」ためには，まず，非場所である「ドア」をなんらかの形で場所に変えねばならない。

(21)　我到門<u>那儿</u>去。

(22)　na-nun mwun <u>iss-nun-tey</u>　　kass-ta.
　　　　　　　　ある　ところ(に)　行った

(23)　私はドア<u>のところ</u>に行った。

このように，日中朝の各語では「場所」と「非場所」は明確に区別されている。これらに対して，英語(及び他の印欧語－以下同様)では，この区別はそれほど明確ではないといえる。

このような違いは，例えば，疑問詞，指示詞の差異にも反映している。

日中朝では，「場所」を表す無契の疑問代名詞，指示詞が存在する[3]。

(24)　你到<u>哪儿</u>去。

(25)　ne　<u>eti</u>(-ey) ka-nunya.
　　　　お前　どこに　　行く(の)か

(26)　我到<u>那儿</u>去。

(27)　na-nun <u>ceki</u>-ka　coh-ta
　　　　　　　あそこ　が　いい

---

[3]　朝鮮語では，指示対象がはっきりしていれば，指示詞("i"(これ)，"ku"(それ)，"ce"(あれ)と場所を表す形式名詞("kos")を組み合わせた表現を使う。

(28) 私はここが好きだ
(29) I like it here.
(30) *I like here.

英語では "where", "here, there" は，それぞれ疑問副詞，指示副詞である。したがって，(28)を英語で表現するためには(29)のように "it" を使うか，(31)のように指示の表現と場所の表現を組み合わせた有契的表現を使わねばならない。

(31) I like this place.

すなわち，日中朝では，ある名詞が「どこ」で聞けるか否かは，その名詞の内在的特性によって決まるのに対して，英語では，"where" で聞けるか否かは，その名詞が文中で果たす機能(=位格)によって決まるといえるのである。

このことをより分かりやすく例示するために次の例を見てみよう。

(32) 日本の首都はどこですか。
(33) What is the capital of Japan?
(34) 神戸大学はどこですか。
(35) Where is Kobe University?
(36) (店は)どこもあいていない。
(37) Nothing is open today.
(38) どこが勝ちましたか。
(39) Who won?

上の文において「どこ」は，それが関与している名詞が「場所」として分類されるゆえに使用されている。それに対して "where" は，それが関与している名詞句の内在的特性とは関係なく，その名詞句が位格として現れているがゆえに使用されている。すなわち，「どこにあるか」という意味で使われている(34)に対応してのみ "where" が使われ，他では，日本語の「どこ」が英語においてどのように分類されるかにしたがって，"what","thing","who",が対応している。

このように見れば，英語において「場所」の果たす役割はそれほど大きくないことが分かるであろう。

さて，日中朝と英語では「場所性」に対する sensitivity が多少異なることが分かったが，日中朝の三国間でも微妙な差異が観察される。

まず，朝鮮語と日本語，中国語では「人」の扱いに差が出る。次の例を見られたい。

(40)　Come to me.

(41)　na-eykey　o-sey-yo.
　　　私に　　　来てください

(42) *到我来。

(43) *私に来なさい。

朝鮮語では，位置，目的地などを表すのに生物に付く場合 "eykey"（すなわち dative）と無生物の場合 "ey"（すなわち locative）というように区別をする。この場合「生物」（主に「人」）は，英語と同じように「行く」ことができるのである[4]。

これに関連して，もう一つの現象を見てみよう。

日本語においては，物理的な位置，移動と抽象的な位置，移動とは区別される。

(44)　　最終決定権は私にある。　　　　（抽象的位置）
(45) a.　*その本は私にある。　　　　　（物理的位置）
　　 b.　その本は私のところにある。　（物理的位置）
(46) a.　私には妻も子供もある。　　　（所有）
　　 b.　*妻が私にいる。　　　　　　　（物理的位置）
　　 c.　妻が妻の母のところにいる。　（物理的位置）
(47) a.　私にはブタも牛もある。　　　（所有）

---

[4] これは，"eykey" という格助詞のほうに「場所」の概念が含まれていて，名詞にその概念を付加するのであると考えたほうがよいかもしれない。英語の場合もこのように考えることができる。

また，朝鮮語には "hanthey" という口語体の与格があり，"eykey" と同様に使われるが，ここで考察した構文では "hanthey" のほうが好まれるようである。差異がないとするインフォーマントもいる。

b. 私のところにはブタも牛もいる。(物理的位置)
c. *私のところにはブタも牛もある。(同上)

上に見られるように，「私」は，「所有」と「抽象的位置」の場合は「に」で位置を示せるのに対して，「物理的位置」を示す際には，まず「私のところ」としてから「に」を付けなければならない。

ところが，朝鮮語の場合，「人」(及び動物)に関する限りこのような区別はない。

(48) na-eykey- nun ton-i   iss-ta.
     私に   は   金 が   ある
(49) ku- chayk-un na- eykey iss-ta.
     その 本   は 私 に   ある
(50) coi- nun ne- eykey iss-ta.
     罪   は   お前 に   ある

このように朝鮮語では，名詞の「場所」「非場所」の区別が「人」(及び動物)では中和していると考えられる。(注4も参照)

さらに，日本語と中国語にも「場所」の扱いに多少の差異がある。次の例を見られたい。

(51) 我在椅子上坐着。(私は椅子に坐っている)
(52) *我在椅子坐着。 (〃   )
(53) 装在口袋里。   (袋に入れる)
(54) *装在口袋。   (〃)
(55) 私は椅子(?の上)にすわっている。
(56) ふくろ(の中)に入れる。

日本語では，「なににすわっている／こしかけている」「なにに入れる」で分かるように，「すわる」「入れる」は，必ず「場所」を補語としてとる動詞ではない。それに対して，中国語では「上」「里」という接辞に示されるごとく「坐在」「装在」は補語として必ず「場所」がこなければならない。もちろん「里」「上」は「在」という介詞が要求していると考えられるが，それでもやはり，日中では差があることに変わりはない。

英語と日中朝の各語とでは「場所」の捉え方に大きな差があり，日中朝のように「場所」を重要視する言語の間でも表現方法に差があることが分かった。次節以降では，日本語における「場所性」の現れを詳しく見ていくことにする。

3. 日本語の「場所」名詞

第2節で，日本語においては，名詞それ自身が「場所」という性質を有しているか否かによって分類され得ることを見た。ある名詞が「場所」であるか否かは，当然意味的なものであり，自然界のontologyと関係している。それゆえ，あるものを「場所」と認定できること自体は本質的に普遍である。しかし，言語はそれを言語化する際にどのように捉えて表現するかによって異なり得る。すなわち，あるものが「場所」としても捉えられ，「もの」としても捉えられるとき，どちらを重く見て表現するか，等々は言語毎でかなり違うのである。第2節でそのような例を少し見たが，この節では日本語で「場所」がどのような性質を持ち，いかに機能しているかを考える。

まず，日本語において「場所性」が関与している環境を見よう。

(i) 「のところ」が付かない。

後で見るように，「のところ」は，場所でない名詞を場所に変える働きを持つ。したがって，「のところ」は原則として既に場所である名詞には付かない。

(57) *東京，保健所，山，部屋，便所，…のところ
　　　 机，本，石，ドア，窓，私，田中さん，…のところ

(ii) 疑問詞「どこ」で聞ける(＝答となり得る)。

「ここ，あそこ，そこ」で指せる。

(58) 日本の首都はどこですか。東京です。
(59) どこに行くの。
　　　*田中さんに行きます。
　　　学校に行きます。
(60) そこは物置きです。
(61) *そこは冷蔵庫です。(ウナギ文としてはOK)

(iii) 移動を表す動詞の Goal, Source に現れる。
(62) 東京に着いた。
(63) *ドアに着いた。
(iv) 場所の状況語句を作る「NP で」の NP の位置に現れる。
(64) 公園で大きな鳥を見た。
(65) *机で大きなゴキブリを見た。
(v) 存在を表す文において「位置」を示す「NP に」の NP の位置に現れる。
(66) この山には木がたくさんある。
(67) ?この机には本がたくさんある。
   ((cf.)この机には本がたくさん置いてある。)

(i)～(v)によって同定される「場所」名詞は、大きくわけて次のように四つに分類される[5]。

①「人」が関与している場所名詞
   a. 地名：東京, 大阪, 玉野市, ……
   b. 機関：(固有名)玉野高校, 京都大学, 巨人軍, (普通名)大学, 役所, 学校, 高島屋, デパート, 警察, ……

②「人」が関与していない場所名詞
   a. 地名：若草山, 大井川, 野尻湖, ……
   b. 自然物：山, 川, 湖, ……
   c. 建造物(及びその一部)：家, 部屋, 階段, 二階, 庭, ……

③ 身体名称など
      胃, 腸, 肝臓, 口, のど, ……

④ 相対名詞
      後, 前, 左, 右, 上, 下, 東, 西, 南, 北, ……

①～④の性質を詳しく見ていくことにしよう。

まず④を除いては、すべてが「もの」としての性格を持っている。「場所性」は「もの性」と排他的関係にあるものではなく、共存し得るものである。

---

[5] もちろん、この分類は網羅的なものではない。

(68) これはなんですか。
　　 玉野高校という学校です。
(69) 次はどこですか。(＝次の出場校は？)
　　 玉野高校という学校です。
(70) なにを作っているのですか。
　　 学校です。

さらに、「場所性」は「人性」とも共存する。①の名詞は「人」が現れる環境の多くに現れることができる。

まず、当事者能力を問題とする動作主の位置に来得る。

(71) 玉野高校は多くの人材を輩出している。
(72) 京都大学に依頼してこの報告書を作成してもらった。

次にこれに関連してもう一つ現象を見よう。「で」は複数の「人」について動作主を表す[6]。

(73) *彼でこれをやります[7]。
(74) 私と彼でこれをやります。
(75) 私たちでこれをやります。

この用法の「で」を①の類の名詞に使うことができる。

---

[6]「彼だけで」のように副助詞を付ければ単数でもよくなる。このような「で」は、動作主を表すのではなく、数量詞に付く「で」と同じく、様態のようなものを表すと考えられる。
　(i) 田中さんは一人で行った。
　(ii) 田中さんは彼だけで行った。
　(iii) 私が私だけでそこにのこったとき…
(i)～(iii)に見られるよう、数量詞に付いた「で」は、他に主語の存在を許す。動作主の「で」は、このような主語を許さない。

[7]「彼で」は「道具」ともとれるが、この場合(73)はよくなる。また、「で」がここで述べた構文をとるのはそれが「動作主」であることが要求される。
　(i) 田中と山田が死んだ。
　(ii) *田中と山田で死んだ。
　(iii) 田中と山田で彼をなぐったらしい。
個別の動作、共同の動作の区別も関係しているかもしれない。

(76) うちの研究室でこれをやります。

(77) 高島屋では皆様のために××を催しております。

第2節の(39)で見たように英語では，このような名詞は，「人」として機能している場合"who"で聞く。日本語では「だれ」という疑問代名詞は単数の意味しか持っていない。(74)の場合なら，「だれとだれ」とか「だれだれ」というように，「だれ」をくりかえすことで表現できるが，「だれとだれ」，「だれだれ」は個体のバラバラな集まりという感が強いので，(75)でも多少使いにくいし(第1節で述べた「たち」の意味を参照)，(76)，(77)のような場合は，これらを答えとして予想するような問いに使うことはできない。

(78) *だれでやりますか。

(79) だれとだれでやりますか。

(80) どこでやってくれますか。

したがって(80)のように，①の名詞の「場所」的特徴に言及して「どこ」でこれらを聞くのであるというように考えられる。

次に③の身体名称であるが，これが場所名詞として扱われるのは大変不思議な感じがするであろう。しかし，これらの名詞が「場所」として扱われるのは事実である。

(81) 口から入った食物は食道を通って胃に行き，そこで消化されて，腸に送られる。

(82) ?彼は胃のところが悪い。

(83) 彼は胃が悪い。

④の相対名詞は，いわば，純粋な場所を表す表現として，他の場所名詞とは著しく違った振舞いをする。

次節でまず相対名詞についてさまざまな現象を見て，その性質を考える。そこで「場所化」という概念を考察する。その次の節では，身体名称がなぜ「場所」として扱われるのかを考え「部分」という概念を提出する。

4．相対名詞と場所化の接辞

日本語には(朝鮮語，中国語も同様であるが)二次元，三次元における位置関

係を表す語が名詞として存在する．

(84) 左右，東西南北，上下，前後，横，そば，となり，……

奥津(1974)はこのような語を相対名詞と呼んだ[8]．それらが絶対的な位置を表すのではなく，それらが付く名詞を基準とする相対的位置を意味するからである．

奥津にしたがって相対名詞の特徴を見てみよう．

(i) 基準となる名詞をとってはじめて指示対象を持つ．基準となる名詞は文脈上省略されてもよいが，なにも基準が与えられなければ，相対名詞はなにを(あるいは「どこ」を)指し示すか決められないのである．

(ii) 基準とされる名詞は相対名詞の補語全体となる[9]．したがって，相対名詞が主要部となる名詞句が全体として「場所」という特徴を持つことは，基準となる名詞とは関係ない．

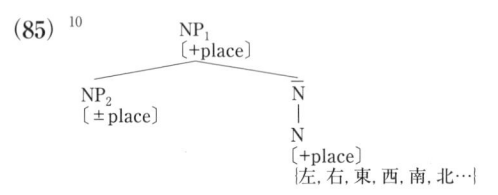

(85) [10]

```
              NP₁
            [+place]
           /        \
        NP₂          N̄
      [±place]       |
                     N
                  [+place]
              |左,右,東,西,南,北…|
```

(85)において NP_1 が[+place]なのは，NP_1 の主要部である N の特徴が $\bar{N}$，NP_1 と percolate up して決まるからである．だから NP_2 は「場所」でなくてもかまわない．

(86) *私は彼に立った．

(87) 私は彼の右に立った．

---

[8] 奥津は「相対名詞」を「場所の名詞」に限らず，「時の名詞」に関しても使っている．ここでは，便宜的に「場所の相対名詞」のみ問題にする．

[9] 実は，このことは，「場所名詞」全般にいえることである．
(i) 田中さんの学校
において主要部はもちろん「学校」である．ただ，他の「場所名詞」では，「フランスの王様」のように，補語を要求するものはなく「彼から右」のように後置詞句をとるものもないようである．

[10] この樹形図は奥津のものではない．

(88) 私は山田町に住んでいた。

(89) 私は山田町の北に住んでいた。

(iii) 基準点からのへだたりを示す数量詞句をとる。

(90) 山田の家から300mほど東に小さな公園がある。

(91) 山田の500m右に穴がほってあった。

(92) 山田のすぐそばに奥さんが立っていた。

相対名詞は奥津によれば上のような性質を持っているが，相対名詞のうちでも，基準点からのある方向へのへだたりを表すものとそうでないものとは多少異なる。

例えば，「東西南北」とか「左右」「中」などは，「方向性」を強調する「方」とか「側」が付けられる。

(93) 東の方，左の方，東側，中の方……

これに対して，そのような方向性を持たない，「そば」，「となり」，「外」，「近所」，「附近」などは，当然，このような接辞が付けられない。

(94) *そばの方，*となりの方，△外の方……[11]

この他にも次のような差異がある。

(iv) 基準点を示すのに「から」が使えない。

(95) *山田の家から300mほど ｛となり，そば，…｝

(90) 山田の家から300mほど東(の方)に小さな公園がある。

(v) 基準点からのへだたりを示す数量詞は具体的な数量を表してはいけない[12]。

(96) *山田の30cmそばに奥さんが立っていた。

(97) *学校の30mとなりに山があった。

(98) 学校のすぐとなりに山があった。

---

[11] 「方」が「選択」を表す場合は別。(「そばの方がいい」など)。また，「外」というのは「±方向」の両方があるようである。

[12] このような言い方は実は多少不適当である。「すこし」は具体的な数量を表すわけではないのに，「すこし隣り」「すこし近く」などと言えないからである。「数量詞」と，「程度の副詞」としたほうがいいかもしれない。

(99)　?山田のかなりそばに奥さんがいた。

　このような例から、「場所」はさらにその下位区分として「方向」を持つ、という風に考えることもできる。「場所」の場合と同じく、「方向」も、日本語においては、名詞の内在的特性に言及するからである。疑問詞、指示詞に「どこ」対「どちら」、及び「ここ、あそこ、そこ」対「こちら、あちら、どちら」というような区別があることもその理由の一つとなり得る。

　朝鮮語では、このような「方向」は名詞としてより副詞として表現される。

(100)　ili　　　o-sey-yo.
　　　こちらに　来てください
(101)　celi　　kapsi-ta.
　　　あちらに　行きましょう
(102)*ili-ka　　tong-ccok i-pni-ta.
　　　こちら が　東の方　　です
(103)　i-ccok-i　tong-ccok i-pni-ta.
　　　この 方 が 東の方　　です

　(100)、(101)に見られるように、朝鮮語では、「こちらに」に当たる単語が存在し、これは(102)に見られるように名詞ではなく副詞である。また、疑問詞も「どちらに」に当たる無契の疑問詞はなく、"enu-ccok"という「どの」と「方」を合わせた有契の疑問詞が使われる。

　さて、日本語にはこのように「方向」も名詞の内在的特性として問題とされることが分かったが、実は「方向」は、日本語においてもそれほど大きな位置をしめるものではない。「方向」という内在的特性をそなえている名詞は相対名詞の一部だけであり、普通は、名詞に「方」とか「側」とかの接尾辞的要素によって「方向性」を示すからである。

　この問題はまた、別の機会に考察することにして、相対名詞に似ているが、その枠にはまらない重要な語について考えよう。

　上で見た「方向性」を示す語もそうでない語も、(i)(ii)の性質は共通して持っている。(i)の性質を持っているが(ii)の性質は持たない語があるであろうか。「あたり」と「ところ」はそのような語であると思われる。

まず「あたり」について見てみよう。
- (104) 西に行こう。
- (105) 外に出よう。
- (106) 左に立ってくれ。

上で述べたように，文脈から基準点が分かるとき，相対名詞はその基準になる名詞を表現しなくてよい。そのような相対名詞の構造は，例えば次のようなものと考えられる。

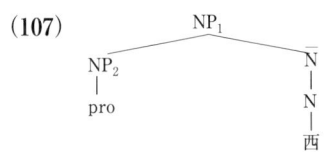

- (107)

```
        NP₁
       /    \
     NP₂     N̄
      |      |
      pro    N
             |
             N
             |
             西
```

さて，「あたり」はこのようには使えない。
- (108) *あたりに行こう。
- (109) *あたりに立ってくれ。

「あたり」はこのようなとき，特定化して，(110)のようにするか，(111)のように関係節を付けて修飾せねばならない。
- (110) そのあたりに立ってくれ。
- (111) 彼が行ったあたりに我々も行こう。

しかし，「あたり」が独立して使えないかというと，そうではない。
- (112) あたりは真黒だった。
- (113) あたり一面ゴミの山だった。

(112), (113)において「あたり」は，「自分のいたあたり」であり，「問題になっていたあたり」の意味である。とすれば，その構造はやはり，

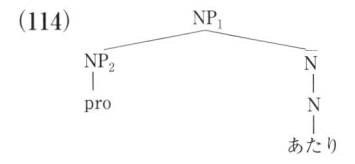

- (114)

```
        NP₁
       /    \
     NP₂     N̄
      |      |
      pro    N
             |
             N
             |
            あたり
```

のように考え得る。

または，次の例を見られたい。

(115)＊彼の30mあたり。

(116)＊そこの2kmあたり。

(117)＊彼のすぐあたり。

(118)＊そこのすぐあたり。

(115),(116)から分かるように,「あたり」は数量詞を取らない。このことから,相対名詞の［－方向性］のものとよく似た性質を持っていることがうかがえる。ところが,(117),(118)に見られるように,［－方向性］の相対名詞がとることのできる数量詞も「あたり」はとることができない。このような例から,「あたり」は,基準点から離れた地点,方向とか附近を示すものではなく,基準点そのものを漠然と示す,というような意味内容を考え得る。そして,(114)において,((107)と同じく) pro は unmarked な場合は,「話し手」,疑問文,命令文の場合には「聞き手」,物語文の場合には話題主(＝主人公)などを示すのであるから,(108),(109)が言えないのは,「自分のいる場所に行くことはできない。」といった純粋に意味的,語用論的制約によると考えられるかもしれない。

　上のように考えて,「あたり」を相対名詞(特に［－方向性］の相対名詞)に属させることには種々の問題がある。その一つは,「あたり」が(ii)の性質を持っていないことである。「あたり」は次の性質を持っている。

(A)「あたり」は原則として「場所」を表す名詞にしか付かない。

(119)⁇<u>彼のあたり</u>に行ってください。

(120)⁇<u>その本のあたり</u>にいてください。

(121)　<u>彼のいるあたり</u>に行ってください。

(122)　<u>その木の下のあたり</u>にいてください。

したがって(114)において pro は「場所」でなければならない。例えば次のような文において,「あたり」は「聞き手のまわり」でなく,「聞き手のいるところ」の「あたり」と解釈せねばならない。

(123)　あたりを見回してみろ。

(124)　あたりを探してみろ。

このように「あたり」は,相対名詞のように基準点となり名詞をとってその近

辺とかそれから離れた位置，方向を表すようなものと違う。上で述べた(i)の性質，すなわち，補語としてとる基準の名詞の性質と関係なく，全体の性質を主要部となり相対名詞が決める，という性質を持っていないのである。
　したがって，「あたり」は相対名詞と異なって，構成素の主要部でない可能性もあり得る。つまり，それは，「場所」について，その「場所」を漠然と示す，という機能を持つ接尾辞的要素であるといえるのである[13]。
　このような「あたり」に比して，「まわり」は，完全に相対名詞といえる。次の例で分かるように，「まわり」も「あたり」に似た分布を示す。
　(125) ?まわりに行こう。
　(126) *彼の30m まわり。
　(127) *そこのすぐまわり。
ところが，「まわり」は「あたり」と違って(ii)の性質を持っている。
　(128) 彼のまわりを走っていてください。
　(129) その木のまわりに三人の男が立っていた。
　(130) 学校のまわりは畑だった。
したがって「まわり」は，相対名詞［－方向性］の特殊な例と考えることができる。次の例において「まわり」は「聞き手のまわり」と考えてよいのである。
　(131) まわりを見てみろ。
　(132) まわりをよく探してください。
次に「ところ」を見てみよう。
　「ところ」は「あたり」と正反対の性質を示す。まず，次の例を見られたい。
　(133) *ところへいってください。
　(134) *ところは真黒だった。

---

[13] この機能をより強調した「あたり」は全くその独立性を失って，接辞となり「場所」と関係なく使われる。
　(i)　彼あたりに頼んだらどうでしょう。
　(ii)　そこらあたりにあるんじゃないか。
　(iii)　100m あたり行ったところで止まった。

「ところ」は，相対名詞としての性質を持っていないのである。独立形として使える「ところ」は，次のようなものである。

(135) 時は江戸時代末期，ところは大阪の舟宿であった。

(136) ところをおしえてください。

すなわち，「ところ」は，あるものを基準としての「場所」ではなく，「場所」そのものを示すわけである。ちなみに，「場所」という単語(以下，単語としての「場所」を〈場所〉と記す)も「ところ」と同じ振舞いをする。

(137) *場所へ行ってください。

(138) *場所は真黒だった。

(139) 時代は江戸時代末期，場所は大阪の舟宿であった。

(140) 場所をおしえてください。

日本語においては，名詞の定，不定は文脈によって決まるのであるから，「その場所」が言えるのに(137)，(138)が言えないのはそれほど当たり前のことではない。

(141) その場所へ行ってください。

(142) その場所は真黒だった。

(143) 学校へ行ってください。(ある特定の「学校」の意で)

(144) その学校へ行ってください。

これらは，「ところ」〈場所〉が，純粋な「場所」概念を表していて，特定の対象を表していないことを意味している。

さて，「ところ」はそれが「場所」を表し，関係節の主要部として使われるときには全く〈場所〉という名詞と同じように働く。

(145) もっといいところへ行きましょう。

(146) 彼がいったところは香川県の小さな島だった。

(147) 昔，あるところにおじいさんとおばあさんが住んでいた。

ところが，このように〈場所〉という名詞で置きかえられない「ところ」の用法がいくつか存在する。ここでその一つを見てみよう。

次の文を見られたい。

(148) 彼のところへ行った。

(149) *彼の場所へ行った。
(150) 彼の場所を知られた。
(151) 木のところへ立ってください。
(152) 木の場所を発見した。

名詞に付けた「ところ」は，その名詞の所在する場所を意味するが，名詞に〈場所〉を付けたとき，その〈場所〉は，名詞の「所在」という抽象概念を意味する。したがって(149)は非文となり，(148)は文法的な文となる。

このような「ところ」の用法をより詳しく見ていこう。まず，この「ところ」には次のような制限がある。

(B)「ところ」は原則として「場所」を表す名詞には付かない。

次の例を見られたい。

(153) *学校のところへ行った。
(154) *東京のところから来た。
(155) *彼は右のところへ行った。

このように，「ところ」は，「場所」を表す名詞には付かず，「非場所」の名詞に付き，名詞句全体は「場所」なのであるから，「ところ」をこの名詞句の主要部と考えてよいように思われるかもしれない。

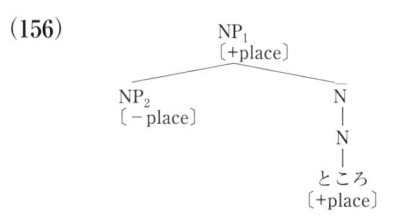

(156)
```
            NP₁
           [+place]
          /      \
       NP₂        N
      [-place]    |
                  N
                  |
                ところ
                [+place]
```

ところが，「ところ」が NP_1 の主要部ではなく，NP_2 を [+place] に変える接辞的機能を持っていると考えられる現象がいくつかあるのである。

相対名詞においては，相対名詞が構成素の主要部であり，全体の統語的・意味的性質は，相対名詞の性質によって決まっていた。「ところ」の場合，「ところ」が関与するのは，「場所」という性質のみで，あとの性質は，「ところ」が付いた名詞によって決まる。次の例を見られたい。

(157) 彼のところでやるそうだ。

(158) 彼のところは出場しない。
(159) 木のところでやるそうだ。
第3節で見たように,「で」は複数を表す「人」の名詞について,動作主を表す。
(73) *彼でこれをやります。
(74) 私と彼でこれをやります。
(157)は,「彼のところで」が動作主を表している。また,(158)の「彼のところ」も動作主を表しているところから,「彼のところ」は,第4節で考察した「人に関係した場所名詞」と同じ性質を持っていると考えられる。
これに対し,次の例を見られたい。
(160) お父さんのところへ行きなさい。
(161) あなたのところは広いわね。
(160)では,「お父さん」は物理的な存在としても考えられるので,「お父さんのいるところ」すなわち,「木のところ」「本のところ」などと同じ意味になる。(161)では,「人に関係した場所名詞」は,「もの」としての機能,というよりは,「人」を捨象した「場所」としても考えられるのでこの表現が可能となっている。また,(157)が動作主としての解釈だけでなく,「場所」の状況語句としての解釈も持っていることに注目されたい。
このように考えると「NPのところ」における「ところ」は,「NP」に[+place]という特性を加えるだけの機能を持っていることが分かる。「NPのところ」がさまざまな用法を持っているように見えるのは,「NP」の部分がさまざまな性質を持っていて,それが全体としての用法を左右しているからだと考えられる。
次節では,〈場所〉で置き換えられない「ところ」の用法をもう一つ考える。

6. 部分化について

ここで,第3節で見た身体名称の例をもう一度考えてみよう。
身体名称は,それが身体のあるべき位置にあるときにのみ,「場所」として機能する。それらが切り取られて,全体からはなされれば,全く,「もの」と

化してしまう。
　(162) どこがいたいのですか。右手です。
　(163) これはなんでしょう。手です。
このことから，身体の各部位が「場所」であるのは，その部位の内在的特質ではなく，それが全体の中の部分として位置付けられているからだということが分かる。したがって，このような現象は，身体名称だけでなく，構造体の部分をなすものならばどんなものにでも現れる。
　(164) 動物たちは葉緑体で合成された糖を間接的に利用している。
　(165) 根でとられた水分は茎を通って葉に行き，そこで葉緑素の合成に使われる。
上に述べた名詞は，通常，全体の一部をなすものであるが，あるものが全体の部分に位置付けられるか否かは視点の問題で，そのもの自体の性質とは直接関係がないというわけではない。次の例を見られたい。
　(166) A: このカバンどこがこわれたの。
　　　　B: ?鍵です。
　(167) A: この人形どこがとれたの。
　　　　B: ?鼻です。
(166)「鍵」，(167)「鼻」は全体に対する部分を構成するものとして捉えられている(すなわち「カバンのどこ」「人形のどこ」)。これらが多少不自然なのは，「胃」「腸」などと違って，「カバンの鍵」「人形の鼻」というのは「部分」として多少表象しにくいからであろう。このような場合，「部分」を強調するものとして「ところ」を付けることができる[14]。
　(168) A: このカバンどこがこわれたの。
　　　　B: 鍵のところです。
　(169) A: この人形どこがとれたの。
　　　　B: 鼻のところです。

---

[14] このような「のところ」は「鼻であるところ」「鍵であるところ」であると考えられるかもしれない。(173)，(174)はこれではうまくいかない。

また，次の例を見られたい。

(170) 東京のところを塗りつぶしてください。

(171) 学校のところに⊗という印をつけてください。

これらの例では「東京のところ」「学校のところ」は，地図の「東京」「学校」のある部分といった意味である。この場合，「その地図の東京を」とか「その地図の学校を」とすればかなり不自然な表現になることが分かるであろう[15]。

また次のような例では，「気さくなところ」は「彼」の「部分」であると考えられる。

(172) A：君は彼のどこが好きなの。

　　　B：そうね，気さくなところね。

さらに，

(173) この本は，おわりのところがすばらしい。

(174) 前章の「ぎっくり腰」のところで述べたことがここでも当てはまる。

では，「おわり」「ぎっくり腰」はそれぞれ，この本，前章の「部分」として捉えられているため，「ところ」が使われているのだと考えられる。

このように「部分」として問題となる場合，身体名称のように，常時「部分」であるものを除いて，「全体」を示す名詞句が表現される。

「ところ」を使った表現で，このような「全体」を示す名詞句が，背景としてのみ現れて，実際には表現されないような表現がある。このような表現では，「ところ」は，抽象的に主として時間的位置を示すのみで，「場所」の概念は非常にうすくなっている。

(175) 警察は，彼が店から出てくるところをつかまえた。

(176) 彼は本を読んでいるところです。

---

[15] ここにおける「東京」「学校」は「場所」として使われているわけではないので，「場所」に付き得るか否かは問題にならない。次のような例では，部分を強調すれば「ところ」は「場所」の名詞に付いていると考えられるかもしれない。
　(i)　(運動場の)砂場のところで遊んでいなさい。
　cf.　砂場で遊んでいなさい。
　(ii)　そこのところが分からない。
　cf.　そこが分からない。

（177）彼が来たところで会はお開きになった。
（178）お忙しいところを御出席ありがとうございました。

上の例において(175)は次のような構造を立てて，「全体」を示す名詞句を考えることができる[16]。

（179）警察は[彼$_i$[彼$_i$が店から出てくるところ]]をつかまえた。

すなわち，基底構造を「彼らの三人」のようなものとして，「彼らの三人を」「彼らを三人」にするような規則によって，「彼」と「彼が店から出てくるところ」を離す。然るのちに，後ろの「彼」をおとすのである。

（180）彼らの三人をつかまえた。
（181）彼らを三人つかまえた。

このようにすれば，「店を出ていくところ」は「彼」の「部分」であるといった記述が可能になる。

しかしこのような分析はさまざまな難点を含んでおり，また，この分析を(176)-(178)にまで適用するのは不可能であるようである。

したがって，これらの例では，「部分」の背景となる全体は，構文的に表現されていず，文脈的に表されていると見るべきである。

(175), (176)では「彼」, (177)では「会」, (178)では「聞き手」がこのような背景をなしている。ここで，これらの名詞が，(172)のように全人格的な意味合いで使われているのでなく，その名詞によって示されているものの，ある特定的現れ(の集合)に言及していることに注目されたい。このような性格を持っているために，これらの背景の名詞は，全体として明確に限定できず，(172)のようには，言語表現として現れ得ないのだと考えられるかもしれない。

最後に，上に述べた分析では扱えない「ところ」の例をいくつか挙げよう。
まず，次の例を見られたい。

（182）<u>自分の知る</u>ところを述べよ。
（183）これが<u>王の知る</u>ところとなり，彼の死につながった。

このような「ところ」は周知のごとく漢文の訓読から来たものである。「場所」でも「部分」でもないのはそのせいであると考えられる。

---

[16] これとは違った分析についてはHarada(1973), Kuroda(1978)を参照のこと。

(184) 今のところ大丈夫です。

(185) 実のところ私ももっているのです。

上の例における「ところ」は，「時間的位置」「真偽尺における位置」を示すものとして，先の部分の用法であるといえるかもしれないが，なぜ，「現在」に関係する表現しかないのか，(例．目下，今度，現在...*明日，*昨日，...)，なぜ，「真実」の表現しかないのか(例．本当，実際，実...*嘘，*当たり前，…)はあまり説明できない。

「ところ」に関係する表現はまだいくつかあり，「場所化」「部分化」では説明しきれないものも残っている。また，「場所化」の「ところ」と「部分化」の「ところ」は別に二つ立てる必要もないかもしれない。しかし，相対名詞との差異，「ところ」の「場所化」「部分化」の機能などはある程度明らかになったと信ずる。

7. おわりに

本章では，「場所」という概念が言語毎によって，切り取り方が異なることを見た。「場所」表現の抽象的位置，時間などの表現への援用といったどの言語にもある現象が，「場所」に sensitive な言語とそうでない言語ではさまざまの異なった現れ方をすることは十分考えられることである。言語表現の多くを「場所」と関連させて考える localistic な言語理論を考察する際にもこのような視点は必要なのではないかと思われる。

また，ここでは触れなかったが，「場所」を重要視する言語とそうでない言語の文化的差異なども一応は考えられるべきかもしれない。

付　記

本章は筆者の修士論文を書き改めたものである。修士論文に対して批評，忠告をしてくださった，阪倉篤義先生，西田龍雄先生に感謝いたします。

第7章
日本語における個体タイプ上昇の顕在的な標識

1. はじめに

本章は日本語の「名詞句－ノコト」という言語表現を扱う。コトは独立して用いられた場合，「物事(thing)」，「出来事(event)」，「事実(fact)」あるいは「命題(proposition)」を意味し，いわゆる「形式名詞(語彙的内容がないか，あるいは希薄な名詞)」であり，ノは属格標識である。「名詞句－ノコト」は「名詞句の指示物に関連する物事，出来事あるいは事実」と解釈することができる。コトが名詞句全体の主要部なので，ノコトはそれが付与される名詞句の意味タイプを具体名詞から抽象名詞に変換するような働きを持つ。「話す」「相談する」「議論する」「知る」「議論になる／する」などのような，抽象名詞を選択する動詞が具体名詞をとる場合にはその選択制限に合わせるよう半ば義務的に付加される。

例えば，(1)と(2)において，ノコトは，「相談する」や「議論する」のような，目的語として抽象名詞を取らなければならないような動詞の選択制限が満たされるように具体名詞「太郎」に義務的に付加されている。

(1) a. *次郎は花子に太郎を相談した。
 b. 次郎は花子に太郎<u>のこと</u>を相談した。
(2) a. *次郎は花子を議論した。
 b. 次郎は花子<u>のこと</u>を議論した。

「話す」のような動詞は，「しゃべる(speak)」と「～について述べる(speak about)」の両方の意味を持つ曖昧な語なのだが，ノコトは，その補語の意味タ

イプを「しゃべる」タイプから「〜について述べる」タイプに上昇させるよう機能すると言ってよい。

(3) a. 次郎は英語を話した。
　　 b. 次郎は英語のことを話した。

上記の例すべてにおいて，ノコトはそれが付加する名詞句に「(指示対象に)関連すること」という意味を付け加える。

「名詞句－ノコト」は別の用法を持つ。典型的には「好きだ」「愛する」「嫌いだ」のような心理述語や「探す」のような潜在的に「内包的な」述語の内項位置に現れる。この用法では，「名詞句－ノコト」は自由にノコトのない名詞句と置き換えられる。(4b)のようなこの類のノコトの用法を「随意的ノコト」と呼ぶ。この場合，述語は具体名詞を選択することができるので，ノコトの付加は一見何ら意味的な貢献をしていないように見え，完全に随意的である。

(4) a. 太郎が花子を愛している。
　　 b. 太郎が花子のことを愛している。

このように意味的に空なノコトをとる述語は「好きだ」「愛する」「嫌いだ」などの心理述語と「探す」「求める」のような「内包述語」である[1]。

2. 最近発達した用法

口語日本語において，意味的に空なノコトの用法が，「なぐる」「はこぶ」「みる」「みつめる」「みつける」のような，心理述語でも内包述語でもない述語にも広がっていることが最近広く観察されている。それらは(5a)のように通常

---

[1] 動詞によっては抽象名詞も具体名詞も選択できるものがある。その場合は，ノコトの付加は随意的であるが，その意味は異なる。「分かる」は(ia)の義務的ノコトでは「理解する」の意味だが，(ib)の随意的ノコトでは「気づく」になる。
　(i) a. 次郎が花子のことが分かった。
　　　b. 次郎が花子(のこと)が分かった。
状況をさらに複雑にさせるのは，名詞句－ノコトは意味的に空なタイプにも解釈されることである。その場合，(ib)は(ia)と同じ，つまり「気づく」となる。名詞句が人間の場合，述語が具体名詞を目的語としてとるか抽象名詞を目的語としてとれば，名詞句－ノコトは「について」(義務的)用法と意味的に空な(随意的な)用法の両方をとることができる。

「てやる」(恩恵を与える，定まっている，の意)や，「てしまう」(非意図的にそうなる，の意)のような補助動詞や，(5b)のように「よ」「ぞ」(話し手の意志や決意を表す)のような終助詞を伴う文，あるいは(5c)のようにその両方を伴って現れる。そのような要素なしでも(5d)のように現れることもある[2]。

(5) a. おまえのことをなぐってやる。
　　 b. おまえのことをなぐるぞ。
　　 c. おまえのことをなぐってやるぞ。
　　 d. おまえのことをなぐる。

以下では，この随意的で意味的に空なノコトを詳しく観察し，ノコトが実際に意味的に空であることを示す。それと同時に，この用法におけるノコトが，同じ構成的意味(compositional meaning)を持つという点で，「について」と解釈される義務的ノコトと同じ意味的な機能を持っていることも示す。ノコト構文がどのように統語的に認可され，語用論的に動機付けられるかについての説明も与える。

3. 意味的に空なノコトの特性

一連の研究(笹栗1996a, b, 1998；金城・笹栗1999；笹栗他1999)において，我々は意味的に空なノコトの「名詞句－ノコト」(以後，「名詞句－ノコト$_{OP}$」と呼ぶことにする(OPは随意的の意味))の振舞いを観察し，次のような特性を持つことを見てきた。

- 名詞句＋ノコト$_{OP}$：
  - A　名詞句－ノコト$_{OP}$は，対格あるいは主格だけをとることができる。
  - B　名詞句－ノコト$_{OP}$は，主語位置に現れることはできない。ここでの主語の定義は後で述べるとおりである。
  - C　名詞句－ノコト$_{OP}$は，受け身化によって主語位置に上昇すること

---

[2] これらの動詞と名詞句－ノコトの容認性について調査したものとして重要な日高(2003a, b)がある。彼女はノコトがトゴとして現れている秋田方言の関連する構文も調査している。また，佐々木(2004)においては，水海道方言での近似の現象について議論がある。

はできない。

　　D　名詞句-ノコト$_{OP}$の名詞句は，指示的でなければならない。

A　名詞句-ノコト$_{OP}$は，対格あるいは主格だけをとることができる：

「について」と解釈される「名詞句-ノコト」(以後名詞句-ノコト$_{OB}$(OBは義務的という意味)と呼ぶことにする)が，どの格助詞も取り得るのとは違って，名詞句-ノコト$_{OP}$は，主格(6)か対格(7)で標示された補語位置にのみ現れることができる。

(6)　私は花子のことが好きだ。

(7)　私は花子のことを探している。

名詞句-ノコト$_{OP}$は，与格をとることはできない。「会う」のような与格を取る動詞は，補語として名詞句-ノコト$_{OP}$を取ることはできない(8)。「紹介する」のようなditransitive verbsとともに現れると，対格標示の補語だけが名詞句-ノコト$_{OP}$と交替可能である(9)。

(8)　a.　田中は山田に会った。
　　　b.　*田中は山田のことに会った。

(9)　a.　私は田中に山田を紹介した。
　　　b.　私は田中に山田のことを紹介した。
　　　c.　*私は田中のことに山田を紹介した。

この格制約は名詞句-ノコト$_{OB}$には適用されない。

(10)　田中のことに触れた。

B　名詞句-ノコト$_{OP}$は主語位置に現れることができない：

名詞句-ノコト$_{OP}$はいかなる述語文の主語位置にも現れることができない。他動詞文(11)，非能格動詞文(12)，そして非対格動詞文(13)のいずれの主語位置にも現れない。

(11) a.　田中が山田を見つけた。
　　　b.　*田中のことが山田を見つけた。

(12) a.　田中が走った。
　　　b.　*田中のことが走った。

(13) a.　田中が倒れた。

  b. ＊田中のことが倒れた。

名詞句－ノコト$_{OB}$は動詞の選択制限に合致すれば，主語位置にも現れうることに注意しなければならない。(13b)の「倒れた」を「議論になった」のような主語に抽象名詞をとる述語に変えると，適格な文になる(14)。

(14) 田中のことが議論になった。

C 名詞句－ノコト$_{OP}$は受け身化によって主語に繰りあがることはできない：

 笹栗(1996a)は，名詞句－ノコト$_{OP}$が受け身化によって主語位置に上がることがないことを指摘した。(15b)は(15a)の受け身の形で，非文法的である。それに対し，(15d)は(15c)の受け身の形だが，その基底の目的語が名詞句－ノコト$_{OB}$なので，問題ない。

(15) a. 山田が田中のことを殴った。

  b. ＊田中のことが山田によって殴られたよ。

  c. 太郎が次郎のことを議論した。

  d. 次郎のことが太郎によって議論された。

D 名詞句－ノコト$_{OP}$の中の名詞句は指示的でなければならない：

 笹栗(1996a, b)は名詞句－ノコト$_{OP}$においてノコトが付加される名詞句は「指示的」でなければならない，つまり，名前や特定の対象を指さなければならないことを指摘した[3]。「見かけた」は(16)のように普通名詞を取り得るが，その場合，話し手が見た犬は犬であればどの犬もよい。しかしながら，ノコトが付加されるためには「犬」は指示的で特定的でなければならない。つまり，話し手が同定できる，おそらく話し手になじみのある犬でなければならない。指示詞などのついてない裸の形の「犬」は，文脈の助けがなければ容易に指示的あるいは特定的な解釈は取りにくいので，「犬のこと」は多少奇妙に感じられる。より自然にするには，(17a)のように「ある」を付けて特定の解釈を強制したり，あるいは，(17b)のように指示代名詞を付加して定にしたりする。(16b)とは違って，(17a, b)ではノコトは省略しても同じ意味になる。このこ

---

[3] QPのような量化詞によって修飾されている名詞句の分析と名詞句－ノコトについては第7節を参照されたい。

とは，ノコトが付加されるためにはその名詞句が指示的でなければならないということを示唆しているのである。

(16) a. 私は犬を見かけた。
　　 b. [?]私は<u>犬のこと</u>を見かけた。
(17) a. 私はある<u>犬のこと</u>を見かけた。
　　 b. 私はこの<u>犬のこと</u>を見かけたよ。

名詞句－ノコト$_{OP}$において名詞句の指示性が要請されるということは，普通名詞に付加されたノコトが内包的文脈におけるスコープの曖昧性を排除するように働くという観察によっても支持される。「～を探す」は内包的解釈と外延的解釈の間で曖昧である。(18a)は内包的読みでは「お嫁さん」が「彼の妻の候補」という意味になり，「太郎に妻がある」ことを前提としないが，外延的読みでは，彼には見つけようとしているような「妻」がいなければならない。ノコトが(18b)のように付加されると，内包的読みのほうはできなくなる。

(18) a. 太郎はお嫁さんを探している。
　　　（太郎はお嫁さんになりうる女性を見つけようとしている。）
　　　（太郎は自分のお嫁さんになった女性を見つけようとしている。）
　　 b. 太郎はお嫁さんのことを探している。
　　　（≠太郎はお嫁さんになりうる女性を見つけようとしている。）
　　　（太郎は自分のお嫁さんになった女性を見つけようとしている。）

Kurafuji (1998) は，随意的なノコトの問題に言及している数少ない論文の一つだが，そこでは，ノコトが普通名詞に付加されると「定」標示になり，固有名詞や量化名詞句に付加されると何の意味的な貢献もしないと主張している。彼はその提案に三つの論拠を挙げている。他の量化詞とスコープ関係を持たないこと，部分解釈ができないこと，そして反事実的解釈である。彼の分析とわれわれの分析との違いは，①われわれは，名詞句－ノコト$_{OP}$を指示的であるとしているのに対し，Kurafuji (1998) は名詞句を普通名詞とし，そしてノコトがそれを「定化するもの (definitizer)」としている，②われわれは名詞句－ノコトが定でも特定的な不定でもありうると仮定しているが，Kurafuji (1998) は特定的な不定ではありえないと主張している。彼の三つの論拠のうち第一と第

三の論拠は指示的な名詞句についても真であることから，彼のノコトの分析がわれわれの分析にもそのまま当てはまる。二番目の論拠は部分解釈ができないことに関わる。特定的な不定名詞句も(19a)のように部分的解釈を許す。

(19) 「たくさんのさまざまな職業をもった人たちが部屋に入ってきた。そして何人かの教授がそこに含まれている。」
   a. ジョンは教授を嫌っている。
   b. *?ジョンは教授<u>のこと</u>を嫌っている。

        （Kurafujiの(11)を多少単純化して，ノコトに下線がひいてある。）

Kurafuji (1998: 172) は，(19b)は，(19a)とは対照的に，「このコンテクストでは非常にマージナルである。目的語名詞句とその部屋に入ってきた複数メンバーの一人を結び付けることが困難だからである。それは，普通名詞＋ことが特定的には解釈されず，また，それらが不定的ではないことを示唆している」と述べているが，彼の議論は説得的ではない。第一に，「教授」が「二人の教授」におきかわれば，(19b)は自然な部分的な解釈，つまり，「多くの人々の中の二人の教授」という解釈が可能だからである。第二に，名詞句－ノコト$_{\mathrm{OP}}$は，定である必要はない。なぜなら，(17a)のように「ある名詞句－ノコト$_{\mathrm{OP}}$」という形で談話を始めることが可能だからである。したがって，名詞句－ノコトは，その指示物が先行して導入されることを前提とせず，それが特定的な不定でありうることを強く示唆している。第三に，そして，最も重要なことは，彼の分析はわれわれが第3節で観察したAからDの分布上の非対称性を説明することはできないということである。

次節では，名詞句－ノコト$_{\mathrm{OP}}$において名詞句が指示的でなければならないことを要請する我々の分析がいかに名詞句－ノコト$_{\mathrm{OP}}$の特性を説明できるかを示す。

4. 属性抽出標示としての「のこと」

笹栗他(1999)は，田窪(1989c)のアイデア及び上で述べた笹栗(1996a, b)の観察をもとに，上記のように，名詞句－ノコトの意味的特性が名詞句の意味，ノ，そしてコトから構成的に，ノコトの意味的に空な用法と「について」用法

の両方に対して説明が与えられることを提案してきた。ノは属格でコトは「物事，事実あるいは出来事，状態」である。名詞句－ノコトは，なんらかの形で名詞句の指示物と関連付けられる出来事のいくつか，あるいはすべてを意味する。名詞句が指示的であれば，名詞句－ノコトは名詞句の指示物の属性の集合と同等でありうる。あるいは Dowty et al. (1981: 220-221) の意味で名詞句の指示物の individual sublimation（個体のタイプ上昇）と同等でありえ，それは一般化量化詞（generalized quantifier）と同じタイプである。例えば，「太郎ノコト」は，太郎の属性の集合でありうる。それは太郎と同等に外延的であり，随意的なノコトの随意性を説明できる。

個体のタイプ上昇を引き出すノコトの機能は，次のように記述できる。
・名詞句が指示的である場合のノコトの機能：[4]
ノコトは，特定の個体を指示する名詞句を取り，それを名詞句の指示物の属性の集合，つまり，type <e,<<e,t>,t>> に変える。

これによりノコトが(18a)に観察される曖昧性を排除するという事実も説明できる。ノコトがその用法に付加されるためには名詞句は指示的でなければならない[5]。したがって，名詞句－ノコト$_{OP}$ は常に特定的でなければならない。日本語では，裸の普通名詞，つまりノコトの付いていない普通名詞は文脈が与えられれば指示的として解釈されうる。つまり，それは，談話に新たに導入された特定の指示物あるいは既に先行する談話に導入されている定の指示物を指示しうる。日本語は定冠詞を持っていないので，普通名詞は指示的か非指示的かでその解釈は曖昧である。つまり，定あるいは特定の個体のどちらか，あるい

---

[4] この記述は名詞句が指示的ではない場合にも一般化できる。ノコトの一般的機能は属性を抽出することである。名詞句が普通名詞すなわちタイプ <e,t> であれば，名詞句－ノコトは普通名詞で表されている属性の属性の属性の集合である。この場合のノコトのタイプは，<<e,t>,<<<e,t>,t>,t>> となる。ノコトの意味の一般的な形式は，<α<<α,t>,t>>，つまり，主語位置の空のオペレータOと同じやり方で表現される。この抽象化表示によりαがタイプ e の場合に個体のタイプ上昇が起こるのである。われわれは，名詞句がタイプ e でその拡張がすべての可能世界で同じであるような個体のタイプ上昇のみを扱うのでこの論文では注目しない。

[5] 脚注4を見よ。

は，普通名詞によって記述される特性が真であるようないかなる個体をも指示しうる。このことは，日本語においてタイプ変換の操作があることを示唆しており，それが，おそらくレキシコンにおいて，随意的に普通名詞を指示的名詞に変えることを示唆している。

裸の普通名詞は指示的，非指示的かで曖昧であり得る一方で，普通名詞＋ノコトはノコトが指示的な名詞にのみ付加し，普通名詞はノコト$_{OP}$が付加されるよう，指示的名詞に変えられなければならない。

われわれの名詞句－ノコトを構成的に捉えるための説明は，原理的に，随意的・義務的ノコトの類似と相違を説明することができる。

名詞句－ノコトの解釈は，直感的に次のように示すことができる。名詞句の指示物，例えば「太郎」を含むすべてのイベントを数え上げることができるとしよう。

(20) a. 太郎は昨日コンサートに行った。
　　 b. 次郎はコンサートで太郎に会った。
　　 c. まりこは太郎を愛していて結婚したいと思っている。
　　 …
　　 …
　　 n. ………太郎…

太郎のそれぞれの生起を変数 x に置き換えると，一連の開放文(open sentences)を作ることができる。開放文 x はラムダオペレータによって束縛され，その開放文を太郎に関してすべてが真である述語にすることができる。

(21) a. λx. x はコンサートに行った
　　 b. λx. 次郎はコンサートで x に会った
　　 c. λx. まりこは x を愛していた。x と結婚したいと思っている
　　 …
　　 …
　　 n. λ x………x…

x に関して真である述語を P として表すとすると，x の特性の集合を(22a)のように表すことができる。したがってノコトの意味は(22b)のように表さ

れ，「太郎ノコト」の意味は(22c)のように表される。
(22) a. $\lambda P. P(x)$
b. $\lambda x. \lambda P. P(x)$
c. $\lambda x. [\lambda P. P(x)](\parallel Taroo \parallel)$
　$= \lambda P. P(taroo)$

(22)から，義務的な名詞句-ノコトの意味は直接出てくる。例えば，「議論する」は名詞句の指示物の特性とそれらの特性を議論する主体の間の関係でありうる。

(23)　'名詞句1ガ名詞句2ノコトヲ議論する'
　　　$[|gironsuru|]([|NP1|], \lambda P. P([|NP2|]))$

一見したところ，ノコト$_{OP}$の心理述語の用法は，ノコトが義務的ノコトとして付加される名詞句の指示物の属性を抽象化すれば同様に説明できるようである。

(24) (= (4))
a. 太郎が花子を愛している。
b. 太郎が花子のことを愛している。

(24b)は「太郎が花子の特性のすべてを愛する」として自然に解釈されうる。花子の外延と花子のすべての属性，つまり，花子の個体のタイプ上昇は同じなので，二つの文の真理条件はすべての可能世界において同じである。このアプローチは「愛する」のような心理述語が意味的に違うタイプの名詞句をその補語として選択することを仮定する。つまり，個体のタイプeの名詞句と属性の集合<<e,t>,t>である。これだけの仮定から心理述語の補語に現れる名詞句-ノコトは名詞句-ノコト$_{OP}$と同じように振る舞うことを予測する。前節で見たようにこの予測は事実とあわない[6]。さらに，われわれは，「見かける」や「ぶつ」のような，属性というよりは個体を選択するような名詞句-ノコト$_{OP}$

---

[6] 例えば，(i)のように言えるが，(ii)のようには言えない。そこでは，「愛している」が抽象名詞を目的語としてとれば容認可能であることが予測される。
(i)　田中が一番みんなに愛されている。
(ii)　*田中のことが一番みんなに愛されている。

をとる述語に対してもこのアプローチはとることはできない。

したがって，ノコトが名詞句の属性を抽出するというわれわれの仮定と名詞句－ノコト$_{\text{OP}}$ が属性というよりはむしろ個体を選択する述語の補語として機能するという観察を同時に説明できる装置が必要である。

5. 主文の主語としての名詞句-ノコト$_{\text{OP}}$

第4節で提案された名詞句－ノコトを $<<e,t>,t>$ というタイプとする特徴付けはそれが属性を選択する述語の補語として現れる場合には名詞句－ノコトの分布をうまく説明することができる。しかし，それが個体をとる動詞の目的語位置に現れる場合にはタイプミスマッチを起こす。以下の文は解釈不能であることが予測されるが，事実はそうではない。

(25) a. ［田中が［山田<u>のこと</u>をなぐってやった］］
　　 b. ［田中が［$_{VP}$ 山田<u>のこと</u>を見た］］
　　 c. ［田中が［$_{VP}$ お嫁さん<u>のこと</u>をさがしている］］
　　 d. ［太郎が［花子<u>のこと</u>が好きだ］］
　　 e. ［太郎に［花子<u>のこと</u>がみえる］］

この問題を解決するために，ここでは，名詞句－ノコトが目的語位置にある pro を束縛する主文の目的語位置を占めるということ，つまり，type e であることを仮定する^7。

(26) a. ［田中$_i$ が［山田$_j$ のことを［PRO$_i$［[pro$_j$ なぐっ]-て］やった］］］
　　 b. ［田中$_i$ が［山田$_j$ のことを［PRO$_i$［[pro$_j$ 見た]]v］］］

---

^{7} 名詞句－ノコトが目的語位置から QR (Quantifier Raising) することを仮定することによりタイプミスマッチを解消することができる。しかし，われわれは名詞句－ノコトは QR しないという仮説を採用し，次のような理由で，QR 分析は取らない。
　(ⅰ) 第3節のAからDの特徴を説明できない。
　(ⅱ) 名詞句－ノコトは名詞句が量化詞でない限り量化スコープの相互作用を含まないように見える。
　(ⅲ) 名詞句－ノコトは制限項(restriction)を持たないという点で量化句とは異なる。QR の規則が制限項と核スコープによって動機付けられるのであれば，名詞句－ノコトは QR を仮定する必要はない。

c. [田中$_i$が[お嫁さん$_j$のことを[PRO$_i$[[pro$_j$さがしている]]v]]
d. [田中$_i$が[花子$_j$のことが[PRO$_i$[[pro$_j$好きだ]v]]]]
e. [田中$_i$に[花子$_j$のことが[PRO$_i$[[pro$_j$みえる]v]]]]

「名詞句－ノコトを」という連鎖が，埋め込み節で表される属性を伴う主文の目的語であると仮定する。この意味で，この分析はHoji (1991 b, 2005) やTakano (2002) で提案されているような日本語におけるECMのいわゆる総目的語 (major object) の分析に似ている[8]。

Kuno (1976) は (27 a) を (27 b) から最初に「息子」を主文の目的語位置に繰りあげ，ノコトを (27 c) のように随意的に付加することによって派生させている。これは，(27 d) の非文法性を説明できる。これに対し，Saito (1983)，田窪 (1989)，Hoji (1991 b) そして Takano (2002) は，「息子のことを」が主文の目的語位置に基底生成され，補文の主語の空所を統制 (control) しているという分析を採用している。

(27) a. 田中が息子$_i$を [e$_i$ バカだ] と思った。
b. 田中が [息子がバカだ] と思った。
c. 田中が息子のこと$_i$を [e$_i$ バカだ] と思った
d. *田中が [息子のことがバカだ] と思った。

Saito (1983) は (28 a) のように (28 b) における空所に対応する位置が音形を持つ名詞句によって満たされている例を示し，eからの移動が含まれないことを示唆している。

(28) a. メアリーはジョン$_i$のことを [クラスで彼$_i$が一番バカだ] と思っている。　　　　　　　　(Saito (1983) の (30) を元にしている。)
b. メアリーはジョン$_i$のことを [クラスで pro$_i$ 一番バカだ] と思っている。

Hoji (1991 b) と Takano (2002) と同じく，ECM構文が (27 c) に似た基底構造を持ち，そこでは，「ジョンのこと」とそれに続くIPが「について」関係にあ

---

[8] 「田中のことをなぐってやった」の意味は「田中がなぐられているという属性を持つようにした」ということになる。

ると考える。われわれの名詞句 – ノコト$_{OP}$ 総目的語分析は Hoji と Takano のものと同様に考えることができ，(27) で e から「息子のこと」への移動はない。(28 b) は空の主語空所があるのに対し，(26) の例は目的語空所がある。

名詞句 – ノコト$_{OP}$ の総目的語分析は，名詞句の意味タイプを type e から type <<e,t>,t> に変える装置として機能し，タイプミスマッチを避けることができる。それにより第 3 節の名詞句 – ノコトの持つ特性 A，つまり，主格あるいは対格名詞句への制約を説明することができる。日本語の総目的語は非状態的な主文動詞では対格，状態的主文動詞では主格でないといけない[9]。名詞句 – ノコト$_{OP}$ は，この分析では必ず主文位置になければならないので，D のうち，名詞句 – ノコト$_{OP}$ が潜在的に内包的である「探す」のような述語が外延的な解釈のみを持つことを説明できる[10]。

次の節では，名詞句 – ノコト$_{OP}$ の属性 B 〜 D がどのようにわれわれの分析において説明されうるのかを観察する。

6. 主語制約

この節では，われわれのアプローチが第 3 節でリストした随意的ノコトの B から D の三つの特性を説明できることを示す。

---

[9] 主格標示された総目的語構文として，次のような場合も含める。
　(i) 私には田中のことが [e バカだ] と思われた。
このタイプの文は (27a) の受け身の形ではないと仮定する。むしろ，ニーガ格パターンをとる状態述語の文と平行的である。例えば，Takezawa(1987) に示唆されている。名詞句ノコトガは，「思われ」のような状態述語のガが標示された主文目的語位置にあると考える。

[10] 総目的語分析は日高 (2003a, b) で観察された名詞句 – ノコト$_{OP}$ の特性となぜ水海道方言で有生対格になったかを説明する可能性がある (佐々木 2004)。
　(i) 名詞句 – ノコト$_{OP}$ は名詞句の指示物が人間であればより容認されやすい。(日高 2003a, b 参照)
　　a. ?太郎がそのドアのことをけとばした。
　　b. 太郎が私のことをけとばした。
名詞句 – ノコト$_{OP}$ は主文目的語位置になければならない。そのことは，埋め込まれた節における特性に帰せられる。主文の v は「てしまう」「てやる」のように明示的になるし，空の場合もあるが，それが名詞句 – ノコト$_{OP}$ の共感性を強める。名詞句 – ノコト$_{OP}$ は人間名詞句を最も高くランク付けするような共感ハイエラーキーをうける。

われわれは，モデル理論的意味論の一般的なやり方に従い，日本語，あるいはおそらく言語一般において，主語名詞句は属性の集合を表し，述語は属性を表すとする。さらに，この属性は再帰的で属性の集合の集合でもありうると仮定する。この主語の特性を保証するためにOと表示される空のオペレータがあり，義務的に主語位置にある名詞句のタイプを変えると考える。これは(29)のように特徴付けられる。

(29) $O(\alpha) =_{def} \lambda P. P(\alpha)$, where P is a variable of type $<\alpha, t>$

主語が太郎とすると，それは(30a)のようにeから$<<e,t>,t>$，つまり太郎の属性の集合にタイプ変換される

(30) a. 太郎が東京へ行った。
  $= O(\parallel Taroo \parallel)(\parallel Tokyoo\text{-}e\text{-}itta \parallel)$
  $= \lambda P. [P(taro)](\lambda x. x \text{ went to Tokyo})$
  $=$ 太郎の属性の集合が東京に行ったという属性を含んでいる。

問題となる制約は次のように述べることができる。

・主語制約：
  主語位置の名詞句の意味タイプ a は義務的にLF後に$<<\alpha,t>,t>$にタイプ変換されなければならない[11]。

主語制約とノコトに対して提案された意味論とで，名詞句-ノコト$_{OP}$が抽象的主語を選択しない述語に対しては主語になりえないという観察を説明でき，同時に，名詞句-ノコト$_{OB}$が(31b)のように主語位置に現れることができることも説明できる。

(31) a. *太郎のことが東京へ行った。
  （太郎の属性が東京へ行った。）
  $= O(\parallel Taroo\text{-}no\ koto \parallel)(\parallel Tookyoo\text{-}e\ itta \parallel)$
  $= \lambda Q.[Q(\lambda P.P(taro))](\lambda x. x \text{ went to Tokyo})$

---

[11] 「LF後」という注意書きは主語QPが$<<<<e,t>,t>,t>,t>$にかえられるのを避けるために付けられている。QPはLFにおいてQRをうけ，その際タイプeの痕跡を残す。この痕跡が主語制約によって，$<<e,t>,t>$によってタイプ変換されうるわけである。この注釈がなければ，QPのタイプ$<<e,t>,t>$が主語制約によってタイプ変換されてしまう。

‖ Tokyoo-e itta ‖ は O (‖ Taroo-no koto ‖) のドメインの中にない。
b. 太郎のことが議論になった。
(太郎のことが(議論の)話題になった。)
=O (‖ Taroo-no koto ‖) (‖ giron-ni natta ‖)
= λ Q.[Q (λ P.P (taro))] (λ R. R became the topic)
‖ giron-ni natta ‖ は O (‖ Taroo-no koto ‖) のドメインの中にある。

主語制約は，主語位置が主語のタイプを上昇させる空のオペレータOを持つことを述べている。それは主語にノコトを付加することが二重にタイプ上昇された名詞句にするという効果を持っている。ノコトを「太郎」に付加することにより，そのタイプを e から $<<e,t>,t>$ に上げる。「太郎ノコト」が主語位置に現れたら，そのタイプは，Oによってさらに $<<<<e,t>,t>,t>,t>$ に上昇される[12]。主語制約は，なぜ，「太郎ノコト」が「東京へ行く」のような，個体を主語としてとる述語の主語位置に現れることができないのか，また，なぜ，それが抽象的な主語をとる「話題になる」のような述語の主語になりうるのかを説明できる。

われわれは，非対格文の指示的主語がLF後の主語として機能し，顕在統語論 (overt syntax) での繰りあげの結果，あるいは，基底で主語制約を受けることを仮定する[13]。

---

[12] Oがタイプ $<e,<<e,t>,t>>$ であればOはタイプミスマッチにより適用できない。だからOは $<<e,t>,t>,<<<<e,t>,t>,t>,t>>$ つまり(29)のように a がタイプ $<<e,t>,t>$ であるような場合である。

[13] 問題は少し複雑である。なぜなら，「議論になる」のように抽象名詞のみをとるものとはちがって，「話題になる」のような述語は個体も抽象的対象もとることができる。
 (i) ｜太郎のこと，*太郎｜が議論になった。
 (ii) ｜太郎のこと，太郎｜が話題になった。
「話題になる」は，脚注2の「分かる」とよく似たやりかたで二つのタイプの目的語を選択でき，さらに，目的語のタイプに依存した意味の違いもあると仮定している。「話題になる」のような述語は抽象名詞か個体の目的語をとることができるように扱われる。個体をとる場合の意味は，「議論の対象になる」で，これは個体を取る述語になりうる。(i)において「〜の対象」を「議論」に付加してできる複雑述語「議論の対象になる」は個体を(おそらく，抽象名詞に加えて)とることができる。

受け身文における制約は，Kuroda (1979, 1990) と Kitagawa and Kuroda (1992) の主張に沿って「単一性仮説(Uniform Hypothesis)」を採用するならば，主語制約に合う。(32a)において，受け身文の主語は，目的語位置から移動するのでなく主語位置に生成される。その主語は主語制約をうけ，タイプ変換される。これにより(32b)が非文であることを説明できる。

(32) a. ［田中が［［山田に pro なぐr］-are］た
　　 b. *［田中のことが［［山田に pro なぐr］-are］た

次に量化詞にノコトが付いたときの問題点を議論しよう。(33)と(34)において，ノコトは量化詞句に付加されており，このままでは量化詞句は type e ではなく，表層的にはノコト $_{OP}$ が type e の名詞句に付加されるというわれわれの仮説には矛盾する。

(33) 　ジョンは誰のことを殴ったの。
(34) 　ジョンは半分以上の生徒のことを落第にした。

「誰」のような疑問語や「半分以上」のような量化詞は，痕跡 t を残して量化詞上昇され，その痕跡は type e であると仮定する。(34)の LF は(35)となる。

(35) 　［半分以上の生徒　［ジョンは $_t$ ノコトを［PRO pro 落第にした］v］

この LF を解釈すればタイプのミスマッチはない。したがって，名詞句−ノコト $_{OP}$ における名詞句が指示的であるという制約を次のように改訂する。

・名詞句−ノコト $_{OP}$ の名詞句における制約：
　名詞句−ノコト $_{OP}$ における名詞句は，LF 後タイプ e にならなければならない。つまり，ノコト $_{OP}$ は type <e,<<e,t>,t>> である。

7. まとめ

本章では，われわれは，ノコトの二つの用法を観察してきた。どちらもそれが付加される名詞句の意味タイプを上昇させる。ノコトの一つの用法は，具体名詞を抽象名詞に変えることで，その付加は抽象名詞を選択する述語の補語位置における具体名詞に対しては義務的となる。この用法はノコト $_{OB}$ のように

(iii) ｛太郎のこと，太郎｝が議論の対象になった。

表される．第2節では，われわれは，ノコトのタイプ変換機能が意味的に空として現れる場合を導入した．ノコトが意味的に空な場合は，ノコト$_{OP}$のように表される．第3節では，名詞句−ノコト$_{OP}$が，対格をとるか，あるいは主格をとることはできるが，主語位置に現れることはできず，しかも指示的でなければならないことを観察した．一方，名詞句−ノコト$_{OB}$には，このような制約はない．第4節では，ノコトが属性の抽象化のマーカーであることを提案した．そして，名詞句−ノコトが，名詞句の意味，ノ，そしてコトから構成的に構成された一般量化詞であるということを提案した．第5節では，名詞句−ノコト$_{OP}$の総目的語分析を提案した．この提案は，名詞句−ノコト$_{OP}$が統語的なタイプ変換の装置として機能し，$<<e,t>,t>$の属性とeの属性の両方を持っているという事実を説明できる．また同時に，ノコトという属性抽象化標示が随意的用法において，どのようにして実質的に外延化オペレータとして機能するかについて説明を与えることができる．第6節では，主語制約が名詞句−ノコト$_{OP}$の主語制約を説明するのに提案された．

名詞句−ノコトを一般量化詞と同じタイプであるとして扱うわれわれの分析は，同じ意味を持つ随意的及び義務的ノコトの属性を説明でき，名詞句−ノコトをとる動詞の選択特性にその二つの間の相違を還元させることができる．

付　記

本章は2006年4月にオックスフォード神戸セミナーで発表したものを改訂したものである．初期の研究内容は「談話および認知言語学に関する国際会議（韓国，ソウル，2003年6月），「日本語文法の機能論的アプローチ（カナダ，アルバータ大学，2004年8月），「日本語・韓国語言語学ワークショップ（京都大学，2005年2月）」で発表した．この論文の元となった一連の論文の共著者である笹栗淳子氏，金城由美子氏に感謝したい．また，Joe Emonds氏，林下淳一氏，傍士元氏，Peter Sells氏，柴谷方良氏，Chris Tancredi氏，上山あゆみ氏，John Whitman氏には本章の初期のバージョンを読んでいただき，スタイル・内容の両面にわたって貴重なコメントをいただき，本当に感謝している．とりわけ，郡司隆男氏，今仁生美氏，Stefan Kaufmann氏，三藤博氏

には形式化のアドバイス，完成に向けての多くの励ましをいただいた。それがなければ本章は完成しなかっただろう。本文中の誤りについては著者の責任である。

第二部　談話管理と推論

第二部　解　説

　第二部は談話管理に関する論文を集めた。かなりの年数にわたって書いてきたものなので，内容に一部矛盾がある。最初は話し手が言語によって聞き手の知識を書きかえるものとして言語表現を考えていたため聞き手の知識を言語表現の定義に入れていた。もちろん話し手は聞き手の知識に配慮し，それは言語表現の選択に影響を与えるため，聞き手をその定義に入れる必要はあるかもしれない。しかし，聞き手の知識を入れてしまうと聞き手が持つ話し手の知識の想定まで考慮に入れる可能性が開かれる。いわゆる心の理論にかかわる問題である。人間が言語を持てた一つの原因は心の理論を持つことができたからであろうから，この可能性は当然考慮されるべきである。しかし，心の理論は言語表現の定義に入ることが原理的にできない。相手の自分への考慮を配慮すれば無限ループに陥り，解が得られない。言語は実時間で行われるものであるから，心の理論が言語表現の定義に入ることはないと考えられる。話し手の聞き手への配慮自体は聞き手の持つ心の理論に言及する必要はないので，聞き手の配慮は考えてもよい。しかし，言語表現を観察する限り，聞き手の配慮も考慮にいれずに定義する可能性を追求することもできる。ここに収録した論文はこの観点から再度書きなおす必要があるかもしれない。
　第1章〜第3章は知識をアップデートするための談話管理標識としての言語使用について述べたもので，談話管理理論という名前をつけて展開した理論の初期モデルである。この理論は第一部の解説で述べた特定研究「言語情報処理の高度化」での研究を行っている際に考えたもので，金水敏（大阪大学）氏との共同研究の一部をなす。メンタルスペースを談話に応用したもので，談話標識

や終助詞を，発話によって知識状態を更新するための指示と捉え，その意味構造を書こうとしたものである。この段階では聞き手の知識を組み入れて構成しているために，意味論と語用論が一部混同されており，十分な一般化がなされていない。また，形式化が不十分で，主張が明示的でないという欠陥があるが，いくつか面白い観点や現象の指摘はあると考えて採録した。

　第4章～第5章は，談話管理理論の一環として感動詞類を考察したものである。感動詞類を話し手の心的操作の音声的現れ，すなわち，音声的身振りとして見た。話し手が自分の心的操作を聞き手に見せることで，ある種の情報のやり取りが可能になることを示したものである。

第1章
対話における知識管理について
―対話モデルからみた日本語の特性―

1. はじめに
　我々がコミュニケーションの手段としてことばを使うときには，普通，具体的な聞き手，読み手を念頭において，言葉を発する。このとき我々は，ことばを使うとき，聞き手(読み手)が特定の話題についてどの程度の知識があるのかを考えにいれながら話を進める。これは対話においてはある程度実時間的にそって進められるものであり，話し手(書き手)は，自分が知識(要素や関係)を談話の中に導入する際には，その知識が聞き手によって共有されているものであるか否かを常に考慮にいれて，場合によっては言語形式を変える。また，自分の導入した情報によって，聞き手の知識がどのように変化したかを計算にいれながら，対話を進める。どの言語でも，相手の知らない新しい要素や関係を談話に導入する際には，特定の言語形式を使って，その要素が，新規に談話に導入されたものであることをマークしなければならない。この点は，どの言語でも同じであるが，これらを言語構造の上でどのように反映するかは，各言語でかなり違いが出る。本章は談話における知識の導入と導入された知識の管理という点から，日本語の談話構造の性質を考察する。

2. 対話モデルと談話管理
　準備として，基本的な談話の運用法に関する簡単な言語学的モデルを考える。ここでは，対話の形式を基本的なものと考え，独話，物語などとの違いを対話との構造的差から導出するかたちを取る。日本語では，対話型の談話と非

対話型の談話とで構造上の違いがあり，文章の談話構造は基本的には，独り言や語りのような聞き手を直接想定しないような非対話的構造にいくつかの調整を加えた構造を持っている。日本語の文章の談話構造の解明には，対話が他の談話構造を基本に取り，そのどの部分が抑制されているか，という観点をとるのが有効である。

　話し手は，対話する相手に応じて，当面必要な情報を知識(長期記憶，エピソード記憶)の中から引き出して準備する。このような知識には，聞き手が知らない(と話し手が考えている)ものと話し手・聞き手に共有されている(と話し手が考えている：この部分以下略)ものに分けられている。後者は，例えば，親しい友人であれば，共通の知人のリストや共通の体験など，また，同じ専門を研究している相手であれば，その専門領域に関する術語などであり，あるいは世間で話題になっている事件や人物などである。これらの知識は，現場に存在して相手に認識されている事物とともに，既に潜在的に談話内に導入されていると考えてよい。この意味で，談話というものは最初の文を発する前から始まっているわけである。対話の際に前もって準備しておく共有(と想定される：以下略)知識を「談話の初期値」とすると，文は，この初期値を変化させる関数として考えることができる。

(1) (i) 長期記憶→関与知識(共有知識＋非共有知識)
　　(ii) 関与知識→談話の初期値(共有知識＋現場の事物)
　　(iii) 文1(談話の初期値)→談話状態1
　　(iv) 文2(談話状態1)→談話状態2
　　　…
　　　…
　　　…

このとき談話の初期値は，定義上話し手・聞き手に共通の知識であるが，これ以後は，自分の提供する知識と相手の提供する知識とが加わる。対話者は，情報を提供するだけでなく，対話相手の言ったことや，自分の言ったことによって，作られた談話を管理していく必要がある。

　このような調整をするものとしての話し手を「談話管理者」と呼ぶことにす

る。談話管理には，どれだけの要素を共通の経験として用意するか(初期値の認定)，登場要素の管理(代名詞，指示詞の管理運用)，共有知識の確認(相手の知識に関する想定の管理，言葉の使用法に関するメタ言語的な確認)等々がある。

例えば，談話管理者は，談話に導入する要素が相手に知られているものか否かを推定し，それに応じて適当な形式を使わなければならない(例：「チョムスキー」の後に「という言語学者」という言葉を付けるべきか，「ご存じのように」を使うべきか否か)．また，相手も知っていると思われても，活性化されていないかもしれない要素を導入する場合には，適当な表現でこれらの要素を導入しなければならない。

(2)　高校3年のクラスに田中という奴がいたやろ，あいつはどうやろか，妹さんの相手に。

さらに，対話では，談話の場に存在しているもの以外について何かを述べる前に，準備として談話への要素の導入を明示的に行う。

(3)　あの，君の妹さん(さ)，もう結婚してた？

これらの言語表現は，対話にさいして，認定しておくべき談話の初期値を確認する役目を果たしている。実際の対話は，ある事態を描いてそれを相手に提示したり，情報を求めたりするという行為以外に，このような談話の管理運営が重要になる。

3.「は」と「が」

ハとガの使い分けに関しては，非常に多くの研究がある。ここでは，これまでの研究を批判検討して最適の分析を取るということをせず，談話への要素・関係の設定と導入という面から，この問題を捉えなおし，ほとんど直接対応する形式を持つ韓国語との比較を通して，これまでとは少し違った視点からこの問題を見てみる[1]。

「AハB」という形式は，談話内のあるAという要素に対して，成立する属

---

[1] ここでは，ハもガも使えない文については考えないことにする。

性や関係を与える機能を持つ[2]。

(4) 鯨は哺乳動物だ。したがって，子供を乳で育てる。
(5) 君はもう結婚してたっけ。
(6) 例の件はもうかたづいたかい。
(7) 男のひとが電車にひかれたんだってさ。でも，命は助かるらしいよ。

属性や関係を与えるためには，その要素の存在が前提となる。したがって，この述語付けを受ける要素は，なんらかの意味で既に談話に導入されていなければならない。

「鯨」は，総称的に使われているので，話し手，聞き手に共通の一般的な知識の中からいつでも引き出してかまわない。つまり，聞き手の頭の中には最初からあるので話の中にもう出たものと同じに捉えるのである。また，話し手，聞き手や，現場にあるものは，先行文脈で明示的に導入していなくても，談話に存在していると見なせる。さらに，共通の友人や共通の経験のような，話し手が，聞き手に了解できると判断した共通の知識も，既に談話に導入してあると見なすことができる。また，ある要素を導入する際，それから存在が推論できる要素も同時に導入される。

ハ自体は，先行談話で導入された要素，及び談話の初期値に既に存在している要素の集合の中からある要素を取り出す機能を果たすといえる（対話の場合は，この場合，強く関与性の制限を受ける。語りや，書き物と違い，突然，「鯨は」で一般的な話を始めることは普通許されない）。

いわゆる対比のハも，談話に導入された要素にしか言及できない点では同じである。Bの述語付けが既に談話に出たものとする。このとき，特定の閉じた集合の要素に対して取り出しを行う場合，述語付けの性質によって，語用論的理由により数え上げ，対比などの意味が出てくるだけである[3]。

---

[2] ハには，文全体をその領域として取るような用法がある『春は来たが，まだ暖かくならない。』(尾上 1981)がこの用法に関しては，韓国語との用法の差を詳しく調べていないので，ここでは触れない。

[3] ここでは詳しく述べられないが「提題のハが旧情報，ガと対比のハが新情報を表わす」ということも，また，これらの構造的な成果もハ／ガの性質から派生的に導出するという

(8) A：みんな来た？
　　B：山田は来たが，田中は来なかった。
(9) A：みんなは？
　　B：山田は東京に行ったし，田中は家で寝ている。木村は，新婚旅行で，だれもいない。

これに対して，「AガB」は，(10)-(12)のように「AB」という事態，現象を談話に導入する場合と，(13)，(14)のように「Bであるものの値としてAを提示する」場合とがある。前者における「Aが」は，普通，談話に要素を導入するマークとして機能している[4]。後者の場合は，既に談話に導入されている要素である。

(10) あ，雨が降っていますよ。
(11) あそこで，子供が遊んでいますね。
(12) 先生，山田さんがいらっしゃいました。
(13) A：山田と田中と白井のうちで誰が一番若いですか。
　　 B：山田が一番若いでしょうね。
(14) A：山田さんはどなたですか。
　　 B：私が山田です。

さて，次のような例はどうなるであろう。
(15) 神戸大学はどこにありますか。

この文が，二人の友人同士が，山の上から神戸大学を探しているのなら，「神戸大学」は，談話で既出と考えられるので問題はない。しかし，これを見知らぬ人に道を聞いている文と取ると「神戸大学」の部分は，実際の談話では初出である。まだ口も聞いていないので，「神戸大学」は当然話題にのぼっていない。また，友人同士でないので，お互いの共通体験知識として神戸大学を考えることもできない。日本語では，疑問詞が続くときは無条件で「～は」のかたちを取る。このような，ハの付いた名詞句は，相手が神戸大学を知っていると

立場を取る。
[4] この二つの「AガB」を区別する必要は別にない(尾上 1977)。

いう想定のもとで，既に談話に導入されているのだと考えられるが，このことは実は自明なことではない。このような要素を談話で既出でないと考える言語があるからである。

韓国語には，ハに当たる un/nun と，ガに当たる i/ka を区別する。この二つは，ほぼ日本語と対応するが，微妙な区別が存在する。韓国語では，(15)のような設問詞疑問文では普通 i/ka でマークする。したがって，(16)のような文になる。

(16)　kobe-tayhakkyo-ka eti iss-upni-kka?
　　　(*神戸大学がどこにありますか。)

韓国語では un/nun（＝ハ）を使えるのは，実際に話題に出るか，世間で話題になっているもの，現在の状況から問題となる要素が推測できるもの，また一般知識のように，明白に前提知識となっているものに限られる。(16)のような例はそうではないので，ガのかたちを取るわけである。この文に対する答えは，主題を省略するか，un/nun を使って(17)のようなかたちになる。これは，述語付けするべき要素が明示的に談話に導入されたからである。

(17)　kobe-tayhakkyo-nun ce kenmwul kenne phyen-e isse-yo.
　　　(神戸大学は，あの建物の向う側にあります。)

次の例も同様である。

(18)　nayil-i ilyoil i-pni-kka?　(*明日が日曜日ですか。)
(19)　onui-i emeni-nal i-ci-yo?　(*今日が母の日ですね。)

日本語では「明日」，「今日」に対する「日曜日である」，「母の日である」という述語付けが正しいか否かを問題にしているので，「明日」「今日」は，ハでマークされねばならない。日本語ではこれらの文で談話を始めてかまわない。この場合，これらは，談話ではじめて明示的に導入されている。これに対し，韓国語ではこのような場合，i/ka でマークされるのが普通である。

韓国語では「これ」「君」などでも談話で初出と見なせば，i/ka でマークするのが普通である。

(20)　i kes-i meues i-pni-kka?　(*これがなんですか。)
(21)　ney-ka sumwu-sal i-ci?　(*君が20歳でしたね。)

「私」は，このような場合 un/nun でマークするのが普通であるらしい。また，総称的な名詞句も普通 un/nun を付ける[5]。

以上のような考察から，日本語では談話の初期値に，相手の当然知っているはずの知識(「神戸大学」)，言語場の要素(「これ」，「君」)を入れているのに対し，韓国語ではこのような要素は明示的に談話に導入しなければならないことが分かる。つまり，相手の知識や言語場に存在するものを既出と見なす度合が少ないわけである。韓国語では，一般的な知識(「鯨は哺乳動物だ」)や，先行談話，先行文脈などから与えられる要素のみが共通の知識として機能している。日本語では，相手の知っている要素は，既に導入してあるものとして話を進められる。つまり談話の初期値が多少韓国語よりも多いのである。

4. 談話への新規要素の導入

上では談話に要素を設定・導入する際の日本語の性質について述べた。次に，相手が知らない新規知識(例：相手の知らない専門的術語や人物など)を導入する際の手続きについて考える。何語においても，新規に相手の知らない知識を導入する場合には，なんらかの言語手続きを必要とする。この際，相手の知識に関する予測・想定が間違っておれば，不都合が起きる。

(22) A：田中さん，お住まいはどちらですか。
　　　B：玉出です。
　　　A：は？

「玉出」は，大阪の街に住んでいるものにしか分からない地名であり，知らないのが普通と考えるべきであったことになる。

(23) A：この文章は誰が書いたものですか。
　　　B：チョムスキーという言語学者が書いたものです。

自然言語処理を研究している計算機工学者に「チョムスキーという人」という

---

[5] 日本語で「私は」あるいは「ゼロ」とあるべき場合に，韓国語で「私が」のかたちを使う場合もある。
　(i) ilen iyaki-lul nay-ka hanpen tul-ess-upnita
　　　(*こんな話を私が一度聞いたことがあります。)

表現は使えない。

　上で述べたことは，基本的な談話管理技術であり，何語でも共通していると考えられる。

　これに対し，次のような文は多少性質を異にしている。

(24) A： 昨日，田中さんに頼んでおきました。
　　 B： *すみません，「田中さん」が／はだれですか。
(25) A： 用度掛りで聞いてください。
　　 B： *「用度掛り」が／はなんですか。

(24), (25)は典型的な外国人日本語学者の誤用例である。(22), (23)の2例が単に相手の知識の想定を間違って不適切な文になっているにすぎないのに対し，これらは「文法的」に誤っている。「　」内の要素には，すべて「とは」「というのは」「って」などを付けねばならない。「　」で囲んだ名詞句は，話し手の知識にそれまでなかった物や人，あるいは，それまでの談話の流れからは，指している対象が分からない物や人，を指している。このような場合日本語では，裸の名詞は使えず，引用形式である「とは」などを付けなければならない。日本語においては，引用形式なしの名詞は，指示対象が分かってないと使えないのである。

　さらに，日本語においては，相手が自分の導入した名詞句を特定できないことが分かった場合，その話者はもうその名詞句を使用できなくなってしまう場合がある。(24), (25)に対して(26), (27)と答えるのは誤りであり，やはり引用形式を付けなければいけない。これは特に固有名詞で著しい[6]。

(26) A： *田中さんは私の英語の先生です。お話しませんでしたか。
(27) A： ?用度掛りは，物品の購入，管理をする掛りです。

---

[6] これらは，相手の知識内に要素の言葉自体を定義したり，定義的な性質を述べたりする文で起こる。(i)(ii)のように，相手が言葉自体の定義や説明を求めていない場合には，話し手は裸の名詞句を使ってもよい。
　(i) A：用度掛りってどこにあるんでしょう。
　　　 B：用度掛りは，この廊下のつきあたりです。
　(ii) A：田中さんて，妹にどうかっておっしゃってた方ですか。
　　　 B：違う人です。田中さんにはイギリス人の奥さんがあります。

上の名詞句は，すべて特定の対象を指示しているのではなく，いわば言葉のメタ的説明をしている(「あなたって変な人ね」，「男ってみんな悲しい生き物だよ」などの「って」も指示的な用法ではなく，メタ的な用法であることでこれらと共通している)。日本語では名詞句の指示的用法とメタ的用法を言語表現によって義務的に区別するのである。指示的に使える名詞は，談話の初期値にある要素，つまり話し手が聞き手も知っていると判断した要素である。これに対し，英語や韓国語は，最初に，相手の知らない要素を導入する場合以外には，指示的用法とメタ的用法を少なくとも言語表現で区別する必要はない。日本語では，一度導入された要素であっても，自分が知らない要素，相手が知らない要素は，明確にメタ用法であるというマーク(＝「という」など)を付けなければならない。

　日本語と英語・韓国語の差は，談話において指示対象が一応確立したと考えられる場合にも生じる。(24)で導入された「田中氏」は，もともと，Aが導入したものである。Aのほうは，(26)によって，「田中氏」の指示が確立した後は，裸の名詞で指示をすることができる。ところが，このとき，この「田中氏」がBの知識内に存在しない場合，Bは，その談話ではこの固有名を裸のまま使って，「田中氏」に言及することはできない。この場合，「田中という人」のようなかたちか，「その人」，あるいは，その組み合わせである「その田中という人」といったかたちでしか，「田中氏」に言及することができないのである。つまり，「田中氏」といった裸の固有名は，談話の始まる前に共通の知人であるか，談話の最中に直接の経験(実際に会うとか，テレビでみる)によって共通の知人にならない限り使用できない。そのようなことがなければ，談話の間中，確定記述である「田中という人」というかたちを使うか，相手の知識であるという標識である「その」を付ける必要がある。

　このような違いは代名詞にも現れる。日本語の三人称の人称代名詞「彼，彼女」などは日本語では比較的最近発達してきた形式であり，その用法は英語の三人称の人称代名詞に比べ非常に制限されている。その制限は「彼，彼女」が遠称の指示詞(「「こそあ」の「あ」」)を表していたことと関係がある。次の例を見られたい。

(28) A: 山田さんにちょっと話があったんでね。
　　 B: 山田さんって？
　　 A: (??彼／*山田さん／山田さんっていうの)は道子さんのつきあってる弁護士の人じゃないか。
　　 B1: (その人／その山田さんって／?彼)道子に結婚申し込んだ人でしょう。
　　 B2: *彼，道子に結婚申し込んだ人ですか。

(28)では，「山田さん」を「彼」で受けることができない。これは，「山田さん」なる人をまだBが同定できていないからである。日本語では，原則として，「あ」系列の指示詞は，話し手が共通の知識内にあると判断した事物にしか使えない。相手が導入した自分にとって未知の知識は「そ」系列の指示詞で指す。「彼」は，この点で「あ」系列の指示詞と同じ制限を受ける。つまり，日本語では話し手と聞き手が既に知っている（と話し手が判断した）ものにしか三人称代名詞を使えない。

　これに対し英語では，話し手，聞き手の知識とは一応独立した指標として代名詞が使われる。韓国語の場合も同じである。

(29) A: Bedford diamond came to us through Austin Cullins.
　　 B: Who is he?
　　　(*The Case of Shoplifter's Shoe* p. 17 E. S. Gardner, Ballantine's Book)
(30) A: Austin Cullins was up here.
　　 B: I don't know any Austin Cullins.
　　 A: He's a big man, around six feet, somewhere in the forties, curly chestnut hair, a big diamond scarf pin.
　　 B: Haven't seen him. (ibid.)
(31) A: Penguins don't bite.
　　 B: That's nice. What are penguins?
　　 A: They are those black and white Antarctic birds that can't fly.
　　 B: Oh yeah! I have heard of those. I just never knew what they were called.　　　　　　　　　　　　(Emily Pope 1975: 2-3)

日本語の三人称代名詞の使用におけるこのような制限はさきほどの固有名詞の制限とほぼ似たようなものである．代名詞（及び「あ」系列の指示詞）と固有名詞の違いは次のような例に見られる．

(32) A：君は，神戸大の山田君を知っているだろう．
　　B：山田というと？
　　A：今年，田中君の後任で入った若い人じゃないか．
　　B：ああ，あの人山田っていうんですか．

この後，すぐに「山田」という名で「山田さん」をBが同定することはむずかしい．

(33) B：$\begin{Bmatrix} ^? 山田君 \\ 彼 \end{Bmatrix}$ なら何度か話したことがあります．

これは，山田という名前を持つという知識が，自分のものでなく，談話内で相手によって提供されたものであるからである[7]．これに対し，「彼」，「あの人」は，指示対象が同定できて，共通の知識と見なされた段階で使用できる．

つまり，固有名詞が使えるためには，対話者はお互いに，指示対象，属性，名前のすべてを談話の始まる前に知っていなければならないのであり，しかも，対話の最中に，相手の提供でこれらの知識がととのっても，固有名詞は使えないのである．「田中氏」といった裸の固有名詞は，談話の始まる前に共通の知人であるか，談話の最中に直接の経験（実際に会うとか，テレビで見る，あるいは，完全に自分の仲間であると判断してしまう）によって共通の知人になった人物にしか使用できない．そのようなことがなければ，談話の間中，確定記述である「田中という人」というかたちを使うか，相手の知識であるという標識の「その」を付ける必要がある．

したがって，両者とも知らない人物，あるいは，片方の知らない人物を導入した場合は，別の方法で指示しなければならない．しかも，どちらが導入した事物であるのかが談話の間中ついてまわる．これに対して，英語の代名詞は，言語形式上どちらかの導入した事物であるのかは問わない．韓国語の ku も同

---

[7] これは，神尾の「情報の縄張り」という概念と関係している（Kamio 1979, 神尾 1985）．

様である。

　談話内に導入された要素に言及する場合，日本語では自分の知識量に応じて次のような標識を使って区別せねばならない。「彼」と「田中」は指示対象が談話の初期値にないと使えない。

　　　　　　田中って＜田中というのは＜田中という人は＜彼は＜田中は
原則としてこの順に共有度が増えるが，個々の形式の用法については，問題がいろいろある。また，固有名詞を使える相手に対して「彼・彼女」をいつ使うべきかに関しては分からないことも多い。

5. 対話的談話と非対話的談話

　上の制限は，対話における制限であった。独白や語り口調の発話では，制限が弱まる。このような場合「彼・彼女」は一見英語や韓国語の代名詞と似た用法を持つようになる。

(34)　彼の友達に酒好というおもしろい名前の奴がいるんだけど，彼が……
(35)　昔あるところに，次郎という親孝行な男がおった。ある日次郎は……
(36)　ニクソンショックのときに，うちの専務の日高というのが，解説によばれたんだが，彼は，これは日本が金持になったということで，これは決して悪いことではない，というておったんだ。

(34)－(36)では，「彼」，「次郎」は，聞き手の知らない人物に対して使用されている。また，いわゆる対話の環境であっても，話し手が相手の知識を確かめる必要がなく，一方的に情報提供者になることができる場合(つまり，要素の導入と説明を一度にできる場合)では，上のような制限がなくなることを示している。また，話し手がある信念や仮想の世界を作り，その内部で指示する場合には，相手との共通の知識を意識せずに，代名詞を使うことができる。

(37)　私は，億万長者と結婚するわ。そして，彼と世界一周するのよ。

(37)の一つの解釈｛＝特定の億万長者ではなく，億万長者であればだれでもよい｝では，まだ現実に存在しない要素を導入し，この対象を指示するのに

「彼」が使われている[8]。

6. おわりに
本章では次のことを示した。
(i) 談話の初期値に潜在的に導入される要素は日本語と他の言語で微妙に異なる。
(ii) 日本語では，談話に新規に導入された知識と談話の初期値における知識は，原則として談話の間は明示的に区別される。特にこれは固有名詞で著しい。
(iii) (i)，(ii)は非対話的分脈では当てはまらない。

日本語は，対話に際し，ある事態に関する知識が話し手，聞き手のどちらの領域に属するのか，それに対してどれほど直接の知識を持っているのかを非常に明確に意識して，これを言語化していることが分かる。日本語では，談話において導入される諸要素は，談話の間中，話し手，聞き手の知識といった言語場の制約を強力に受けるため，談話構造は，これから独立したものとしては存在しにくい。これに対して，英語や韓国語では，談話構造は，比較的，言語場から独立したものとして存在している。

ここでは詳しく触れられなかったが，このような現象は，固有名詞だけでなく，日本語のさまざまな構造にも現れ，その特徴の根幹をなしている[9]。

付 記
本章作成に当たっては金水敏，益岡隆志，木村英樹各氏との討議に負うところが多かった。記して謝するしだいである。この論文は文部省科学研究費特定研究(1)「言語情報処理の高度化のための基礎研究」(昭和62年度)の成果の一部である。

---
[8] モーダル要素と代名詞との関連に関しては，金水・田窪(1987)，金水(1989)を見られたい。
[9] Kamio(1979)，神尾(1985)を参照。

第2章
談話管理の標識について

1. はじめに

　本章は，表出段階，伝達段階に関わるとされる，感動詞，接続副詞，終助詞の機能を談話管理理論の立場から概説するものである。

　談話管理理論は，対話による情報交換により，知識がふえていったり，信念が変化したり，態度や行動が影響を受けたりといった，言語コミュニケーションの実態を動的に捉える理論を構成し，それに基づいて談話構造における各言語間の差異を原理的に説明することを目標とする[1]。

　これまでの言語学的談話研究では，既に作成された談話の構造の分類に主眼点が置かれ，話し手・聞き手がいかにして知識の交換をするのか，そこにはどのような作業がなされているのかに十分焦点が当てられなかったと思われる。談話の運用システムは，計算機工学者が行ってきたといってよい。しかし，多くの計算機工学者は，システムの作成に重きを置き，実際の言語現象や，言語間の可能な差異などには関心がない。そこで，我々は，明示的に言語形式に現れた現象を手がかりにして，言語の運用システムを明らかにし，その運用システムにおける言語間の差異を説明する原理を取り出したい。

---

[1] 談話管理理論の枠組みについては田窪(1989a, 1989b, 1990a, 1990b)，金水・田窪(1990)，Takubo and Kinsui(1997)参照。談話管理標識という概念についてはSchiffrin(1987)，Schourup(1985) 参照。

2. 談話管理理論の基本的前提

談話管理理論では、談話処理のシステムとして局所的な心的領域を仮定する。この心的領域は階層的なデータベースと考えることができ、対話における個々の発話は、このデータベースへの登録、検索、演算(推論)などの指令であると見なされる。日本語においては、この心的領域は、直接経験領域と間接経験領域に分割されている。直接経験領域には既に獲得されており、長期記憶やエピソード記憶内容に書き込まれている要素、あるいは、対話の最中に実際に体験した内容が書き込まれる。これに対し、間接経験領域には、言語的に獲得された知識・情報が書き込まれる。聞き手の領域はこの間接領域の中に埋め込まれている。

このようにして仮定された心的領域とその構造は、アプリオリーに設定したものでなく、次のような現象に基づいている[2]。

(1) A：昨日、田中君にあったよ。
　　B：｜田中さん、彼、あの人｜結婚したんですってね。
(2) A：君の後任なんていったっけ。
　　B：田中君ですけど。
　　A：｜彼、あの人｜結婚してるの。

(1),(2)における登場人物「田中さん、彼、あの人」は、A、Bに共通の知人であり、長期記憶の当該のノードとリンクされている(つまり、言語的に明示化されている以外のことをこれらの人物について知っている)。

(3) A：君の友達に結婚したがっている独身の男いないか。
　　B：うちの課に、山田っていう係長がいます。
　　A：｜その人、そいつ、その山田という人、*²彼、*山田君｜ハンサム？
　　B：｜山田君、彼、あいつ｜はとてもハンサムとはいえないですね。

(3)における、「山田」は新規に導入された人物である。新規情報の交換は間接経験領域を通じてのみしか行えない。共有情報は、適当なノードを指し示す言

---

[2] 日本語の心的領域を間接経験領域と直接経験領域に分け、聞き手の領域を間接経験領域に埋め込む根拠については、田窪(1984, 1989a, 1990a)を参照。

語的，言語外的情報を提示すれば，アクセスできるが，新規情報は，概念的にしか構成できないためである．Bは，この人物の導入に際して，間接経験領域にノードを設定する．これは，その人物の存在を断定し，属性を述べればよい．次にこの要素は直接経験領域の要素とリンクされる．Bはこれ以降は，この直接経験領域の要素を示す形式を使って，この人物に言及できる．これは，日本語においては次の制約があるからである[3]．

 (i) 指示トリガー階層制約：直接経験領域の要素を示す表現を優先せよ．

これに対し，Aのほうは，この要素は間接経験領域にのみ設定され，臨時的作業記憶の要素とリンクするのみである（つまり，この人物について，Aが知っているのは，Bによって提供された情報とそこから推論される知識のみである）．日本語においては次の制約があるため，Aは，間接経験領域の要素を示す形式を用いなくてはならない．

 (ii) 対話の最中は，間接経験領域の要素を直接経験領域に書き移してはいけない．

これらは，次の(2)′の例も説明できる．(2)のBの答えに対し，Aは次のように聞くことはできない．これは，「「田中」という名前を持っている」という属性がまだ間接経験領域内にあるため，「田中君」という直接経験形式を使えないからである．

 (2)′ A：??田中君は結婚してるの．

対話コミュニケーションはこのような心的領域に分割された階層データベースの更新操作として位置付けることができる．感動詞，終助詞や接続副詞，陳述副詞などは，このデータベースの検索や登録，演算に関する指令と考えることによってその機能を捉え直すことができる．以下では，この談話管理機能を主たる役割とする語群について簡単に考察する．

---

[3] 指示トリガー階層制約については，金水・田窪(1990)参照．

3. 談話情報管理標識
3.1 感動詞

これまで,「え,ああ,へえ,ふうん,ああ,ま,あの,その」といった感動詞は,伝達,表出などの前触れとされるが,断片的な記述を除いて,具体的にどのような機能を果たしているかに関して日本語ではあまり研究がない。これらの感動詞は,話し手の内部情報処理状態を表すものと考えることができる (Schourup 1985；Shiffrin 1987 など)。聞き手からすれば,相手の内部情報処理状態を知ることができれば,次に続く発話がどのようなものかはある程度予測がつく。また,発話全体の言語行為の種類もその処理状態により制限される。仁田(1991)などに見られる文の表現類型は,多くの場合,これらの感動詞類と相関を持つ。実際,仁田(1991)をはじめ,文の表現類型を分析する研究者は,表現類型の分類にどの感動詞と共起するかを用いている。もし,これらの感動詞類の使用に関する精密な記述が得られれば,感動詞だけである程度,次に続く文の表現類型が決定できる可能性がある。簡単に主な感動詞とその機能を見てみる。

「えっ,はっ」は,共有状態の想定の失敗により,相手の発話を正しく登録できなかったという状態を示す。これは,推論の失敗により意図の計算ができなかった場合と基本的な共有情報の欠落により,情報自体が登録できなかった場合とがある。どちらの場合も,そこで,情報交換を中止し,メタ的な調整作業に入ることになる。前者の場合は共有すべき前提の調整,後者は用語の再定義などが行われる。

(4) 「え,山田君は行かないんじゃなかったんですか。」(信念の調整)
(5) 「え,田中って,田中次郎のことですか。」(値の確認)
(6) 「え,買ったって,何を買ったの。」
　　 (共有と誤解され,省略された項の確認)

これに対し,「へーえ,ふうん」は,共有状態の認知に関して,合意し,相手の情報が新規に登録されたことが前提となる。

(7) 「へーえ,田中君は行かなかったんですか」
(8) 「へーえ,たなかって,田中次郎のことだったんですか。」

(9)　「へーえ，西田って独身なんだ。」

「あっ」は，情報を直接経験領域に新規に登録することを意味する。これは，外部から得られた知覚情報と想起された情報の場合がある。

(10)　「あ，飛行機だ」

(11)　「あ，切符買うの忘れてた。」

他にも，探索，推論に失敗したことを表す「さあ，さあて」，相手の主張を完全には受け入れていないことを示す「はあ」，相手に指摘されてはじめて気が付いたことを示す「ああ」などがあり，音調により，さまざまなバリエーションがある。

　それぞれの感動詞の機能に従って，それに続く文の文型が制限される。「え」はメタ的な調整を本務とするので，「って…のこと？」といったメタ的定義文の疑問の形や，「じゃないのか，じゃなかったのか」といった共有信念の確定を求める疑問文が使われる。「へーえ」は，新規情報の間接的獲得とその情報の知識データベースへの書き込みを本務とするので，この新規の知識が相手からもたらされた知識の場合は，「…(の)か」，という納得を表す疑問文や，この知識が相手のもたらした情報から推論を経て得られたものであれば，「じゃ，田中は行かないんですね」などの「じゃ…ですね」など，自分の推論と相手の知識とのマッチングを求める形式が使われる。これが自分で探索した知識の場合は，「…のだ(な)」，「のか」などの納得を表す表現が続く。

　「さあ」は，探索や推論に成功していないことを表すので，「分からない」などの推論の失敗を表す表現や，探索の途中結果を示す「…かね」などが続く。

　「ええと」は探索中，推論中であることのマークであるので，「かな，かね」などの探索の途中結果を表す表現などが使われる。

　「あ」は，新規情報を推論を経ずに獲得したマークであるので，「あ，雨だ」，「あ，鯉が泳いでる」などのいわゆる事象記述文(現象文)や「あ，そうか」などの思いだしたことをマークする文が使われる。

　この他にも多くの感動詞が存在する。日本人であれば，これらの感動詞とその音調を聞くだけで，自分の言ったことがどのように処理されたか，あるいは処理されなかったか，さらに発話内行為まで含めて，どの様な応答が続くかま

で，かなりの精度で予測することができる。

　これらの談話管理標識を適当な音調で発し，それに続くことのできる文を選ばせる課題を与えれば，おそらく非常に高い確率で選択をすることが可能なはずであるが，まだこれに関する網羅的な研究は始まったばかりである。

3.2　接続副詞

　接続副詞の多くは，推論の管理登録に関わる。ここでは，理由を示す「だから，それで」と，相手の提供した情報から推論してえられた情報を導く「それで，すると，それなら」について少し考察し，接続副詞によって行われている推論操作の制御を見てみる。

(12) A：田中君は 10 年もアメリカに住んでいたんだって。
　　　B1：|だから，それで| 英語ができるんだね。
　　　B2：|じゃ，それなら，すると，だったら| 英語ができるんだね。

　浜田(1991)がいうように，「だから，それで」の系列と，「じゃ，それなら，すると」の系列は，関わる情報操作が異なる。対話においては，前者は，新規の情報と既存の情報の間に因果関係を新しく認めて，既存の情報に対する理由を新規に知識として付け加え，後者は，新規の情報から，推論操作によりさらに新規の情報を得てこれを知識として付け加える。

　これらは基本的には，帰結の命題が発話前に B の知識内にあったか，なかったかの問題となる。「田中が英語ができる」という情報が B の知識内にあったなら，これは，理由付けの過程が新規に行われることになる。この場合焦点は理由の部分にある。「から」は「のだ」を伴って，理由を焦点とする文を作る。「節＋から」の節の部分を照応形にした形が「だから」であると考えられる。「それで」のほうも，「節＋ので」の照応形と考えられる。つまり，x に対する値として「田中のアメリカの長期間の滞在」が与えられ，因果関係が閉じたわけである。

(13)　　[[　　　　　　　x　　　　　　　]から，あんなに英語がうまい]んだ。

　　　　[[田中はアメリカに 10 年も住んでいた]から，あんなに英語がうま

　　　　い]んだ。
　　　　[[　　　　　φ　　　　　だ]から，あんなに英語がうま
　　　　い]んだ

この推論操作は，情報提供者自身が行うこともできる。この場合も「英語ができる」の部分は，聞き手との共有知識であり，相手のその理由に関する新規知識を提供している。

　(14) A：田中はアメリカに10年も住んでいたんだ。|それで，だから| 英語
　　　　ができるんだよ。

これに対し，文末に「のだ」がなければ，「節＋から」は，文の焦点となることができない。つまり，「英語ができるのは，[アメリカに10年もいたから]だ」という解釈はとれない（久野1983；Takubo 1985；田窪1987a）。そこで，このとき，「のだ」を外した文を作ると，「それで」と「だから」で，文法性に差ができる。

　(14)′ A：田中はアメリカに10年も住んでいたんだ。
　　　　　|だから，*それで| 英語ができるよ。

この場合，「英語ができる」は相手にとって新規知識となる。「の」がないせいで，焦点が動詞の位置に移り，「のだ」による理由説明的解釈ができないため，「田中の滞米10年」という情報を提示し，それから帰結できる「英語ができる」という情報をさらに新規に提示する文になる。田窪(1987a)で示したように，この場合の「だから」は，推論の根拠となる情報を提示するもので，理由節には焦点が当たらない。「それで」には，この用法はない。また，「のだ」を外した文は，(12)の対話でBが使うことはできない。

　「のだ」がある場合には，実際にはこの解釈は両義的になる。つまり，断定のスコープを「だから」まで延ばすか，「だから」を含まないようにするかで，両義にとれるのである。前者の「だから」は，英語ができる理由を示し，後者の「だから」はそのように推論できる根拠を示す用法となる。

　(14)″ A：田中はアメリカに10年も住んでいたんだ。
　　　a．［だから，英語ができる]んだよ。
　　　b．［だから］，［英語ができるんだよ］。

この場合，(14″Aa)では「英語ができる」が共有知識となり，(14″Ab)では新規知識となる。このとき，共有知識を示す「あんなに」を入れれば，「英語ができる」に焦点が当たらず一義的な解釈を取ることができる。

  c.　[[φ　だから]あんなに英語ができる]んだよ。

したがって，「の」を含まない文では当然「あんなに」をいれることができなくなる。

  d.　*だから，あんなに英語ができるよ。

このような，情報提供者が示す推論操作は，「じゃ，すると，それなら」では表すことができない。

 (15) A：*「田中はアメリカに10年住んでいたんだ。じゃ，英語ができるよ。」

「じゃ，すると，それなら」は，対話では，相手の提供した新規情報に基づく推論操作の帰結を導くのである。

3.3　終助詞

ここでは終助詞のうち，情報の管理に非常に深く関わる「ね」と「よ」とを簡単に概説する。

「ね」は，聞き手も当該の知識を持っていると考えられるときに用いられ，同意を求めたり，知識確認する場合に用いられる，と記述されるのが普通である。

 (16)　いい天気ですね。

 (17)　君は，来年35だったね。

また，「ね」は依頼・勧誘などのいわゆる訴え型の文とともに用いられる。陳(1987)が観察しているように，この場合，当然，聞き手における知識のあるなしが問題となっているのではなく，話し手の意向が聞き手に受け入れられることを期待して発言されている。

 (18)　早く行ってね。

さらに，禁止・命令では「ね」が，付かない。これは，禁止・命令の持つ話し手の意向の押し付けと「ね」が矛盾するからである。

(19) *早くいけね。

　以上のような観察から，益岡(1991)は，神尾(1990)，Schourup(1985)などを参照しつつ，「ね」は，話し手と聞き手の内部世界が一致することの標識であるとする。

　しかし，これだけでは説明できない「ね」があることが，蓮沼(1988)により，指摘されている。

　(20) A：いま何時でしょう。
　　　 B：3時ですね。

(20)は，例えば，時間を知るために時計をみるとかの確認行為を伴った時に使われ，この確認行為がなければ，「3時です」という「ね」のない形を使わなければならない。ここで行われている確認作業は，話し手の内部世界のみに関わり，聞き手の内部世界とはそれほどの関わりを持たない。次の例も同様である。

　(21) A：どうですか。この問題。
　　　 B：いやあ，難しいですね。
　(22) A：どうです。やってもらえますか。
　　　 B：いやあ，困りましたね。

(21)，(22)において「ね」を取りさった場合，単に自分の心理状態を報告している発話になるのに対し，「ね」を付けた形は，実際にやってみた結果，あるいは努力して判断した結果「難しい」，「困った」という結論をだしたということを意味している。また，(23)のように自分の予測を述べることもできる。

　(23)　これは失敗するね。

この場合の「ね」の付いた形は，自分の知識から予測される世界と現在の状態の延長未来との一致を自己確認していると考えられる。

　これらの用例における「ね」は，情報の提示以前に情報の検索あるいは探索をしたことが前提となる。「ね」を付けるということは，ある情報を別の所で検索，その二つの情報のマッチングをしたということを示すのである。さらにいえば，「ね」はこのマッチングを基にした知識・情報の書き込み確認を示していると考えられる。

このマッチングを相手の知識に求める場合に「ね」の同意要求や確認の用法がでてくる。つまり，自分の知識，感情，意向に対応する要素が相手にあると想定し，これを相手に確認しているわけである。

当然のことだが，相手の持っている知識を述べることは相手にとって情報価値はないので，相手の知識の単純な宣言は容認性が落ちる。

(24) ?君は3月生まれです。

(25) ?君の奥さんはアメリカ人だそうです。

しかし，この場合「ね」を付ければおかしくない。

(26) 君は3月生まれですね。

(27) 君の奥さんはアメリカ人だそうですね。

この「ね」は相手の知識と自分の知識との2カ所で存在する知識が一致するか否かを確認する機能を果たしている。(24)，(25)と違い，(26)，(27)の形式が情報価値を持つのは，話し手が聞き手に関する情報を有していることを知らせているからである。

「よ」は，基本的には「情報を間接知識領域に記載せよ」という指示である。さらに「これをいま関与的な知識状態に付け加えたのち，適当な推論を行え」という指示も関与性の原則からでてくる。「よ」がなければ，単に知識の提示という遂行文として機能する。この適当な推論云々は必要ない。

(28) A：そっちはどうですか。

　　　B：雨ですよ。(こまったものです)

(29) A：お元気ですか。

　　　B：わしももう70じゃよ。(こまったものだ，感慨ひとしおだ，元気なわけがない)

(30) 　行きますよ。(早く支度しなさい，でてきて挨拶しなさい，後はお願い)

記載を指示される情報は，基本的には，相手にとって新規の事実や事態であるが，既存の知識の再記載により，相手に推論を促し，帰結の正しさを相手の知っている情報により導かせることができる。

(31) 　雨ですよ。それなのに出かけるんですか。

(32)　そんなこと知らないはずがないでしょう。私は弁護士ですよ。

この再記載指示の「よ」は，相手に関する情報であってかまわない。これは推論に関与的な知識を活性化し，前提とする操作だからである。

　(33)　君は未成年だよ。結婚なんてまだ早いよ。

再記載の「よ」は多少上がり調子で，下がり調子の新規記載指示の「よ」とは音調が異なる。

　また，「よ」は，命令，依頼の文にも付くことができる。

　(34)　早くしろ。早くして。早くしなさい。早くしてください。
　(35)　早くしろよ。早くしてよ。早くしなさいよ。早くしてくださいよ。

これら命令，依頼の「よ」も命令，依頼の記載あるいは再記載することの指示で，命令，依頼の行為そのものは間接的に行われる。つまり，「3時に来い」と違い，「3時に来いよ」は命令の行為そのものでなく，命令内容の記載を指示されているのである。これは引用の形式にも反映される。「「早く行け」と命令された。」は適格であるが，「「早く行けよ」と命令された。」は不適格な引用である。これは「早く行けよ」が命令の遂行文として機能していないからであると思われる。

　したがって，依頼の場合，「これしてください」は，依頼そのもので命令に近くなるが，「これしてくださいよ」は，イントネーションによって，指示あるいは懇願に近くなる。これは，「よ」により，依頼行為が依頼内容の登録指示行為になったため，「依頼内容を忘れるな」，あるいは「依頼について考慮してほしい」という間接的言語行為が生じているためである。

　また，「来るな！」は，叫びとして可能であるが，「来るなよ！」は，叫びとしては不可能であることからも，「よ」が，それが付く言語行為を変えていることが分かる。

　「ね」を情報のマッチングとし，「よ」を間接経験領域内への情報記載指示とすると，なぜ「よね」という形式が可能であるかが説明できる。従来，「ね」は相手に情報があることを前提とするとされ，「よ」は，相手にとって新規の情報を知らせるとされてきた。この両者は当然矛盾するわけで，「ね」と「よ」は，シンタグマティックな関係にはないことになる。しかし，「よね」は，普

通自分の想像や予測を相手に確認するといった場合に使われ,「よね」は,必ずしも排反的な関係にはないことが分かる。

(36) こんなこといっても,君,おこらないよね。
(37) あんな馬鹿だれも相手にしないよね。

ここでは,「よ」によって,相手の間接経験領域に推論により得られた知識を仮に記載し,これと相手のほうの実際に持つ知識と一致するか否かを「ね」によって確認しているのだと考えられる[4]。「よ」は,通常は自分のほうにあり,相手にはない情報を相手に知らせる場合が多いのだが,これは「よ」の本務ではない。「よ」の本務は,間接経験領域への記載であり,必ずしも自分に当該の情報に関する直接経験的知識がなくてもよいのである[5]。

4. おわりに

以上,非常に断片的ではあるが,感動詞,接続副詞,終助詞について,談話情報管理の観点から見てみた。これらは,それ自身では,情報内容を構成するものではないが,情報の発出,受け入れに関する話者の処理状態や処理過程の登録,管理に関わるものであり,間接的に文形式を規定する。このような観点をとることにより,これまで,表出の前触れであるとか,話題の転換,強調などと曖昧に規定されてきた,これらの品詞類の機能を多少とも明確に規定し,日本語と他の言語との比較なども可能になると考えられる。

---

[4] この観察は,一部蓮沼(個人談話)による。この説明は金水氏による(Takubo and Kinsui 1997参照)。

[5] こう考えると,次の例において「よ,ね」は接続できるのに,「よね」が接続できないことが説明できる。
  (i) 彼はこのこと知らない{らしい/ようだ/そうだ}{よ/ね/*よね}。
「よね」における「よ」は,当該の情報に対する話し手の知識が前提とされないため,「らしい,ようだ,そうだ」などの「間接的経験知識」を表示する形式と同じ機能を果たしているのである。

第3章

談話管理の理論
―対話における聞き手の知識領域の役割―

1. はじめに

　本章でとる談話管理の理論による接近法は，田窪(1984, 1989a, b, 1990a, b)，金水・田窪(1990)で提唱しているもので，①談話運用の動的記述をし，②それに基づいて，談話構造における各言語間の差異を原理的に説明する，ことを目標にしている[1]。

　これまでの言語学的談話研究は，既に作成された談話の構造を研究することに主眼点が置かれていた。特に，文文法では説明できない現象を談話則で説明するというのがその中心であった。そのような談話の言語学的研究では，具体的な話し手・聞き手がいかにして知識を交換するか，また，その知識の交換の際にどのような作業が必要かに関して十分焦点があてられてこなかったのではないかと思われる。談話の運用システムの研究は，どちらかといえば計算機工学者が行ってきたといってよい。しかし，計算機工学的研究の多くは，システムの構築を目的とし，実際の言語現象や，言語間の差異にはそれほど重きをおいていない。そこで，筆者は，明示的に言語形式に現れた現象を手がかりにして，言語の運用システムを明らかにし，その運用システムにおける言語間の差異を説明する原理のようなものを取り出せればと考えている。

　本章では，日本語と中国語の三人称代名詞を比較対照して，談話運用におけ

---

[1] 本章の内容は，金水敏氏，木村英樹氏との共同研究の成果による。また②については，神尾氏の研究と多くの共通点を持つ。これらの研究と本章の研究との関連は，一連の田窪，金水の論文に当たられたい。

る，聞き手の知識領域の役割が両言語間でどのように異なるかを明らかにする。

2. 対立的視点と融合的視点

　日本語の指示詞「こ，そ，あ」が，実際には「こ・あ」と「こ・そ」の二つの2項対立の組み合わせからなることは，三上(1955)以来よく知られている。「こ・あ」は，話し手と聞き手とが同じ視点に立って見ているとき(つまり，「私＋あなた＝私たち」のとき)の指示詞の使い方である。「こ・そ」は，話し手と聞き手が対立した視点に立っているとき(「私と彼＝私たち」のとき)の指示詞の使い方である。正保(1981)に従って，前者を融合型，後者を対立型と呼ぶことにする。さらに，話し手が独り言をいったり，聞き手を考慮にいれずに話すときの視点を独立型と名付ける。独立型は基本的には融合型と同型である。

　融合型と対立型の基本的な差異は，同じものに対して，話し手・聞き手が同じ呼び方をするのかそれともそれぞれ別の呼び方をするのか，として捉えることができる。ある要素 X の，話し手の呼び方を Y とする。これを X = Y(I) と表すことにする。この要素の聞き手の呼び方を Z とすると，X = Z(YOU) と表すことができる。一番簡単なのは，「私」，「あなた」そのものの呼び方で，「筆者」＝私(I)，「筆者」＝あなた(YOU)となる。つまり，私は私のことを「私」と言うが，あなたは私のことを「あなた」というわけである。これでいくと，指示詞は，融合型では，「X = これ(I) = これ(YOU)」で同じものを同じ言い方で指し，対立型では，「X = これ(I) = それ(YOU)」となって，同じものを話し手と聞き手とで別の呼び方で指す。

　このように考えると，日本語の「行く・来る」，「やる・くれる」，敬語などの呼び分けも同じような現象があると考えることができる。これらにおいては，ある事態を述べるのに自分と相手と同じ記述を使う視点と，対応するが異なった記述を使う視点とがあるのである。

　日本語では，これらの場合，対立型の視点を使って，対応する異なった記述を同じ動作に与えることが可能である。例えば，「私があなたの事務所に移動

する」とき，私からみれば「行く」を使うが，同時に，同じ動作をあなたからみれば「来る」を使うことを私は知っている。つまり，私から見ると「私が行く(I) = あなたが来る(YOU)」となる。これに対し，英語は融合的な視点をとっており，「私」と「あなた」の間の移動は，同じ動詞で表される。「I come (I) = you come (YOU)」である。対立的なのはIとyouだけで，動作の名称は話し手と聞き手とで同じである。

「やる・くれる」の場合も同じで，「あなたが私にものを譲渡した」場合，話し手は「あなたが私にくれる(I)」，聞き手は「私があなたにやる(YOU)」となり，やはり同じ動作を別の動詞で言い分けている。さらに，この二つの動詞は，別の動詞に接続することで，多くの動作に関して，同じ動作を話し手，聞き手で使い分けることができる。これに対し，英語では，これはどちらもgiveで表されると同時に人称の制限もない。つまり，come, goでは，一，二人称(come)とそれ以外(go)の差があるのに，giveは人称に関係なく使われている(giveとgetの使い分けは人称と関係ない)。すなわち，人称独立的である。

言語表現は，人称依存型の視点をとるのか，人称独立型の視点をとるのか，さらに人称依存型の視点を取る場合，対立型の視点を取るのか，融合型の視点を取るのかによって分類できる。日本語は対立型の視点を多く取る言語であると考えられる。

3. 日本語，中国語の三人称代名詞と聞き手の知識

第2節で，指示詞の構造が，他の言語構造と相関していることを見た。この節では，日本語と中国語の三人称代名詞の差が両者の指示詞構造と相関していることを見る。日本語でも中国語でも，三人称代名詞に関する研究はそれほど進んでいない。これは，三人称代名詞という範疇が，西欧語の影響で，比較的最近発達したもので，基本的にア系列の指示詞であると考えられていたからであろう。しかし，実際には「彼，彼女」や中国語の「他(=彼)，她(=彼女)」は，例えば英語のhe/sheとはかなり違った振舞いをし，それらを研究することで，これらの言語で，三人称がどのようなものとして捉えられているか，聞き手の知識領域がどのような位置を与えられているかを考えることができる。

3.1. 未知要素の明示的導入と三人称代名詞

AとBという対話者を考える。この二人が共通の友人である「田中」氏について話す。

(1) B：田中さん，どこか外国にいったんだってね。
　　A：うん，アメリカに行ったんだ。

この人物は，A，Bともに，三人称代名詞「彼」を使って同定することも可能である。

(2) B：彼にドイツ語の通訳を頼もうと思ってんだけど，残念だな。
　　A：ドイツ語なら，彼よりよくできる人がいるよ。

さて，ここで「ドイツ語ができる人間」が話題となり，Aが山田氏を導入するとする。

(3) B：へえ，じゃその人紹介してくれないか。
　　A：山田っていうんだけど，三年ほどドイツに留学して，去年からうちの大学で教えてる。

この人物をBは「山田さん」という固有名で呼べるだろうか。(4)に見られるように，対話の最中に導入された新規の人物を裸の固有名で呼ぶのはかなり不自然である。(「?」，「*」は，ここでは文脈的に不自然，不適格な文であることを示す。)

(4) B：? 山田さんは通訳の経験があるかな。

新規に導入された人物の場合，導入が終わればAのほうは，「山田」という裸の固有名で呼ぶことができる。しかし，導入を受けたBのほうは，「山田」という裸の固有名では，この人物を同定できず，「山田という人」という普通名詞の形や，「その人」，「その山田さん」などといった「その」を含む形を使い続けなければならない。「山田という人(B) = 山田(A)」となるのである。同一人物を対話者間で別の記述によって言い分けているわけであり，つまり，ここでも対立型の視点が採用されているのである。

日本語では，対話の最中に言葉だけの情報で，「山田という人」から，「山田さん」への転換するのにはかなり抵抗がある。自分に帰属する知識か，相手に帰属する知識かを対立型の視点を取って区別しているわけである。

さて，三人称代名詞ではどうなるだろう。新規の人物でも，いったん導入が終わればー導入したほうは，条件さえ合えば(「彼・彼女」は，目上の人やごく親しい人などには使うことができない)「彼・彼女」を使用することができる。

(5)　A：僕の同僚に田中というドイツ帰りの奴がいるよ。彼なら，適任だから，一度頼んでみようか。

しかし，導入を受けたほうは，対話において新規に導入された人物を，「彼・彼女」で呼ぶことはできない。

(5)'　B：？彼は通訳したことがあるかい。

日本語の三人称代名詞，「彼・彼女」などは，固有名と同じ様な使用制限を受けているのである。

ここで起こっているのは，基本的には，対立型の視点である。つまり，日本語では，話し手と聞き手とで情報量の差があるとき，この差を対話の最中は対立的に示すという方略をとっているのである。

中国語では，どのようになるであろう。固有名については，傾向的なことしか言えないようだが，代名詞にはかなり明確な差異が出る。

(6)　A：我　在找　　　懂　　德語　　的　　　　人。
　　　　　私　捜している　分かる　ドイツ語　連体助詞　人
　　　　「ドイツ語のできる人を探しているんだ。」
　　B：我们　班　　有　　一个　会　　德語　　　的。
　　　　　私たち　クラス　いる　一人　できる　ドイツ語
　　　　下一次　我　给你　介紹　　一下。
　　　　　今度　　私　君に　紹介する　一度
　　　　「うちのクラスにできるのがいるよ。今度紹介するよ。」

(6)'　A：他　做过　　　　　翻訳　没有？
　　　　　彼　したことがある　通訳　ない
　　　　「？彼，通訳したことあるかい。」

中国語では，相手の導入した新規の知識に対して，三人称代名詞を使うことが可能である。三人称代名詞の使用に関しては，対話の最中にはじめて導入された知識とそれ以前に共有されている知識とを区別していない。導入を受けた

ほうも同じ「他」を使って新規要素を同定できるのである．つまり，融合的な視点が取られていることが分かる．

3.2 未知要素の定義的導入と三人称代名詞

3.1では，明示的に導入された要素を先行詞とする三人称代名詞の用法を見たが，共有であると考えていた人物が，実際には未知の人物であった場合，この人物を先行詞とする場合の三人称代名詞を日中両語で考えてみよう．次の対話を見られたい．

(7) A：田中さんに会ったよ．
　　 B：田中さんって．それ誰のこと．

Aは，Bが「田中氏」を知っているものとして，裸の形を使ったのだが，実はBは田中氏を知らなかった．あるいは，この文脈では「田中」という名前だけでは，対象が同定できなかった．このとき，Bの知識内では「田中」という名前は，必要な対象物を同定することはできず，当然「田中」という裸の形は使うことができない．また，「彼」も使うことはできない．

(7)' B： *彼誰．（彼＝田中さん）

日本語では，この場合，「というのは，って」などの引用形を使う．これは，田窪（1989a, 1990a, b）でメタ形式と呼んだもので，定義をするときに使う．Bの知識内では，「田中さん」は，属性，指示対象と結び付けられていない，「田中」という名前のみの存在を表す形式である．そこで，Bは，名前のみを表すメタ形式によって，Aに対してこの名前に対する定義を求めているわけである．

さて注目すべきはAのほうである．Aは，この人物を知っているわけで，固有名の使用の条件を満たしている．しかし，実際には，この人物を相手に説明する場合は，引用形を使わなければならず，裸の固有名も，「彼」も使うことはできない．

(8) A： 田中というのは美智子の旦那だよ．知らなかったっけ．
　　 B：？田中は美智子の旦那だよ．

このことから，日本語ではこのような想定間違いを正すための定義的導入で

は，相手の知識の状態が問題となっていることが分かる。つまり，相手が知らないのでメタ形式を使っているわけである。

中国語では，どうなるであろう。中国語では，自分の同定できない人物を指すのに裸の固有名を使うことができる。

(9) 　　我　前天　　碰到　了　李明。
　　　　私　一昨日　会う　完了
　　　「おととい李明に会ったよ」
　　　　李明　是　誰。
　　　　　　　だ　だれ
　　　「*李明は誰だ。」

これは，中国語ではメタ形式と指示形式の区別を言語的に明示しないからである。ところが，代名詞「他」は使うことができない。

(9)′ *他　是　誰。
　　　 彼　だ　だれ
　　「*彼は誰だ。」

中国語の代名詞は値の決まっていない要素を指すことができず，メタ的要素を代用できない。さらに，(9)′の例でBは「李明」なる名前で自分の知っている人物を同定できなかったわけであるから，彼の知識内で「李明」には指示対象が与えられていない。そこで「他」は使えないのだと考えられる。

ところが日本語と違い，中国語では，Aのほうは「他」で「李明」を指して，この人物の説明をすることができる。

(10) 　他　是　新来的　　　徳语老师。　　你　不认识？
　　　　彼　だ　新しく来た　ドイツ語教師　君　知らない
　　　「?彼はこんど来たドイツ語の先生だよ。君知らなかった。」

Aは，李明を知っている。つまり，日本語と違い中国語の三人称代名詞「他」は，相手の知識状態に言及する事なく，自分の知識状態のみに基づいて使用条件が決められているのである。

したがって，Bの要素の定義の要求も，Aの定義も自分の知識の状態のみに基づいて形式がきまっているということができる。すなわち，ここでも日本語

と異なり，聞き手の知識状態は言語形式に影響を与えていないのである。

4. おわりに

対話的談話における融合型視点，対立型視点という区別が非常に広範囲な現象と関連を持っていることを見た。ここで問題となっているのは，聞き手の知識領域の役割である。対立的視点とは，話し手が聞き手の知識領域を認め，そこでの状態が自分の記述に影響を与えるという視点である。この対立型と融合型の視点のうちどちらを多く採用しているかで，言語が分類できることが分かった。

対立的視点は，聞き手の立場を考慮できるようになってからはじめて存在する。したがって，幼児の言語発達ではかなり遅くなってから出てくると考えられる。田窪(1987b)では，対立型の指示詞体系を持つ，韓国人の日本語学習者が，融合型のパターンに基づいた誤用を犯すという事実から，融合型が無標の値であり，言語データにより有標の値である対立型の視点が出てくるという仮説を提出した。つまり，学習者は，第二言語習得の際にいったんこの無標の型に戻ったために誤用を犯したと考える。対立型を加えるか否かは，つまり独立した聞き手の領域を認めるか否かは，パラメータをなし，このパラメータの値によって，言語が異なり得るという仮説である。

このように見ることによって，多くの互いに独立して考察されていた現象が少数の視点の取り方で関連付けられる可能性が出てくる。最終的には，統語論で成功を収めつつある原理とパラメータの理論の談話構造版の可能性が開けるわけである。

第4章

音声言語の言語学的モデルをめざして
―音声対話管理標識を中心に―

1. はじめに

　言語学の理論の基本的な対象は音声言語を中心とした言語能力であり，文字言語と対立した音声言語，あるいは，音声対話に関するモデルが別に存在するわけではない．工学的な文脈で言われる音声言語，音声対話に関する言語学的モデルは，言語学の立場では言語運用に関わるモデルとして考えるべきであろう．すなわち，実際の音声対話に特徴的に現れるさまざまな性質は，言語知識の運用に際してのさまざまな制約として特徴付けられると考えられている．実は，そのような運用の理論は言語学の分野では現在は存在しない．

　そこで，ここでは筆者が現在考えている音声対話の言語学的な運用モデルのあるべき姿を簡単に紹介し，それに関連して，音声による対話を言語学的に考える際どのような問題点があるか，また，そのような問題の解決にはどのような視点が必要かを示していく．

2. 音声言語の特徴

　音声言語を文字言語と比較した場合の特徴として次のものがよく挙げられる．

(i) 音調，抑揚，ポーズなどの音声言語に特有な表現手段

(ii) 終助詞，「ねえ」，「あのー」などの呼びかけ語，「はい」，「いいえ」のような応答詞など，対話相手がいてはじめて生じる表現

(iii) 言い間違い，不要な繰返し，「ええと，あの，ああ，うう」などの言

い淀み語，「東京でええ」などの言い淀みとしての引き延ばし

(i)は多くが言語のコードに関わる特徴で，特に対話や音声言語で問題にすべきものではない。実際に文字で書かれた文を解釈する場合には，特定の音調，抑揚，ポーズを心的に付与して解釈している。また，(i)については，既にさまざまな論考があり，本章のような解説で簡単に取り扱うことはできない。そこで本章では，(ii)，(iii)について考える。

(ii)に現れる要素は意味の構成に直接関与しないため，これまであまりその機能がはっきり捉えられておらず，(iii)の場合多くは無駄な要素として無視される。これらの要素は，対話における心的操作や制御に関わるものと考えると，その役割が具体的に理解できる。

音声言語では，書面語のように，視覚的な構造の表示の助けがとれない。また，対話参加者は，対話相手とのインタフェースの維持管理にかなりの記憶容量や計算リソースを割り当てないといけない。そこで，記憶や計算のための心的記憶バッファの管理を非常にうまくやらないと実時間的なコミュニケーション行動が成立しない。このため，自分のやっている処理をモニタする標識を付けたり，聞き手との情報の受渡しに関係する標識を音声的に付けたりすることで，記憶の負担を減らしたり，インタフェース管理を円滑化したりして，対話の処理を支援する必要がでてくると考えられる。

言い淀みや応答の表現は，音声対話の際，単語，句，節，文などの切れ目を示したり，談話の構造の表示を助けたり，知識の受渡しのためのキューの役割を果たしたりする。また，話者の行う演算や検索，編集操作などの心的操作の際に発せられて，その操作を支援する。これらは話し手にとっては自分の行う心的操作のモニタとして働き，聞き手に対しては，どのような操作をしているのかを相手に表示しておく対話者間のインタフェース（いわばマン・マンインタフェース）の役目を果たしているのである。

例えば，「ふうん，どうも田中君は来ないようだね」という文においては，「ふうん」，「どうも」，「ようだ」，「ね」は思考伝達内容の構成に関わるというよりは，話し手が行っている推論とか計算操作を反映しており，そのような心的操作をモニタする役目を果たしていると考えられる。「ふうん」は新規に得

た情報に基づいて推論し，結論に達したこと，「どうも」は複数の計算の結果が同じであること，「ようだ」は，証拠に基づく計算の答えを，「ね」は予想した答えと計算結果を合わせるために計算中であることを表す．このように，感動詞類，終助詞類，陳述副詞，接続副詞といった語類の機能を心的なデータ管理操作のモニタ標識と見ることにより，これらの言語形式を対話による記憶データベース更新の計算操作と関連させて位置付けることが可能になり，どのような機能を果たしているのかを明確にすることができる．

さらに，言い淀みや，言い間違い，不要な繰返しなども，言語運用の際の心的操作に際して，ある種の計算やプランの失敗と結びついているわけで，そのような心的操作の反映として働き，聞き手とのインタフェースとして機能していると見ることができる．

また，名詞類などの場合でも，さまざまな付加的要素を付けることでデータ管理に関する情報を表示することができる．例えば，「こ，そ，あ」などの指示詞類は，それが付いた要素が記憶データのどの位置にあるかを示す情報を持っていると見ることができるし（金水・田窪 1990，田窪 1989b），名詞に付く提題の「は」や「って」，形式名詞の「(の)こと」なども，情報の操作，記憶データへのアクセスの仕方の指示を内蔵した表現として解釈することができる（田窪 1989a）．

これらの標識のうち，感動詞類，応答詞類に代表される音声対話管理標識類とポーズ，文末，文節末のイントネーションを含む，発話の他の要素との関連を観察し，音声対話の言語学運用モデルの構成のためになにが必要かを見てみる．

3. 心的操作モニタ機構としての感動詞類

3.1 運用モデルとしての音声対話管理システム

チョムスキーの生成文法に代表される言語学的モデルは，普通，言語能力のモデルであり，記憶や注意力に制約されない計算のシステムをモデル化する．しかし，実際の言語運用は，生理的，心理的，文脈的な制約を受けたものであり，言語現象としては，このような制約を受けたものしか存在しない．言語能

力として構成されたモデルが，記憶の制限とか注意力の制約を受けた場合の運用システムの中でどのように機能するかに関しては，文解析に関する研究があるのみで，言語学的な文産出のモデルは多くない。(文産出の言語学的モデルの現状については寺尾 (1992) が非常に分かりやすい。そこでは，日本語の言い誤り，不要な繰返しなどが文産出のモデルの観点から考察されている。)

　ここでは，将来の言語運用モデルの構築の準備的な段階として，ある種の記憶モデルを想定し，産出も含めた言語運用の単純化したモデルを構成し，その問題点の洗い出しを試みる。

　我々は対話を共有知識や共通の前提に基づいて実時間的に行うことができる。これは対話参加者が共通の経験を記憶のどこかに待避しておき，対話に際してそれを活性化し，適当なポインタにより共通の記憶や知識にアクセスできるからである。もしこのような装置がなく，対話毎に知識の共有性や相互性を計算するとすると，実時間的な対話は不可能になる (Clark and Marshall 1994)。次に，知識の計算をする際に知識そのものを対象にする演算を想定すると，それらを格納するメモリは非常に大きなものとなるし，部分的な演算結果を記憶に保持する必要性などを勘案すると，知識そのものを計算したのでは実時間的な対話は困難になる。さらに，我々は，対象は同定できているのに言語表現にアクセスできない場合や，反対に，言語表現は扱えるのに具体的な意味内容，詳しい情報などは理解せずに表現ができる場合がある。つまり，言語表現とその内容は別に格納されており，しかも内容面に関してはさまざまな深さのアクセスが可能である。

　以上のようなことを考慮に入れると，言語運用の基本的なモデルとして，次のような単純化したモデルが考えられる (田窪 1989a)。

　まず，対話の際対話参加者は長期知識の一部を活性化させ，対話者や対話の目的に特化した作業データベースを作成すると考える。対話に際しては，このデータベースから対話内容を構成するのだが，その際データファイルにポインタを付け，作業バッファにこのポインタを転送する。この作業バッファは，基本的にはメンタルスペース的構成物で，要素と関係からなる増加可能集合であるとする (Fauconnier 1994)。メンタルスペースと異なり，作業記憶としてそ

の容量の制約を受けると想定する．場合に応じて作業バッファ自体を要素とし，そのバッファのポインタを別のバッファに一時的に格納することができると想定しておく[1]．

ここで想定されているモデルでは，言語表現は記憶内容や知識そのものを直接指示するのではなく，記憶や知識内容へのインデクスを操作するものであると考える．つまり，言語表現はある種のファイルの名前のようなものを操作し，そのファイルの内容が知識データとつながっていると考えるのである(金水・田窪 1992)．

文産出に際しては，このバッファの内容を言語学的制約に基づき言語化していくと考える．文理解の場合，解析された言語表現は作業バッファを通る際，文構造がなくなり，知識表現に落ちてデータベースに格納される．

この際，指示の同定，述語付けなどの，対話の内容の構成そのものに関わる操作だけでなく，情報の入出力制御，操作の制御，命題内容構成の制御に関わる心的操作が行われると考えられる．このような操作は，原則として心的なもので外部には出ないが，一部は音声言語として現れる．

本章では感動詞や応答詞をそのような対話処理操作の心的モニタとして見ることによりこれらの形式の機能を解明できるのではないか，さらには，このような形式の研究を通じて文産出や文解析に関わる心的操作の性質が一部つかめるのではないかと主張したい．

3.2 対話処理操作の心的モニタとしての感動詞，応答詞

感動詞や応答詞類は，これまで，その機能がはっきりしなかったが，インタフェースレベルや知識ベースにおける検索や登録，演算に関する心的モニタと考えることによってその機能を捉え直すことができる．

口頭語では「え，あ，へえ，ふうん，ああ，ま，あの，ええと，その」と

---

[1] このような計算機のアナロジーに関しては金水・田窪(1992)参照．また，このようなアナロジーが心理学的にそれほど不自然でないことに関してはLoftus and Loftus(1976)参照．このモデルは基本的には，フレームを使ったものと同じようなものであるが，記憶階層とフレームの関係に関しては田中(1992)を参照．

いった類のことばを多く使用する。これらはほとんど無意識で反射的な音声単位であり，日本語処理では雑音として無視するのが普通である。しかし，まったく無意味ではない証拠に，それぞれの音形式の使用には多くの制約があり，自由に交換して使えるわけではない。また，実際問題，我々はこれらの形式を聞いただけで，相手の心的態度，対話の方向，理解の程度など多くの情報を得ることができる。これらの語類は，自然で自発的な対話には必ず出てくるものであるが，具体的にはどのような機能を果たしているかに関しては，これまであまり研究がない。

　これらの音形式は，外部からの言語的・非言語的入力があったときの話し手の内部情報処理状態の現れと考えるとその機能を捉えることができる。対話の際，新規の入力があれば，対話者は，この入力に対応して特定の心的情報処理状態へ移行する。これらの形式は，それぞれの心的処理状態に対応したフラグのような役目を果たす。つまり，知識ベースへの書き込み操作や，そこからの推論操作，表現やデータの検索操作などをする際に自分の操作を制御しモニタするためのマークである。もちろん対話相手がいなければこれらの多くは音声化される必要はない。これらを音声言語にして発するのは相手に自分の内部処理状態を知らせて，いわばマン・マンインタフェースの役目を果たさせているのである。聞き手からすればこれらを聞くことにより相手の処理状態の内容を察知することができ，どのような反応がかえってくるか，その大体の方向性を具体的な内容を持つ発話がなされる前に察知することができる。Clark (1993)は，英語のある種の言い淀み表現が，話し手が予測した delivery の困難さを聞き手に前もって知らせる役目を果たすとしている。例えば，uh と um という言い淀み表現は，delivery が理想よりも遅れることをその長さとともに予告するという機能を果たすという(um のほうが uh より長い遅れがあることを示す)。本章の考え方では，この言い淀み形式の本来の機能は，話し手が自分の心的計算上の困難をモニタしながら音形式で表現するというものと考えられる。その聞き手に対する効果は，話し手の心的操作が音声形式として聞き手に示されたことから生じると考えるのである。聞き手のほうは，自分でも長く躊躇するときは um を短い躊躇のときは uh で表すわけで，それを話し手

がしていれば，相手の心的状態が分かる．

　また発話全体の言語行為の種類はその処理の種類により制限されるのであるから，もし，これらの感動詞の使用に関する精密な記述が得られれば，それだけで，ある程度次に続く文の表現類型が決定できる可能性がある．さらに，検索とか推論といった言語運用に関わる心的過程自体は，外からは見えないのであるから，これらの形式が，それらの心的過程の反映物であるとすると，その研究を通じて心的過程の解明に迫ることができる．

　以下でこのような感動詞，応答詞の使用法の簡単な分類を試みる．

3.3　主な感動詞類，応答詞類の使用法

　叫び声，うめき声，咳など，非随意的に発せられる非言語的音声が，言語記号となり，言語間の差異をほとんど持たない生理的な発声であるのに対し，感動詞類，応答詞類(特に，普通の語彙から転用した「あの」とか「さて」のようなものでなく，「ええ」とか「ううん」とかいう非語彙的なもの)はいわゆる恣意性を持つ言語記号と生理的発声との中間に位置する．同様な性質を持つ語類として擬音語・擬態語の類があり，感動詞類，応答詞類とこれらはその構成においてあい通じるものがある．

　実際には，感動詞，応答詞はそれぞれが単語として単独に存在するわけではない．擬音語・擬態語の類は「ふわり，ふわふわ，ふんわり」，「ぱたり，ぱたぱた，ぱったり，ばたり，ばたばた，ばったり」のように，基本形態に「り」を付けたり，「ん」，「っ」，「音声化」のようなオノマトペ標識という形式によるモジュレーションにより系列的な体系をなす(田守1991)．同じように，感動詞，応答詞もある種の子音母音の組み合わせからなるメタ形態として存在し，音調，特殊拍などが組み合わさって具体的な単位となり，特定の心的処理状態に対応していると見ることができる．例えば，「え，えっ，ええ，えええ，へ，へっ，へえ，へええ」は，基本的には一つの応答詞の形を変えた別の現れとして扱うことも可能である．つまり「え」という基本的な音形式に「始まり部分の母音の無声化―H化」，「母音の引き延ばし―長音化」，「単語の終わりでの声門閉鎖―促音化」，「上がり調子，下がり調子などの音調の変化―音

調変化」などのモジュレーションを付けたものと考えることができる。これらの「H化，長音化，促音化，音調変化」はそれぞれ独立した心的機能に対応し，感動詞標識とでもいえる役割を果たす。ここでは，これらの音の変化は，分節音(segmentals)に対するモジュレーション，つまり，超分節的要素(suprasegmentals)である。感動詞，応答詞類は，いわば超分節音による心的状態の表現であり，分節音は超分節的要素を担うために存在していると考えてもよいかもしれない。このため音調の異なる方言では対応した差が現れる場合もある(Fauconnier 1994)。

以下，主な応答詞，感動詞類を便宜上「入出力制御系」(ほぼ応答詞に相当)と「言い淀み系」(感動詞に相当)に分けて用法を見てみよう(以上の分類については森山 1989 参照)。

3.3.1 入出力制御系

便宜上以下の五つに分ける。これらは網羅的なものではないし，分類のために付けた名称もそれほど深く考察したものでもない。

  応答系： ああ，はい，はあ，ええ，うん，んん，ふん
       （下降イントネーション）
  問い返し系：は，はあ，え，ええ，へえ，ふん(上昇イントネーション)
  登録失敗： あっ，えっ，はっ，ふんっ
  評価中： ううん(高平長)
  入力終了： ふうん，へええ，ええ(低平長)

ここでは表記の簡便化のため，音声記号を用いず，ひらがなで表す。「う」は有声，「ふ」は無声の両唇鼻音を表す。「っ」は声門閉鎖，あるいは，声の急速な停止を表す。母音はすべて鼻音化された変異形を持つ。(　)内は通常使われる音調である。

これらの音形式は，原則的にそれだけで独立文をなし，情報の入出力に関係すると見なしてよい。文頭に現れる「はい，ええ」は，相手の発話を入力したアクノレッジメントの標識であり，文末に現れる「はい，ええ」は，相手に対して出力したことのアクノレッジメントの標識である。さらに上昇イントネー

ションで発せられれば入力に失敗したこと,「えっ」のように声門閉鎖を伴って母音を急激に止めれば,入力は成功し作業バッファにポインタを形成したが,データベースに登録する際のアドレスを付けそこなった,あるいは,データベースの要素にリンクできなかったことを示す標識となる。高平調で母音を伸ばせば入力に成功しデータベースの登録もすんで出力のための評価に時間がかかっていることを表す。低音調で母音を長く伸ばせば,入力データベースの登録も成功し,それに基づく出力のモードに入ることを示す標識となる。

　これらの系列は,すべて入出力の制御に関わる操作に伴って発せられるといえるであろう。つまり,言語表現と作業バッファ,作業バッファとデータベースとの間での文以上の単位の入出力の制御をモニタする標識と考えるとその機能がよく分かる。その証拠として,これらが文の音調と共通の性質を持つことが挙げられるであろう。いわば,応答詞として使われるこれらの形式は,一つの独立した文であり,しかも次の文の先触れ的な役割を果たすのである。

3.3.2　言い淀み系

　言い淀み系は,非語彙的なものと語彙的なものに分ける。

非語彙的形式：え,ええ,

単語末母音の長音化語彙的形式：

　　内容計算：　　ええ(っ)と,ううんと

　　形式検索：　　あの(ー),その(ー),この(ー)

　　評価：　　　　ま(あ),なんというか,なんか,やっぱり

　言い淀み形式は,基本的には出力の際の操作に関係しており,句あるいはそれより小さい単位の制御に関係する要素と見なすことができる。音調も句末の音調を取り,文末音調はとらない。主として検索,演算,編集に関しての作業バッファの管理に関わる心的操作のモニタ標識と特徴付けられる。

　語彙的形式は,他の有意味な語彙形式から感動詞的用法を生じたもの,あるいは感動詞に句のマークを付けて副詞にしたものである。これらは,例えば「ね,さ,よ,ですね,ですよ」のような間投助詞類を後に続けることができることで分かるように,句(あるいは文節)的な単位をなすと見なせる。非語彙

的な形式は，これらの間投助詞を付けられないことから，これより多少小さい単位であると考えられる。

　これらは，文頭，談話初頭での言い淀みを表す場合と句間での言い淀みを表す場合とがある。母音の長音化は当然句末にしか現れない。また，評価の要素は原則として文頭，談話初頭には現れない。現れた場合は唐突な印象を与える。これは，これらが先行する対話の要素とのスムーズなつながりを評価する際の標識であるからであると考えることができる（定延・田窪 1992）。

　文の出力に際して，作業バッファは容量が制約されている。したがって，言語表現への出力は呼吸，作業バッファの大きさによる制限を受ける。句間のポーズ，言い淀み，間投助詞はこのような制限を与えられた情報処理の単位毎に現れ，その制御に関わると考えられる。つまり，場つなぎ的な語 (filler) である。従来は，その場つなぎ的な役割，あるいは，その拡張としての「発話権保持」的機能のみから記述されてきた (Brown 1977)。しかし，これらは互いに交換可能というわけではなく，それぞれに対応する心的操作は異なると考えられる。

　例えば，「ええと」，「あのー」は場つなぎ語であり，話し手が自分のデータベースで検索や演算を行う間，いわばつなぎ的に発話される談話標識とされる。「ただ今検索・演算中」という心的状態にあることを示すわけである。そこで，この標識を自分へのモニタとして使用するだけではなく，聞き手に対して「有意味な発話にはもうしばらくかかるのでそれまで待機してくれ」との指示として利用することもできる。この場合はまだ発話の権利を保持させてほしいと相手に示しているともいえる。

　しかし，より細かく見ると「ええと」と「あのー」には次のような違いがある。「ええと」は基本的には，話し手が知識の検索あるいは知識を用いた演算に入るとき，あるいは，既に入っているときに用いられる。つまり，演算領域を確保するために集中したり，聞き手とのインタフェースを一時的に断絶する際に用いられる。これに対して，「あのー」は，基本的には話し手が聞き手に向けての適切な表現形式（モノの名前なども含む）の検索／作成に入っているときに用いられる。したがって聞き手を必ず予定し独り言には現れない（この意

味で聞き手とのインタフェースの断絶は不完全ということもできる)。

　ただし，聞き手へのさまざまな配慮や話し手の知識状態や心的状態の演出が「ええと」「あのー」の発話を動機付けることもあり，その際話し手は必ずしも上述の検索や演算を行っていない。そうした配慮や演出の原理は上述した「ええと」「あのー」各々の基本的用法から自然に導くことができる(定延・田窪 1992)。

　また独り言に出る副詞の「まあ」と異なり，場つなぎ語としての「まあ」は，対話あるいは講演のような，聞き手が前提とされる場面でしか用いられない。「まあ」も「あの」と同じく，聞き手に対して理想的な言語運用を行おうとするためのある種の編集作業に関わっていると考えられるが，「あの」と異なり，談話初頭には出ない。

　この他にも多くの感動詞，応答詞が存在する。日本語母語話者であれば，これらの形式とその音調を聞くだけで自分の言ったことがどのように処理されたか，あるいは処理されなかったか，さらに発話内行為まで含めてどのような応答が続くかまで，かなりの精度を予測することができる。

　これらの形式を適当な音調で発し，それに続くことのできる文を選ばせる課題を与えれば，非常に高い確率で選択をすることが可能であることが分かっている(犬飼 1992)。

4. 将来の展望

　言い淀み，繰り返し，引き延ばしなどは，普通，発話の際の言語化作業の失敗の結果として意図に反して生じる。そのためこれまでの言語処理では雑音あるいは無意味要素として無視されてきた。しかし，これらの要素もそれが生じる位置とその種類を考察することにより，話し手の行っている処理の単位とその種類の特定化に利用することができる。この作業は，音声の単位としては既に試みがあるが，意味，統語構造の面からの研究は進んでいない。このような研究の方向としてどのようなものが考えられるか簡単に見てみよう。

　感動詞類は，句の境界に現れるが他の句境界を示す要素(＝ポーズや文節末母音の長音化)と異なり，その形式の多様性を処理の種類と対応させてモニタの役目をよりきめ細かいものとすることができる。同じく感動詞に分類され

る要素でも,「ね,さ,よ」のように句末をマークするもの(間投助詞)と「あの,その,この」のように句頭をマークするものとではその機能は異なる。さらに,「ま」のように句末感動詞と句頭感動詞の間に位置するものや言い淀むときに発せられる「ええ」のように,どの位置でも現れるフィラー的役目のものまで機能分化がある。これらは,それぞれ対応する処理が異なると見なせる。このような要素の精密な研究をすることで句の境界の種類をその処理の単位に対応させて細分化することが可能になる。例えば,予備的な観察では「長音化,え,ええ,ま,ね,あの,ええと」では,この順に付く句の単位が大きくなるようである。もし,この観察が正しければ,対応する処理単位の実在性,特に,産出に関してなんらかの知見が得られることが期待される。また,この順に処理操作の具体性が増すと考えられるため,特に教示なしでこれらを含む文の書き取りをした場合,この順に書き落とすことが予測される。

　これらはそれ自身では情報内容を構成するものではないが,情報の発出,受け入れに関する話者の処理状態や処理過程の登録管理に関わるものであり,間接的に文形式を規定する。例えば,感動詞類や応答詞類を適当なイントネーションで発すれば,次にくる発話はかなりの程度予測ができてしまう。聞き手はこれらの要素を聞いてパージングのための構造の候補や発話行為の割当辞書の調整をほとんど終えて,自分の予測が当たるかはずれるかを待っていればいいのである。したがって,これらの要素を観察することで文処理にどのような操作が関わっているかを見ることも可能になるのである。

　感動詞,応答詞といった音声対話管理標識とポーズ,文末,文節末のイントネーションなどの要素を研究することで,音声言語処理において人間の行う高速な構文解析,意図計算,語義の選択がどのようにして可能かに関して一つの示唆が得られると考えられる。

付　記

　本章は金水敏氏,定延利之氏との共同研究に基づいている。この研究は1994年度文部省重点領域研究「音声言語による対話過程のモデル化に関する研究」(代表　白井克彦)の成果の一部である。

第5章
感動詞の言語学的位置づけ

1. 感動詞とは

　昔韓国で日本語を教えていたころ，親しくさせていただいていた韓国人女性の日本語教授がいた。とても上品で美しい日本語を話され，何時間話してもまったく乱れることがない。我々など及びもつかない非のうちどころない日本語で，いわゆる解放以前に母語として日本語を身に付けたのかとずっと思っていた。ところが彼女の研究室で日本語で話しているときに，電話がかかってきた。そのときとっさに彼女が使った韓国語は，それまでの完璧な日本語の流暢さとは違って，言い淀み，言い直し，などに満ち溢れたもので，しかもいかにも自然であった。つまり，彼女が使った日本語はどんなにうまくても前もって整理された言語で，母語である韓国語で話すときのようにその場で構成したものではなかったということであろうか。母語による自然な発話では言い間違いや間投詞的な言い淀みが入る。よほど訓練をつまない限りこれらをいれずに話すことはできない。これらの言い間違いの仕方，間投詞的な言い淀みは，それぞれの言語や方言に特徴的なもので，非常に幼いころに身についてしまうようである。どのように発音などを自然にしても外国人であることが分かるのは，一部はこのような言い淀み方の不自然さと関係している。

　「あの」「ええと」など間投詞的に生じる語類は，このような言い淀みの代表的なものである。さらに，「はい」「さあ」など，発話初頭に現れ，応答に使われる語類は，応答詞などと呼ばれて，独立語として文法項目として取り扱われることもある。しかし，基本的には，「はあ，へえ，ええ，うん，ううん」など，実際に発音される語類は，日本語の分節音に使われない音をもって発音さ

れる場合も多く，特に辞書的な意味を与えて文法的に取り扱うべきものではないのかもしれない。このような間投詞，応答詞を合わせて感動詞と呼ぶことがある。本章ではこのような感動詞，応答詞・間投詞と呼ばれる語類の性質を扱う。

2. 感動詞は言語記号か

　感動詞，応答詞・間投詞を言語学的に扱う場合，まずそもそもそれがはたして言語記号であるのかという問題がまず問われなければならない。言語学の入門書では人間の言語の特徴を人間言語の設計特徴という術語で表し，動物のコミュニケーションとの差をいうことがある。このうちの重要な特徴である言語記号の恣意性，転移性を感動詞・応答詞は持っていない。となれば，感動詞，応答詞・間投詞は少なくとも典型的な言語記号ではないことになる。感動詞類の中でも言い淀みとかフィラー (filler) と呼ばれる場つなぎ語に関してはそもそも特定の意味を持たないとする立場も多い。言語記号でないものを言語学で扱うことにどのような意味があるのであろうか。

　言語表現でなく，それ自体では意味がないものでも特定の文脈で発するだけで意味を生じる場合がある。例えば，クラクションを例にとってみよう。クラクションは，教習所でならう交通規則では，見通しの悪い坂道や曲がり角で「くるまが通るので気をつけて」という意味で使うことになっているが，実際には他にも「こっちが先に通るのですこし待て」，「まってくれてありがとう」，はては「馬鹿やろう。気をつけろ」などさまざまな意味で使われているようである。クラクションを鳴らすことである意味が発生するのは文脈によるので，クラクション自体に意味があるわけではない。文脈が発生すべき意味を特定化し，クラクションが最後に付け加わることではじめて受け手に意味や意図が伝わる。

　咳，あくび，ため息，などの非言語的音声によって受け取られる「意味」もクラクションと似て，それ自体に「意味」があるのではなく，それが発せられた場面で臨時的に作られる情報である。あくび，ため息など声として発生するさまざまな音声はそれぞれ異なった生理的，心理的な状態と結びついており，

話し手がこれらを発した場合，聞き手はそれと結びついた生理的，心理的状態を知ることができる。クラクションと違ってこれらは本来意図的に発声されるものではないが，咳払いのように話し手はこれらを意図的に発することにより，自分の生理的，心理的状態を相手に知らせることができる。

本章の感動詞類の特徴付けも咳払いに似たものである。感動詞類は本来意味を持たず，心的情報処理の際に非意図的に生じるいわば音声的身振りのようなものとみることが可能である。しかし，それらをある程度意図的に発すること，自分の心的処理状態を相手に知らせることで意味が生じると考えるのである。

3. 感動詞の種類

感動詞には，語彙項目として統語的，意味的な特徴付けを持つものが転用されて使われていると見られる語彙的感動詞と，言い淀み的な発声と見なせるものがある。前者としては「あの，その，この」「あれ，あら」「その，それ，そら」，「どれ，どら」などのコソアド系列，「なんて，ていうか」「ま，まあ」などのいわゆるぼかしの表現からきたもの，さらには「ほんと」「も，もう」などの強調の表現，「やっぱり」などを挙げることができるだろう。これらは本来指示語，副詞などの特定の意味や文法的性質を持っていたものが意味を失って生じたものである。

語彙的な感動詞類がもとの語からどのような過程で感動詞的用法を生じさせたかに関してはさまざまな研究がなされているが，決定的なものは少ない。例えば，「あの」「あのー」は，話し手が適切な表現形式を検索・検討をしているときに発せられる音声形式である。見知らぬ人などにものを尋ねるときにも「あのー」と呼びかけることができるが，それは自分が話し方の検討をしているという状態であることを相手に見せているのだと解釈することが可能であろう（定延・田窪 1995；田窪 1995）。しかし，この「表現形式の検索・検討」と指示詞のア系列の意味との関係は自明でない。ア系列は過去の直接的な経験に言及するので，記憶の探索と関係するとすれば一応の説明ができそうな気もするが，ことはそう簡単ではない。韓国語では現場に存在しない事物は ku とい

うソ系列の指示詞を使うため，過去の事物を指すにはこの指示詞が使われる。日本語で記憶探索に当たるア系列の用法は韓国語の指示詞では ku の系列が対応する。この指示詞も言い淀みに使われることもあるが，見知らぬ相手にものを尋ねる際にはア系列の指示詞である ce の母音を伸ばしたもの cee を使う。指示詞の ce は記憶の探索には使えず，現場の要素の遠称に用法が限られる。となると，韓国語では「記憶の探索」と「表現形式の検索・検討」とは結びつかないことになる。また中国語では，遠称の指示詞 na (ge) や近称の zhe (ge) を言い淀みに使うが，話しかけの際には使えないだろう。英語の that は，言い淀みにも話しかけにも使えない。というわけで，「あのー」の感動詞用法が指示詞の用法からどのような過程で発生したのかは，簡単には分からないということになる。

　さて，感動詞にはこのような語彙的な要素から転用したもの以外に，「ああ」「ええ」「うう」とかの言い淀み的な発声からきた非語彙的な感動詞類がある。叫び声，うめき声，咳などが，言語記号と異なり言語間の差異をほとんど持たない生理的な発声であるのに対し，非語彙的な感動詞類は，いわゆる恣意性を持つ言語記号と生理的発声との中間に位置する。同様な性質を持つ語類として，擬音語・擬態語の類があり，感動詞類とこれらはその構成においてあい通じるものがある。

　非語彙的な感動詞はそれぞれが単語として単独に存在するわけではない。それぞれの非語彙的感動詞はある種の子音，母音の組み合わせからなるメタ形態として存在し，音調，特殊拍の使い方などが組み合わさって具体的な単位となり，特定の心的処理状態に対応していると見ることができる。例えば，「え，えっ，ええ，えええ，へ，へっ，へえ，へええ」は基本的には一つの感動詞の形を変えた別の現れとして扱うことも可能である。つまり，「え」という基本的な音形式に，「始まり部分の母音の無声化——H 化」，「母音の引き延ばし——長音化」，「音節末の促音」というバリエーションが加わっている。さらに，「ふん」「ふうん」「ふううん」などでは，促音の代わりに撥音が加わっている。「母音の H 化，長音化，促音化，撥音化，音調」は，それぞれ独立した心的機能に対応し，感動詞標識とでもいえる役割を果たす。これらの正確な音声的記

述はそれほど進んでいるわけではない．例えば，「ふ」で書かれる感動詞「ふうん」の初頭子音は m の無声音で発音される場合が多い．その場合「ふうん」は，実際には唇を一度も開かずに発音されることもある．「ふううん」の最初の部分に現れる無声音は日本語の分節音としては普通使われないものであり，その意味でこれは日本語では通常の言語音ではないことになる．

　このような非語彙的な感動詞は句や文の音調を担う役割を果たしているのではないかと考えられる．例えば，「へっ」のような感動詞は，唇を閉じたまま「m の無声音 + m + 声門閉鎖」で発音してもほぼ同じ機能を果たす．自然対話で実際の発音バリエーションを数え上げればかなりの数になるであろう．話し言葉を写す際に書き言葉で用いられる「はい」「いいえ」「ええ」などは，これらの感動詞類のバリエーションの一部が規範化し，それがまた規範化した形で話し言葉にはいってきたのではないかとさえ思えるのである．

4．感動詞と心的情報処理

　定延・田窪(1995)，田窪(1995)では，感動詞類を心的操作に関わる心的モニター標識として捉えた．これは，言語表現による情報操作を記憶データベースに関する検索，登録，演算に関わる心的操作として捉える立場に基づいている．いわば，心的情報処理操作が音声的の身振りとして外部に反映したものと見る見方である．身振りは空間，方向に関わる心的操作が外的に動作として出たものであるが，感動詞，間投詞は統語操作や記憶データベース処理に関わる心的操作が外的に音声として出たものと考えるわけである．

　田窪(1995)では感動詞類を「入出力制御系」と「言い淀み系」に分けた．前者は応答詞，後者は間投詞に当たるであろうか．入出力制御系という用語は感動詞類を基本的に対話相手が言った内容を自分がどのように処理したかを示すものとして捉えたものである．

　下降調の「はい」「はあ」「ええ」などは入出力の標識で文の前に現れれば相手の言ったことを受理したことの標識を，文の後に現れれば自分の言うことを出力したことの標識を示す．これが応答の標識として承諾の意味になるのは，その機能の一つの現れにすぎない．例えば，「はい」は相手の発言をやめさせる

場合にもしばしば使われる。つまり，聞き終わったことの標識として機能しているわけである。

　上昇調でこれらを発音すれば，受理に失敗したことを表す。また，「はっ」「えっ」など促音を付けると受理には成功したがデータベースにリンクし処理できなかったことを表す。要するに音声的には聞き取れたが理解できなかったり，意図が理解できない場合であろうか。これが「ええっ」となると，さらに自分のデータベースへの繰り入れが困難であること，例えば聞いたことが信じがたいことを表す。

　このように記憶データベースへの入出力として感動詞を捉えることで，心的な情報処理操作がいわば音声的身振りとして外部に現れたものとして入出力系感動詞を捉えることが可能になる。

　これらの入出力系の感動詞は一語文とでもすることができるであろう。イントネーションは，文のそれであり，例えば書写する場合は，句点「。」で示す。先に述べたように，実際の対話録音などを観察すると，これらは日本語の音素目録にない音声で発せられる場合がある。これらの感動詞類は分節音の連続それ自体に意味があるというよりも上昇，下降，上昇下降，高平調，低平調などの文のイントネーションを支えるものではないかと思われるのである。これらの感動詞系列の特徴はそれが文と似た性質を持ち，次に続く文の発話行為，あるいは，心的情報処理の前触れとして，機能しているのではないかと思われる。

　今一つの分類は，言い淀み系であるが，これは間投詞に相当し，最近はフィラー(filler)とも呼ばれる。言い淀み系は，出力と関係しており，句や分節という単位と相関している。イントネーションも句，分節のイントネーションと関係している。文節末の母音の長音化，「え」「ええ」「ま」「あの」「ええと」「なんか」「も，もう」などがこれに当たる。言い淀み系は，検索，演算，編集などに関する作業バッファの管理に関する心的モニターとして捉えられ，作業記憶の性質と関係しているであろう。これらは発話権の保持に使われるとよく言われるが，講演，スピーチ，答弁など，相手による割り込みがなく，特に発話権の保持が必要ない場合にも多用される。講演やスピーチなど，緊張したり，国会

の答弁などのように言質をとられないように，自分の言語活動を意識したりして，モニタしながら話すとき生じやすいようである。例えば，昔私の学生が調べたある教育番組の講師は25分ほどの授業で200回以上「ま」という言い淀みを発した。この講師とは何年か前に直接お話をする機会があったが，そのときは1時間の間に3回ほどしか「ま」を発しなかった。これはその場がより対話的で，よりリラックスできる場であったからであると推察される。この教育番組の別の時間の講師は，「ま」をほとんど使わず，「ええ」や文節末の母音の長音化を多用していた。これらのフィラーは前もって準備した内容を話したりする場合に多く現れる。「ま」と「ええ」は息継ぎに近い言い淀みであり，特に機能が分化しているともいえないようなものである。ただ，単なる癖ともいえないようで，「ま」を多用する話者は明らかに，「ええ」や文節末母音の長音化を多用する話者より早口であった。これはこれらの話者の「ま」と「ええ」の長さの差と並行しているかもしれない。そうだとすると，発話処理の速さと相関している可能性があるだろう。

　言い淀みでも関係する心的情報処理があきらかに異なる場合もある。定延・田窪(1995)では「あの」と「ええと」に関して，前者が「適切な言語表現の検討」に関わり，後者が「表現内容の検討」に関わることを示した。同様に，「さあ」や，「なんか」などが関わる処理に関しても詳しい記述をすることが可能であろう。しかし，これらはあくまで言語記号処理に関わる作業記憶処理に関わるもので，記号作成そのものに関わるものではない。その意味で，これらの語類は「意味」を持っているとはいえない。

5．おわりに

　以上，感動詞(応答詞・間投詞)に関して述べてきたが，感動詞が言語構造の中でどのように位置付けられるかに関しての研究はまだ始まったばかりであるといえよう。感動詞に言語差があることは確かであるが，その差がどのように特徴付けられるかも明らかではない。おそらくは，こどものときに母語のリズムを学ぶときに同時に習得するような種類のものと考えられ，乳幼児の言語発達を感動詞の発達を中心に見るという研究が必要となると思われる。さらに，

言語運用に際しての感動詞の役割に関する研究もまだこれからであると思われる。ポーズ，言い淀みなどは文のプランニングと関係があり，したがって，発話解析の際にもその情報が使われていると考えられる。実時間に解析ができるためには，聞き手は話し手と同調ができていなければならない。実時間で解析ができるためには，相手の言うことが予測できて，先読みが可能でなければならないからである。感動詞はそのような先読みに対する情報を与えてくれると考えられるが，まだ，このような観点からの研究は始まったばかりである。

　本章では感動詞を心的情報処理機構と関連させて論じた。今のところ感動詞を脳機能と関連させた研究はそれほどないようであるが，将来的には調べてみる価値はあるであろう。

　定延(2005)は，このような感動詞や間投詞的言い淀みだけでなく，「ど，ど，どくろ仮面」のようなつっかえ，「やーだよ」や恋人にささやくときの「ひーみーつ」などのアクセントを変えるようなイントネーション，りきみ，空気すすりといったさまざまな音声現象の持つ機能を考察している注目すべき研究である。感動詞の機能に関しては定延のように，感動詞に限らず，非言語的音声の機能を総合的に考察することが必要であろう。

第三部　推論と知識

第三部　解　説

　第三部は第二部でおこなった談話管理的な考察を名詞句に関係する現象で見たものである。ここでは，談話管理理論の中心的な装置である D- 領域（Direct, Deictic）と I- 領域（Indirect, Intensional）の区別に至る初期の考察が入っている。

　第1章は，主として「彼」の解釈について考察したものである。「彼」は西欧語の三人称単数男性の訳語として使われ，それが言文一致の小説などに使用されることで日本語の中に入ってきたものである。もともとはアレと同じく遠称のカ系列の指示詞であるから，共有知識（あるいは談話管理理論的にいえば話し手の持つ直接経験知識）を指示するものであった。これがある時期に he などの人称代名詞の訳語として使われることで，用法を変化させ，いったん話の中に導入すればそれまで聞き手が知らなかった対象でも指すことができるようになった。しかし，それでも話し手が知らない対象は「彼」では指すことができず，数量詞を「彼」が先行詞にできないのはそのためであるというのが主張である。この論文でも述べられているように「彼」は定記述を受けることができ，いわゆる E- タイプの代名詞と同じ振る舞いをすることができる。Hoji et al.（2001）でも示したように，このため特定の構造環境である種の数量名詞を受けることが可能である。

　ここでは日本語の談話の構造について中国語と英語との比較がされているが，およそ言語学的な証拠で示すことができない主張であるといわざるを得ない。単に傾向を示したものと理解していただきたい。

　第2章は指示詞，「行く / 来る」，「やる / くれる」，「敬語」を英語，中国

語，朝鮮語で比較し，これらの言語で話し手，聞き手の領域がどのように構成されているかを見たものである。ここでは対立的視点と融合的視点という話し手が聞き手を対立的な相手とみなしているのか自分と同じ視点をとる融合的な相手をしてみなしているかという区別と，それに加えて独立的視点という話し手が聞き手を意識せずに自分の視点だけをとるものの三つにわけ，そのどれをとるかによって言語表現の選び方が異なること，言語によってどちらをとりやすいかを見たものである。

　第3章では，対象を直接的に知っているか否かが，どの名詞句を使えるかの選択に影響を与えることを述べ，これを「名詞句のモダリティ」と呼んだ。固有名詞が引用形を伴わず使われるとき，日本語では話し手が聞き手と共有の知識として理解している対象を指す。もし，ある人物が聞き手との共通の知人でないときは，引用形を付けて普通名詞に転換して導入し，その談話の最中は引用形を外すことはできない。また，話し手が相手の導入した人物を知らない，あるいは同定できない場合，話し手は相手に対しその人物の名前に定義を表す「って」「とは」「というの」などを付けて定義を要求する。これを名詞句のメタ用法と呼んだ。他の言語と違い日本語では，この状況ではこのメタ用法の使用が義務的であるといえる。この論文ではこの考察を拡張して，引用形式を持たない固有名詞は話し手の直接経験の要素を指すか話し手と聞き手の共有直接経験を指すかであるとしている。聞き手の領域に言及しているが直接経験に言及しているため，実際には無限遡及の問題は生じないといえる。

　第4章は呼びかけと人称にかかわる現象を扱っている。日本語は英語のような人称代名詞を持たない。一人称，二人称を表す表現は英語と異なり，閉じた語類ではなく，開いた語類である。また，二人称を表す「お前，あなた，君」は使用が限られており，目上の人や親しくない人には使えない。そのような場合は親族名称や社会タイトルが使われる。親族名称は「お父さん」のように，聞き手，話し手，第三人称で使うことができる。この現象のうち，このような定名詞が二人称を表すのに使えるのは，それが呼びかけと同じ対象を指示しているからで，一人称を表すのに使えるのはいわゆる保護者的な視点をとるからであると主張したものである。後者はそれほど目新しい主張ではなく，鈴木

(1973)以来の観察をすこし整理したものである。

　第5章は，日本語指示詞の考察である。この章のもととなっている論文は南カリフォルニア大学傍士元，九州大学上山あゆみ，大阪大学金水敏氏との共同研究の一環として書かれたもので，特に，傍士，上山両氏と行った議論を自分なりに整理したものといえる。ここではこれまでの指示詞の論考を概観し，ソ系列の指示詞は聞き手の領域の対象を表すという説の問題点を指摘した黒田の意味論的考察を大筋で採用した。さらにこれに統語的観点を入れて，指示詞の系列が，言語的先行詞を必要とするソ系列と，言語的先行詞を必要としないコ，ア系列の二つの系列に分けられることを示し，コ・ア系列は距離によって区別されるとしている。この立場ではソが言語的先行詞を必要とする用法は説明できるが，ソの直示的用法が聞き手の近傍を表すことは説明できない。聞き手がいない独り言では，指示対象がある位置はア系列の使用で指示される。つまり，ソ系列の使用に聞き手の存在自体が関わっていることは否定できないわけである。しかし，ソ系列の直示用法に聞き手の知識がかかわっているとすると本論文の主張を維持できない。そこで，聞き手の体の位置だけを考慮し，話し手と聞き手と合わせたものを話し手の「拡張身体」とする。拡張身体と対象との距離は話し手と聞き手の両方から遠いものを，「遠い」とし，その否定を「近い」とする非常に自然な定義が可能である。この時，拡張身体からの距離が，話し手の身体からの距離と矛盾してはいけないことにすれば，聞き手の身体に近いものは，拡張身体からの距離が定義できないことになる。つまり，コでもアでも指せないため，ソが最後の手段で使われると見ることができる。

　第6章はこれまでの第二部と第三部の議論をまとめた形の論考となっている。この章により，第二部，第三部の整理を行っていただければありがたい。

第1章
対話における聞き手領域の役割について
—三人称代名詞の使用規則からみた日中英各語の対話構造の比較—

1. はじめに

　本章は，メンタルスペース理論を使い，対話における知識の取り扱いと聞き手の果たす役割を考察したものである(メンタルスペース理論については，Fauconnier(1985)，及び，その邦訳版の解説，坂原(1989)などを参照)。メンタルスペース理論も含めて，従来の談話構造のモデルは，具体的な聞き手を捨象し，抽象的な空間に談話を設定したり，この談話を解釈したり，というやり方で行う。しかし，我々が言葉を使うときには，具体的な対話相手がいるときと，一般的な聴衆に語りかけるときとでは多少違った方略が取られ，それが言語形式に反映する。

　対話は，話し手，聞き手，対話の内容からなる。どの言語においても，話し手と聞き手は，それぞれ一人称代名詞，二人称代名詞によって表される。対話の内容に現れる対象は三人称で表されると考えられるが，ことはそれほど簡単ではない。対話の内容には，対話以前から共通のものと，対話ではじめて導入されるものとがある。相手がいる場合は，必ずどちらかが導入者となるわけで，対話内容は，話し手の導入したもの，聞き手の導入したもの，共通のものに分かれることになる。

　日本語の指示詞体系はこのような情報の帰属領域(情報の帰属領域と指示詞との相関については，神尾(1989)，金水(1989)参照)を反映した体系になっているといえる。共通の領域は，話し手，聞き手から独立したものではなく，「話し手＋聞き手」の領域であるから，日本語の指示詞体系では，いわば，三

人称が一人称，二人称に解消してしまっているのである。したがって，日本語では三人称の代名詞はそれほど発達していない。

また，中国語では，三人称代名詞は英語ほど自由な使い方はできず，例えば，人以外の要素を表す三人称代名詞は，かなり使用制限がきつい。指示詞体系は，近称と遠称の2系列しかなく，しかも，近称は話し手の領域を表すが，遠称は，聞き手の領域を表すというより，どちらかといえば，話し手以外の領域を表すといえる。つまり，中国語の指示詞体系は，聞き手の領域がそれほどはっきりしていないわけである。

これに対し，英語では，指示詞は中国語とほぼ同じであるが，その他に，三人称の代名詞が発達しており，対話内容は一応，一，二人称から独立したものと扱うことができるようになっている。

ここで，注目すべきは，日本語においては，もっぱら，聞き手の領域を表す指示詞を持っているということである。日本語では，聞き手は話し手と対立している形で，常に情報の帰属領域として独立しているかのようである。これに対し，中国語，英語では，聞き手の領域は，話し手以外の領域という中に埋没しているかのようである。

日本語も中国語も，人に関してはいわゆる三人称代名詞を持っている。これらの言語において，情報の所属領域が指示詞の体系と相関を持っているとすると，これら三人称代名詞も，単なる三人称代名詞ではありえない。

本章は，日本語，中国語，英語の三人称代名詞の使用規則を対照比較することにより，これらの言語での，知識の取扱と聞き手の領域との関係を考察する。

2. 対話のモデルと初期状態

非常に簡単な対話のモデルを考える(このモデルに関しては，田窪(1989a, 1989b)参照)。まず，長期記憶から，対話相手に特化した知識を取り出す。これを関与知識と名付けよう。関与知識内には，対話の管理運用システムのほか，対話相手との共有の記憶(エピソード，知人とその呼び方など)，及び，これから話そうとする非共有知識，などが入っている。

(1)　長期記憶→関与知識(共有知識＋非共有知識)

関与知識 → D_0(＝初期状態(＝共有知識))
発話 $1(D_0)$ → D_1
発話 $2(D_1)$ → D_2
発話 $n(D_{n-1})$ → D_n

この知識内から対話相手と共通していると想定される知識を取り出す。次に，自分スペースを設定し，このスペースに共有知識を流し込む。その次に，自分スペース内に相手スペースを設定し，自分スペースの要素を，写像F(＝相手との用語の対応表)により相手スペースに写像する。これにより，自分スペースと相手スペースとの知識の共有状態が設定できる。これを対話の初期状態と名付けよう。対話における発話は，この初期状態を変化させ，新しい共有状態を作り出す指令と考えることができる。AとBという対話の参加者を考える。Aが話し手の場合，初期状態は次のようになる。ここでは，例示のため共通の知人に関する共有状態だけを考えている。

図 1-1　自分スペースの設定　　　図 1-2　共有要素の流し込み

図 1-3　相手スペースの設定と共有要素の写像

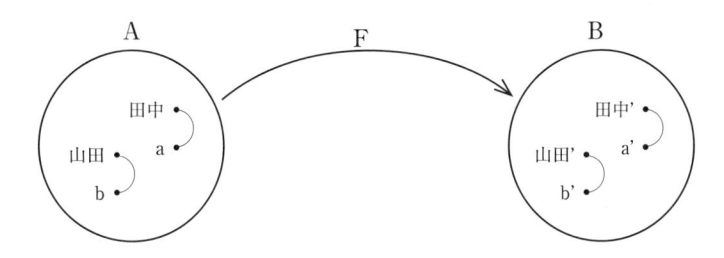

ここで，自分スペース A は，A の自分のモデル，相手スペース B は，A の自分のモデル内の B のモデルである（ここでは，見やすくするため，相手スペースが，自分スペースの外側にあるように表記する）。B が話し手になる場合は，B が同様な自分のモデルと自分のモデル内の A のモデルを設定する。

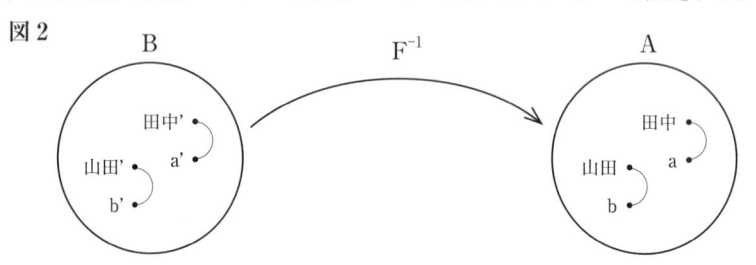

図2

$$B \xrightarrow{F^{-1}} A$$

（Bスペース内：田中'，山田'，a'，b'／Aスペース内：田中，山田，a，b）

コミュニケーションが成功すれば，A のモデル内の B のモデルと B のモデル内の B のモデルとは一致する。また，A のモデルと B のモデル内の A のモデルも一致する[1]。

以後は，A と B とで，話し手が変わっても A のスペース，B のスペースと呼ぶことにする。

対話に要素の導入をして，初期状態を変化させるやり方には，要素自体を新規に導入する場合と，既に導入されている要素に対して新規に属性を加える場合とがある。要素を新規に導入する場合，当然，初期状態には無いものが導入される。そして，導入が終われば，その要素を加えた新しい共有状態が達成できる。次に，既に導入されている要素に対して新規に属性を加える場合，この要素に関する共有状態は，前もって保証されていなければならない。しかし，

---

[1] 実際の対話においては，「B のモデルの中の B 及び A のモデル」自体が，A のモデルの中に存在する B のモデルの一部になる。相手が自分のことをどう思っているかを予測したり，相手も自分も知っていると自分は思っており，かつ，相手は自分が知っているということを知らないと思っている場合は，このような「相手の中の自分のモデル」を自分の中に立てていることになる。このようにして，相手のモデルは無限の埋め込みを持つようになるのだが，コミュニケーション行動を，共有状態の達成と見る立場に立てば，相手と話すのは，このようにして拡散していこうとする，自分の中の相手のモデル（相手の中の自分のモデルをも含む）を自分のモデルに一致させようとする行動であると考えることができる。

実際には，当然のことだが，Aが想定したBのモデルと，B自身のBのモデルは一致するとは限らない。このような想定の誤りが生じた場合，共有状態を達成するためには言語的調整をして相手のモデルを修正し，Aの想定するBのモデルとB自身のBのモデルを一致させなければならない。

以下の節では，この二つの場合（要素の新規導入と想定知識の調整）について，日本語，中国語，英語の各言語で，初期状態，相手のモデルの扱いにどのような差があるかを三人称代名詞の使用規則を比較することで考えてみる。

3．対話における名詞句の導入と三人称代名詞の使用規則

相手の知らない要素を設定する表現の代表的な例から見てみよう。対話の場に未知の要素を導入する場合，一定の導入手続きを踏む必要がある。これは，基本的には，①その要素の存在，②その要素の固有名詞，③その要素の対話の目的に関与的な属性，の三つを述べることによって達成できる。このうち②は必ずしも必須の要素ではない。次の例を見てみよう。

(2)　うちの大学に山田というフランス語の先生がいます。

(3)　僕の知り合いに英語のうまい女子学生がいます。

(2)は，①②③の三つがそろっている例，(3)は固有名詞が欠けている例である。

このように，いずれかの適切な手続きを踏まえて，未知要素が順当に導入された場合は，特定の要素の存在とその属性に関して，話し手・聞き手の合意が成立する。

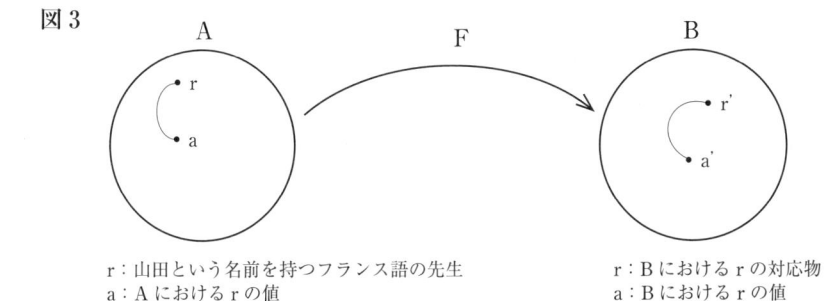

図3

```
        A           F            B
      ・r                       ・r'
      ・a                       ・a'
```

r：山田という名前を持つフランス語の先生　　r：Bにおけるrの対応物
a：Aにおけるrの値　　　　　　　　　　　　a：Bにおけるrの値

しかし，このようにして達成された共有状態には，知識の非対称性が存在する。すなわち，(2), (3)において，値，名前，属性は言語的に導入されただけで，現実における値は，この要素を導入したほうにしかない。つまり，導入された要素に関する知識は，この対話以前はAの独占物であり，Bは対話においてこれを受け取ったにすぎない。日本語は，この知識の差異を言語的に反映した体系を持っている。日本語の三人称代名詞「彼／彼女」は，原則として，対話の始まる前に既に自分の知識の中で確立している対象，あるいは，実際に体験的交渉を持った対象しか指すことができないのである。

(4) A：君のクラスのドイツ語のうまい学生，最近どうしてる。
  B：山田君のことか。彼なら結婚してドイツに留学してるよ。
  A：そうか。残念だな。うちの妹，彼にどうかなって思ってたんだけど。
(5) A：あの人だれ？
  B：だれのこと。
  A：ほら，あそこでうちの妹と話している背の高い人。
  B：ああ，彼か。今度うちの大学にきたフランス語の先生だよ。

(4), (5)における「彼」が指す対象は，対話が始まる前から共通の知識内にある人物である。したがって，対話においてはじめて登場した人物は「彼」では表すことができない。(ここでは，「?」は文脈的に多少不自然であることを表す。)

(6) B：　ドイツ語のできる人探しているんですが。
  A：　それなら，僕の同級生にいい人がいますよ。こんど，連れてきます。
  B：　?彼，通訳したことありますか。

導入したほうは，①，②，③を対話の以前から知っているわけで，導入が終われば固有名詞も，三人称代名詞も使用できる。

(6)′ A：ええ，アルバイトで会議の同時通訳もしているそうです。彼なら適任ですよ。

つまり，日本語の対話においては，知識がもともと自分に属しているものな

のか,それとも対話において相手に提供されたものなのかを言語的に区別するのである。

　また,自分が導入して,自分がその要素を指す場合には,自分の知識内にある要素を指すわけで,「彼」の使用は問題ない。

(7)　僕の友人に酒好という奴がいます。彼は,名前とはうらはらに,一滴も酒が飲めません。

　上で述べた制限は,田窪(1984, 1989, 1990b)で述べた固有名詞の使用制限と原則的には同じものである。つまり,日本語の三人称代名詞は,固有名詞に近い性質を持っていることになる[2]。

　これに対して中国語の場合を考えてみよう。中国語の三人称代名詞は,ta(単数),ta-men(複数)で表される。これらは,漢字表記により,「他」(彼),「她」(彼女),「它」(それ)の3種に区別されるが,無生物を表す「它」の用法はかなり制限されるという。

　中国語で,要素を導入し,それを三人称代名詞で受ける場合の原則を見てみよう。導入の仕方は日本語とさして違いはなく,要素の存在をその属性とともに述べればよい。

(8)　A：我　　在　　　找　　懂　　　徳語　　的　　　　　人。
　　　　　私　〜している　探す　分かる　ドイツ語　連体助詞　人
　　　「ドイツ語のできる人を探しているんだ。」

---

[2] 田窪(1984, 1990b)では,従来の考え方(例えば阪倉(1975))にしたがい,「彼」の使用制限は,ア系列の指示詞と同じであるとしていたが,これは修正されるべきであると考える。ア系列の指示詞は,対立型の発話(対立型,融合型の違いに付いては,金水(1988, 1989),金水・田窪(1990)を参照)では,対話以前から自分と相手ともに共通の経験がある要素にしか使えない。したがって,次のように,要素を導入して,その要素に付いて述べる場合には,使えない。
　(i)　僕の友達に酒好という奴がいるんだけど,彼は(*あの人は),面白いことに一滴も酒が飲めない。
「彼／彼女」を二人称に代用する,最近の俗語的用法(「ね,彼女,お茶飲まない。」「彼はどう思う。」)もこの性質から来ていると考えられる。つまり,名前が分からない相手に対する名前の代用的使用である。

B：我　　们　　班　　　有　　一个　　会　　　德语　的。
　　　私　たち　クラス　いる　一人　できる　ドイツ語
　　　下一次　我　给　　你介绍　　一下。
　　　今後　　私　～のために　君　紹介する　一度
　　「うちのクラスにできるのがいるよ。今度紹介するよ。」

しかし，いったん設定された要素を代名詞で指す場合，導入したほうと導入を受けたほうとで，非対称性はない。したがって，Aは，この要素をこの対話以前には知らなかった場合でも三人称代名詞を使ってこの要素を指すことができる。

(8)′　A：他　做　　过　　　　　　翻译　没有？
　　　　　彼　する　～したことがある　通訳　ない
　　　　「(?彼)通訳したことある。」

つまり，中国語においては，三人称代名詞使用に関して，それによって指される知識がもともと自分に属していたのか，対話において相手に提供されたのかを区別しないでいいのである。

4．想定間違いの調整と三人称代名詞

第3節では，順当に要素が導入され，一応①，②，③が，対話者間で共有された場合のことを考えた。対話において，特定の記述によって，要素が特定できない場合がある。これは，共有状態の想定間違いをして，共有でない要素を共有と考えた場合や，ある値を特定化するには，その記述が決定不十分である場合，などである。つまり，話し手Aの想定する聞き手BのモデルとB自身の自分のモデルが異なる場合である。この場合，共有状態を達成するためには，言語的調整作業，特に，メタ的な調整作業が必要になる。つまり，用語とその値の割当て方の再定義作業が必要となるのである。（ここでは「＊」は文脈的に不適切な文であることを表す。）

(9)　A：田中君に会ったよ。
　　B1：田中君って，どの田中君のこと。
　　B2：それ，だれ。

B3：*彼，だれ。
(10) A：あいつに会ったよ。
　　　B：あいつって？

これらの例では，想定の誤りがあったため，「田中君」，「あいつ」は，Bのスペース内では言語表現だけで，値が与えられていない。値が無い場合，日本語では，当然，裸の固有名詞，代名詞は使うことができない。これらは，対話の始まる前から，知識として持っているものしか指せないからである。日本語で，このような言語表現の名前は，裸の名詞句では表すことができず，「って」，「というの」などの引用形式を付ける必要がある。これらの引用形式が付いた形式をメタ形式と呼ぶ（メタ形式については田窪(1989a)参照）。

先ほどの場合と違い，この場合は問いに答えるほうも，裸の固有名詞，三人称代名詞を使用することができない。

(11) ?? 彼は，今度来たドイツ語の先生だよ。君知らなかったかい。

答えるほうのスペース内では，「田中」と呼ばれる要素は，具体的な値と結び付けられており，この点では，(6)′の場合の，Aの立場と変わらないように見える。つまり，Aのスペース内では，「田中君」の値は値が定義されている。これは，どのように考えたらよいだろう。

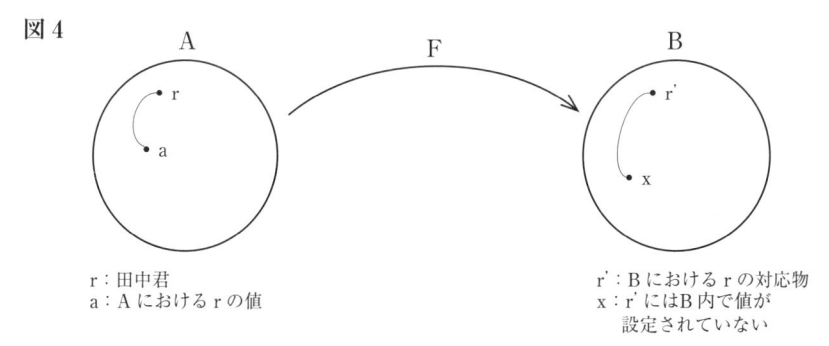

図4

　　A　　　　　F　　　　　B
　・r　　　　　　　　　　　・r'
　・a　　　　　　　　　　　・x

r：田中君　　　　　　　　r'：Bにおけるrの対応物
a：Aにおけるrの値　　　　x：r'にはB内で値が
　　　　　　　　　　　　　　設定されていない

(6)′と(11)の違いは，Bのほうのスペース構成の違いによる。先ほどの(6)′の例では，Aが，不定名詞句により，あらたに要素を明示的に設定している。この要素が，対話以前から存在したものではなかったため，Bはこの要素を「彼」や，裸の固有名詞で指すことはできなかった。しかし(6)′でAが

「彼」や固有名詞を使うことができたのは，Aスペース内の「彼」が，Bのスペース内に対応する値a'を持っており，「彼」により，その値を指すことができたからであると考えられる．つまり，「彼」はどちらのスペース内にも値が定義されているのである．

これに対し，(11)の場合，「田中」は，相手のスペース内に値を持っていない．したがって，「田中」も，これを先行詞とする「彼」も，相手のスペース内では，具体的な値を指すことができないのである．

そこで，答える場合も，値が決まっていないという印のメタ的形式を取るのだと考えられる．つまり，裸の固有名詞，三人称代名詞を使えるか，メタ形式を使うのかが相手スペース内での状態，すなわち，その名前や三人称代名詞の対応物が相手スペースで持つ値の有無に基づいて決まっているのである．

さて，このような状況において，中国語ではどうなるかを見てみよう．

(12) A：　我　　前天　　碰到　　了　　　李明。
　　　　　　私　　一昨日　出会う　完了
　　　　　「僕，一昨日李明に会ったよ．」
　　　B1：李明　是　　　　谁。
　　　　　　　　～である　だれ
　　　　　「?李明は誰」
　　　B2：??他　是　　　　谁。
　　　　　　彼　～である　だれ
　　　　　「*彼，だれ」

まず，「だれ？」と問うほうは，三人称代名詞を使うことはできない．日本語と異なり，中国語では，必ずしも，対話以前に要素が存在している必要はなかった．しかし，先の明示的導入の場合と異なり，この場合は，「李明」により，Bのスペース内に，「李明」に対する値が定義されていない．したがって，「他」は，何かを指すとすれば，この値の定義されていない「李明」という名前を指すか，この名前とコネクターにより結びついている，相手のスペース内の名前の値を指すかしなければならない．「他」が，不適格であることから，このどちらも不可能であり，中国語の三人称代名詞は，自分のスペース内

で値が定義されている要素しか指すことができないことが分かる。

　さて，答えるほうはどうなるであろう。答えるほうは「他」の使用が可能である。

(13)　他　　是　　　新　　　来　　的　　　徳　　　　老師。
　　　彼　～である　新しく　来る　連体助詞　ドイツ語　先生
　　　你　　不　　認識？
　　　君　　ない　知る
　　　「？彼はこんど来たドイツ語の先生だよ。君知らなかった。」

日本語では，自分スペースで値が定義されていても，相手スペースで値が定義されていないため，三人称代名詞は使用できなかった。中国語では，この場合三人称代名詞が可能であることから，相手スペースの状態は顧慮せず，自分スペース内で値が定義されているか否かが，三人称代名詞の使用の可能性を決めているということが分かる。つまり，中国語では，尋ねるほうも，答えるほうも自分スペースの状態のみを参照しているのだと考えられるのである。

5．役割に対する値の割当と代名詞解釈

　ここで，英語の三人称代名詞について少し考えてみよう。英語では，日本語，中国語と違い，相手の出した，まったく同定できない対象を三人称代名詞で受けることができる。

(14) A：Bedford diamond came to us through Austin Cullins.

　　 B：Who is he ?　　（The Case of the Shoplifter's Shoe, E. S. Gardner）

これに対する答えのほうも同様に三人称代名詞を使用できる。

(15) A：Austin Cullins was up here.

　　 B：I don't know any Austin Cullins.

　　 A：He's a big man, around six feet, somewhere in the forties, curly chestnut hair, a big diamond ring, a diamond scarf pin.

　　 B：Haven't seen him.　　　　　　　　　　　　　　　（同上）

これは，どのように考えればよいであろう。まず，スペースの基本的配置は，日本語，中国語と同じである。

図5

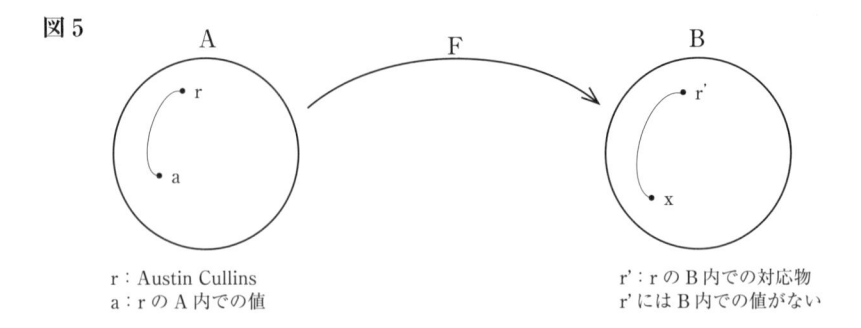

r：Austin Cullins
a：rのA内での値

r'：rのB内での対応物
r'にはB内での値がない

　さらに，先ほど述べたように，Bの自分スペース内には，Austin Cullinsに対する値は定義されていない。したがって，heは，この名前自体を受けるか（役割解釈），相手のスペース内の対応する名前の値を指すかである。日本語の「そ」系列の指示詞に見られるように，相手スペース内の要素を指す場合は，自分と相手で，同じ記述を使っても指す対象が異なるのが普通である。

(16) A：それはなんですか。
　　　B：これは，蛇です。それはなんですか。
　　　A：これは，豚です。

(14), (15)に見られるように，自分も相手も同じくheを使うことができるという事実から，heは相手のスペースの要素を指すのではないと考えられる。したがって，(14)におけるheは，役割を先行詞とすると考えてよい。

　一般に，英語の三人称代名詞は，値でなく，役割を先行詞とすることができる。次のような例を見られたい。(17)はダンスクイーンコンテストの優勝者に関する発話である。

(17) The winner will go to Hongkong but John thinks that she will go to Beijing.

(17)で，sheの先行詞がthe winnerである場合を考える。英語では，値の割当（＝どの対象を具体的に指すかを決める）が随意的であり，代名詞の解釈（＝先行詞がどれかを決める）が値の割当に対して順序付けられていない（Fauconnier (1985)参照）。したがって，［値の割当＞代名詞解釈］，［代名詞解釈＞値の割当］，［代名詞解釈］のみ，の3通りの適用順序による解釈が可能で

ある。

　まず，the winner がある特定の値を表し，この値を she が受ける解釈がある。この場合，[値の割当＞代名詞解釈] という順序で解釈が行われている。ある特定の個人の持つ性質に対して，話者の信念とジョンの信念が異なるということを表している。

　次に，代名詞解釈が値の割当に先行する場合が考えられる。まず，she の先行詞を the winner とするという代名詞解釈がまず適用される。これに値の割当をする場合，同じ値の割当をすれば，値の割当を最初にしたものと同じ解釈になる。話し手とジョンとで別の値の割当をすれば，話し手とジョンの間で優勝者が誰かに関して意見の相違がある場合の解釈となる。

　代名詞解釈のみで値の割当をしなければ，話し手とジョンの間で，優勝者の賞品に対する信念の違いを表す解釈になる。

　さて，上の英語のような解釈は日本語や中国語では，取ることができない。例えば日本語では，「優勝者」と「彼女」に別の値を割り当てることは不可能である。

(18)　優勝者は香港に行くのだが，太郎は彼女が北京に行くと思っている。

　英語のように，「優勝者」という役割を先行詞とし，その後で値の割当てをすれば，「彼女」は優勝者であるという属性を持ち，かつ，先行詞とは別の値を持つことが可能になる。しかし，(18)において，「彼女」の解釈は，「優勝者」ではない別の人物を指すか，「優勝者」と同じ人物を指すかである。つまり，前文の「優勝者」を「彼女」の先行詞とし，その後で，別々の値割当をするということは，不可能なのである。日本語では，まず，それぞれの名詞に対する値の割当が行われると考えてよい。

　この点では中国語でも同じである。(19)において，「她」(「他」の女性形)が，先行詞の「得到冠軍的人」の属性だけを引き継いだ別の人物を指すことは不可能である。「她」は，「得到冠軍的人」とまったく同じ人を指すか，まったく無関係な人を指すかである。

(19)　得到　　　冠軍的人　能去　香港。
　　　手に入れる　優勝者　　行ける

但是，李明 以為 她 　去 　北京。
　　　しかし，　　思う 彼女 行く
　　「優勝者は香港に行けるのだが，李明は彼女が北京に行くのだと思っている。」

つまり，日本語，中国語では，三人称代名詞は値の決まっていない先行詞を取ることはできないのである。

　英語において，he が値の定義されていない名前を先行詞として取ることができるのは，この役割の代名詞化を値の割当以前に適用することができるという一般的な性質に従っているのだと見ることができる。これに対し，日本語・中国語で，「彼」や「他」などが，値の定義されていない名前を先行詞として取ることができないのは，三人称代名詞が役割を指すことができないことの反映であると見られるのである。

6. まとめ

　以上，対話における未知要素の導入と想定誤りの言語的調整という観点から，三人称代名詞の使用法を見てきた。ここで明らかになった事実から，対話における自分，相手，対話内容といったスペースの構成を各言語においてどのように取り扱っているかに関して，次のような仮説をたてることができる。

　英語においては，三人称代名詞は，値が確定していない要素を先行詞としてとることができた。しかも，この要素は，話し手，聞き手の知識からは独立した要素であり，対話において導入されたか否かが代名詞使用の規則となっている。つまり，対話において導入された要素は，話し手，聞き手から独立した要素として，いわば，話し手・聞き手の所属領域から独立した談話の場に設定されていると考えてよい。談話のスペースは，話し手・聞き手からの対称的な位置に，独立して設定され，要素はこのスペース内に設定されるのだと考えることができる。つまり，英語においては，話し手・聞き手の占める割合は，相対的に小さく，談話のスペースがかなりウェートを占めるといえそうである。

図6

```
     談話
     世界

話し手        聞き手
```

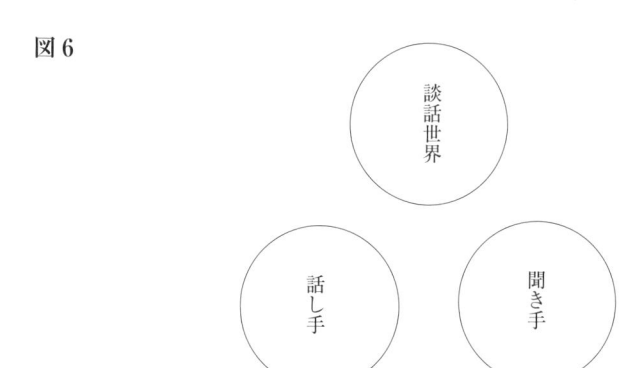

　これに対し，日本語の三人称代名詞は，対話以前から自分の知識に存在し，値が確定した要素しか指すことができない。また，自分の知識で確立している要素でも，相手の知識内に明示的に導入し，値が存在しなければ，しかも，新規に導入された知識は相手の知識であるとマークを付けておくことが義務付けられている。つまり，対話において導入された要素は，話し手，聞き手のいずれか，あるいは両方の所属領域に結び付けられる。いわば，談話内容は，話し手・聞き手から等距離にある独立したものとしては存在しにくいのである。

図7

```
話し手        聞き手
```

　次に，中国語では，相手のスペースがかなり希薄で，自分のスペース内にあるのか，その外にあるのかだけが問題となる。対話以前には，自分の知識内になくとも，相手の導入により設定された知識は自分の知識と区別はされない。つまり，日本語で相手を意識しない語りや，独り言を述べるときのシステムに近いということができる。

図8

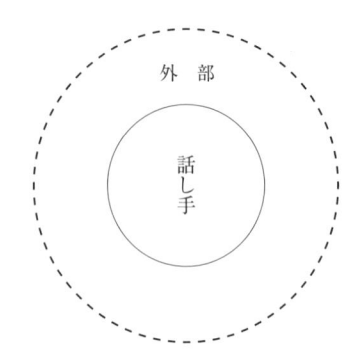

（外部の円）外　部
（内側の円）話し手

　これらは，結局，対話における相手の存在をどのように扱うかの問題となる。他者の位置付けである。中国語においては，相手はそれほど大きな機能を果たさない。いわば，自己中心型とでもいえる情報取り込みをしている。日本語は，相手の存在が大きく，相手の状態を決めなければ何も話せないシステムになっている。しかし，実は，この相手は，自分が想定した相手であり，うちに取り入れられた思い込みとしての存在である。英語は，相手と中立的な外部を想定しており，ある種の客観化が達成されているといえそうである。
　この問題は，子どもの言語発達の上で他者をどのように自己の中に取り入れていくかという問題とも大きく関連していると思われる（田窪(1987a)も参照）。

付　記
　本章の中国語に関する説明は，木村英樹氏との共同研究の成果（田窪・木村1992）によっている。また，金水敏氏，益岡隆志氏には貴重な意見をいただいた。記して感謝したい。

第2章
ダイクシスと談話構造

1. はじめに

言葉の中には使われた場面を離れては解釈できないものがある。

(1) 私は，きょうの昼，この席で食事をした。

例えば，(1)の文は，(1)が使われた場面における「話し手」「日にち」「話し手のいる場所」が特定化されて，はじめて真偽が確かめられる文になる。つまり，(1)の文の具体的な内容は，この文が使われたときの話し手，日にち，場所によって異なるのである。(1)の「私」「きょう」「この席」のように，発話の場面と相関して解釈が決まる表現体系をダイクシス(deixis)と呼ぶ。ここでは，ダイクシスに関わる表現をダイクシス表現(deictics, deictic expressions)と呼ぶことにする。

ダイクシス表現は，発話の場面を言語の中に取りこんだものとしてみることもできる。「話し手，聞き手，話題，発話の時間，発話の場所」などの，発話の構成要素のうち代表的なものを変数として表したのがダイクシス表現であると考えることができるのである。つまり，「私，きょう，この席」は，特定の発話を離れてある具体的な意味内容を持つ語ではなく，「話し手」「発話の発せられた時間を含む日」「話し手の近くにある席」という変数を表す語であり，この変数の具体的な指示対象は，特定の発話における，特定の値によって決まるわけである。

ダイクシス表現を発話の構成要素の変数的表現であるとすると，さまざまな言語でのダイクシス表現体系の違いは，発話の構成要素の取り扱いの違い，つ

まり発話の構成の違いとして捉えることが可能になる。そこで，ダイクシスと談話の構造の相関関係を問題にすることができるわけである。本章では，このような観点から，ダイクシスの一般的解説を対照言語学的に行い，ダイクシス表現の性質と，各言語での談話構造，特に対話構造とが，ある部分で相関を持っていることを示したい。

2. ダイクシス表現の対照比較の視点

ダイクシス表現は，発話の構成要素を変数で表したものであると述べた。この変数は発話の構成要素に言及することによってその値(=指示対象)を得るための指示を含むような表現となっている。例えば，(1)の文は(2)のような指令付き変数を含む文である。

(2) 「話し手」は，「発話の発せられた時間を含む日」の昼，「話し手の近くにある席」で食事をした。

つまり，「私」というダイクシス表現の値は，その発話の「話し手」を捜せばよく，「きょう」の値は，「発話の発せられた時間を含む日」を，「この席」は，「話し手の近くの席」を捜せば値が得られる。これらのダイクシス表現は，発話の構成要素のうちどこを探索すれば値を得ることができるかを指示する表現と考えることができるわけである。さらに，この探索のための領域が，ある一定の構造を成しており，その構造の部分を指示することにより，特定の限られた探索領域を捜せば求める値が得られるようになっているわけである。(1)の変数による文と(3)のダイクシス表現を含まない文を比べてみるとその違いがよく分かる。

(3) 山田宏は，1990年の5月12日に神戸大学の食堂の入口にある席で食事をした。

(3)の文は，それぞれの単語に辞書的な引き当てをし，具体的な指示対象を割り当ててやれば，誰が発話しようと同じ事柄を指す。これに対して，(1)の文の場合，「　」内の変数への値の割り当ては，話し手が誰かによってまったく違う内容になってしまう。さらに，ダイクシス表現で注目すべき特徴は，話し手がこの変数によって指される値の名前を知らなくてもかまわないということ

である。すなわち，(1)の話し手は，自分が誰であるのか，「きょう」の日付がいつなのか，「ここ」がどこなのかは知らなくてもかまわない。(1)におけるこれらのダイクシス表現は，指さしによる指示と同じく，ある意味で直接的に対象を指示しているので，ある特定の場面で，具体的な対象が指示されるか否かだけが問題となるのである。ダイクシスとはもともとギリシャ語で指さしを意味する語であり，この性質を表す日本語の訳語としては，「行為依存的直示」，あるいは単に「直示」という語を使う場合もある。

さて，ダイクシス表現のうちでも「私，あなた」のような話し手・聞き手を表す語や「ここ，そこ」のような指示詞と「きょう，きのう」のような発話時を基準とした時間のダイクシス表現とは，多少性質を異にしている。対話的な談話を考えると，前者は話し手・聞き手の立場の違いにより同じ対象を指すのに別の言葉を使うのに対し，後者は，話し手・聞き手で同じ表現を使う。例えば，(1)の文を(1)の聞き手である田中氏が山田氏に問い返したとする。この場合，(1)の文の同じ内容が田中氏の立場からは，(4)のように表現される。

(4)　君は，きょうの昼その席で食事をしたって。

「きょう」という時間のダイクシスは，立場の違いを反映しないのに対し，同じ対象が，「私」「この席」は，立場の違いで，「君」「その席」に変わってしまう。つまり，時間のダイクシス表現では，話し手と聞き手は共通の立場にたっていることが分かる。

指示詞も，ある場合には，共通の立場を取ることができる。

(5)　君は，きょうの昼この席で食事をしたって。

(5)は，聞き手と話し手が同じ立場にたって同じように近いところを指している。また，話し手からも聞き手からも遠いところは，立場の違いを反映しない。

(6)　A：あの機械はなんですか。
　　　B：あの機械は，暖房用のボイラーです。

話し手・聞き手を表す語にも立場の違いを反映しないものがある。

(7)　A：ぼくたちはきのうもこの席で食事をしたね。
　　　B：え，きのうぼくたちが食事をしたのはこの席だったっけ。

(7)では,「ぼくたち」は,「話し手」と「聞き手」を含む表現である。この場合,当然,話し手も聞き手も同じ表現を使うことができる。当たり前のことだが,同じ「ぼくたち」でも,「聞き手」が含まれない場合は,表現は変わる。

(8)　A：ぼくたちはきのうもこの席で食事をしたんだよ。
　　　B：ふーん,君たちが食事をしたのはこの席か。

このように,話し手と聞き手が同じ立場にたって,つまり,「話し手＋聞き手＝私たち」という見方をする場合を融合型,聞き手を自分と対立するものとして見る見方を対立型と呼ぶことにする。

すると,時間のダイクシスは融合型をなし,対立型はないことになる。反対に,単数の一人称,二人称は対立型をなし,融合型はない。指示詞は,融合型と対立型の二つがあるというわけである。

さらに,聞き手が存在しないか,存在しても意識しないような談話の型がある。独り言や,語り,読み手を意識しない文体の小説などがこれに当たる。これを独立型と呼ぶことにする。独立型は基本的には融合型と同じ型をなすが,多少の違いもある。

これらの区別は言語により,変異を持つ。時間のダイクシスが融合型のみを示し,単数の一人称,二人称が対立型をなすことは,発話の基本構造から,おそらく普遍的なものであると考えられるが,指示詞が対立型をなすことは必然的ではない。

以下では,英語,中国語,朝鮮語の指示詞体系を日本語と比較することで,日本語がこの対立型を非常に多く取る言語であることを示し,次にこの指示詞における対立型の存在の有無が,ほかの多くの言語現象と相関していることを見る。

3. 指示詞における立場の違いの比較

日本語の指示詞は,「こ,そ,あ」の三系列からなるが,実は,この三つの対立は,「こ,あ」と「こ,そ」の二つの対立の組み合わせからなることが古くから指摘されている。この前者が融合型あるいは独立型で,後者が対立型である。

この区別のうち,「こ,あ」は話し手からの(心理的,物理的)距離による区別であると考えられるが,「こ,そ」は,距離というより,支配領域,あるいは縄張り的な領域と関係している。つまり,「こ」は話し手の領域にあるものを指し,「そ」は聞き手の領域にあるものを指す。したがって,よく知られているように(9)のように自分が支配できないような場所は,距離的に近くても相手の支配領域である「そ」を使う。

(9) A:ここは痛みますか。(ここ＝Bの背中)
　　 B:いえ,そこは痛くありません。

融合型では「そ」系列の指示詞は,現場にあるものを指示する場合には,原則として現れない。例外として,近くでも遠くでもない距離にある要素を指すときに,「そこ」や「その辺」などが場所の名詞句に関して使われるだけである。

　話の中に出てくる要素を指す場合,つまり,文脈指示と言われる用法でも,原則的には対立型と融合型,独立型を区別することができる。

(10) A:これは,田中さんに聞いたんだけど,山田さんが結婚するらしいよ。
　　 B:それ本当。

　さて,日本語の指示詞は,融合型,独立型に加えて対立型の用法を持っていることを見たが,ほかの言語ではどうなっているだろう。まず,日本語に近い言語としては,朝鮮語がある。朝鮮語もやはり,「이 i(こ), 그 ku(そ), 저 ce(あ)」の三系列の指示詞を持ち,「i, ce」は融合型,独立型をなし,「i, ku」は対立型をなす。ただし,この区別は原則として現場指示にだけあり,文脈指示では i, ku のみを使うといってよい。また,文脈指示の i, ku の区別は相手の領域と自分の領域の区別ではなく,要素に焦点を当てるか,客観的な見方をするかという区別と考えられ,この点でも日本語に似ているといってよい。ただ,日本語では,相手が「こ,あ」で指示したものをもう一度「こ,あ」系列の指示詞で指示してよいのに対し,朝鮮語では,一度導入された要素は普通 ku で示す。つまり,文脈指示の用法が指示詞の用法と独立しており,いわば指示詞というより,三人称の代名詞的な用法を発達させつつあるといえる。

(11) A:あれはなんですか。

　　　　B：あれはわが社の新製品です．
(12) A：저　　것이　　　무엇입니까．
　　　　ce　kes-i　　mues-i-pnikka?
　　　　あの もの-が　　なに-ですか
　　　B：그　　것은　　　저희　　　　희사　　　신제품입니다．
　　　　ku　kes-un　　cehuy　　　hoysa　　sincephum-i-pni-ta.
　　　　そのもの－は わたしども 会社　　新製品－です

　また，日本語では記憶内容は，現場指示と同じに扱われ，融合型，独立型の「あ」系列の指示詞が使われる．

(13)　去年，一緒にグアムに行ったろ．あの時は楽しかったね．
(14)　去年，あいつとグアムに行ったっけ．あの時は楽しかったな．

　これに対し，朝鮮語では，記憶内容は文脈指示扱いとなり，ku が使われる．一般に日本語では共有の知識は「あ」系列の指示詞で表し，朝鮮語では，共有の知識は ku で指されるといってよい．

　さて，英語と中国語ではどうなっているであろう．英語，中国語の指示詞は独立型をなしていると考えられる．まず英語から見てみよう．

(15) A：Will you bring me that box?
　　　B：You mean, this one?

　英語では，this と that の二系列の指示詞しかない．このうち that を対話相手の領域にあるものを指示するのに使うわけだが，だからといって that が「それ，あれ」の両方の用法を持っていると考える必要はない．(15)では，同じ対象を一方は that もう一方は this と呼んでいるので，日本語と同じように立場の違いにより表現を使い分けているようにみえる．しかし，考えてみれば分かるように，これは対立型ではなく，独立型をそれぞれが使っているにすぎない．例えば，(1)の例を独り言でそれぞれがいうとする．

(16) A：おれはきょうこの席で食事をしたんだ．
　　　B：あいつはきょうあの席で食事をしたんだ．

　(16)では，同じ席を指すのに A は「この席」を使い，B は「あの席」を使っている．これは，相手を無視して，それぞれ自分からの距離で指示詞を決めて

いるわけである。英語ではこれと同じことが起こっているにすぎない。ところが，日本語では，独り言をやめ，対話的に話す場合には「あの席」が聞き手の領域に入っていれば，この聞き手の領域が最重要視され，「その席」という語を使わなければならない。これに対し，英語では，相手がいようといまいと同じようにthatを使えばすむのであり，聞き手の領域は別に考える必要はないのである。中国語の指示詞もほぼ同じである。ただ，中国語では相手の近くにあるものでもそれほど距離がなければzheという「こ」系列に当たる指示詞を使うという。中国語ではかなり遠方にあるものでも自分に近付けて扱う傾向があるようである。また，英語は三人称代名詞をかなり発達させている。これについては後に触れる。

　この節では，日本語の指示詞が対立型を独立した体系として指示詞体系の中に組み入れているのに対し，朝鮮語は対立型が文脈指示では多少弱くなっており，中国語，英語では，対立型は存在しないことが分かった。

　対立型の基本的な性質は自分の領域以外に対話相手の領域を独立したものとして認めて，同じ対象でも，それが自分の領域に属するものか，対話相手の領域に属するものかで，使う形式を変えるということであった。つまり，言語表現は，ある対象の意味的な属性だけでなく，その表現が指す対象が属する領域の標識を形式として備えているということである。例えば，話し手が自分のことを一人称の名詞で指し，対話相手が自分のことを二人称の名詞で呼ぶということは何語でも起こる。日本語のシステムでは，この人称における区別を指示詞に拡張しているというように考えられるのである。

　実はこの区別は指示詞だけにとどまらず，非常に広範囲な現象にわたって見られる。

　以下では，対話相手の領域を独立に認めるというこの対立型の表現体系を，所有の移譲，位置の移動，敬語といった現象で考察し，次に談話における情報の取り扱いにどのような影響を与えているか，を考えて，ダイクシスの構造が談話，特に対話の構造にどのような影響を与えているかを見ることにする。

4. 日本語における対立型表現
4.1 移譲表現

　ものや権利の移譲を表す動詞のうち，「くれる」と「やる」は，右で述べた立場の違いだけで区別される動詞である。

　(17) A：私はあなたにあの本をあげたよね。
　　　　B：そう，いつくれたっけ。

(17)で「あげる」と「くれる」は同じ人間の同じ動作を，同じ動作主から見た動詞である。

　同じ移譲の区別でも，例えば，「やる・あげる」と「もらう」とでは，動作主(やるほう)から動作を記述するか，動作の受け手(もらうほう)から記述するかで動詞が区別される。

　(18) A：僕は君にあの本をあげたよね。
　　　　B：そう，いつもらったっけ。

これは，動作を記述する際に，動作主に視点を合わせて記述するのか，受け手に視点を合わせて記述するのかの違いである。つまり，これは記述者(＝話し手，書き手)のカメラのアングルの合わせ方として選択できる区別である。

　この視点の置き方は，さまざまな制約を持つ(以下(21)までは久野(1978)による)。

　(19) a. ?君はぼくから本をもらったよね。
　　　　b. ?太郎は私から本をもらった。

(19)の文は，特殊な文脈がなければ不自然な文である。「もらう」は受け手のほうに視点をおく動詞である。また，一般に，次のような視点の制約がある。

　(20)　発話当事者の視点ハイエラーキー：話し手は，常に自分の視点を取らなければならず，自分より他人よりの視点をとることができない。

さらに，「同一文中に視点の矛盾があってはならない」とすると(19)の不自然さが説明される。(19a)の文は，「君」と「ぼく」，(19b)の文は，「太郎」と「私」の両方に視点のある文になり，視点に一貫性がない文となっているのである。

　したがって，視点の制約を別の理由で破ることができれば，自分と対話相手

とが同じ動詞を使うことも可能である。
   (21) a：ぼくから本をもらったことを奥さんにだまっておいてね。
        b：うん，本をもらったことはだまっとくけど，お金のことはかくせないな。

(21a)では，依頼の相手であり，「だまる」の主語である「聞き手」を主語にすることが構文的に要請されているため，視点の一貫性の違反はそれほど強いペナルティをうけない。つまり，仕方なく破っているので多少目こぼしされているわけである。これは，談話法違反の非意図的違反と呼ばれる。

同様な視点の区別は，朝鮮語の주다 cwu-ta（やる）／받다 pat-ta（もらう），英語の give/receive などにも見られる。また，受け身と能動にもこのような視点の区別がある。

普通，「やる／くれる」の区別もこの視点の違いというように考えられているが，「やる／くれる」の区別は，この意味での視点の区別とは多少性質を異にしているように思われる。「やる」と「くれる」の区別は，移譲の終点が話者の領域内である場合は，「くれる」を使い，そうでない場合は「やる」を使うという区別であると考えられる。したがって，対話において，対立的な立場を取る限り，自分と対話相手の間の移譲を同じ動詞で表すことはできない。これは，視点の問題でなく，話し手が自分を「私」と呼び，「あなた」と呼べないことと同じ性質のものと考えられる。つまり，どのような文脈を作っても，非意図的に破ることによって「ぼくが彼にくれる」や「ぼくが君にくれる」という言い方はできないのである。

唯一の例外は，間接話法の中に埋め込んだときで，(22)のような例がそれに当たる。これは基本的には，「ぼくに服のおさがりをくれるときは」という直接話法の文が埋め込まれていると考えられるので，それほど問題はない（詳しくは大江(1975)・久野(1978)参照）。

   (22) 彼は，彼に服のおさがりをくれるときは，もうすこし地味なものをくれといっているらしい。

間接話法では，「ぼく」を「君」と呼ぶことが可能なのでこれも同じ現象と考えることができる。

(23) 君は，君に金をくれないといって，ぼくのことを非難しているようだね。

以上のように考えると，英語，中国語，朝鮮語に「くれる」に当たる語がないのは，これらの言語では，移譲を対立的に見ることがないからだということができる。

4.2 移動の表現

「やる／くれる」と同様の区別が「行く／来る」にも現れる。対話者間の移動を考えると，話者の領域に向かう移動は「来る」，それ以外は「行く」で表される。対話相手の領域が対立的に考えられれば，当然対話相手への移動は「行く」で表される。これが日本語の「行く／来る」の区別である。

(24) A：きょう，君の研究室に行くよ。
　　　B：何時ごろ来るの？

これに対し，英語の移動動詞は，対話相手への移動と自分への移動とを区別しない。

(25) a. I will come to your office tomorrow.
　　　b. When are you coming?

このことは，英語の come と go が融合型をなしていると考えれば説明が付く。つまり，自分と相手とを同じ領域にいると扱い，その領域内の移動は come で表し，その領域から外に出るときは go を使うわけである。この場合，相手を意識しない独立型の場合は，自分の領域内への移動とそれ以外とは区別されると予測される。(25)を独り言で言う場合は(26)のように go と使うであろう。

(26) I will go to his office tomorrow.

この点で中国語は英語型，朝鮮語は日本語型をなす。

4.3 敬語

敬語についても同様な区別を考えることができる。日本語の敬語は，相対敬語であると言われる。つまり，敬意の標識の付け方が，自分とその人との関係

でなく，自分と聞き手との関係で決まるのである。自分より地位が高い人に対しても，その人が聞き手よりも自分の領域に入る人であれば，尊敬語は使えず，謙譲語を使わなければならない。これに対し，例えば，朝鮮語は絶対敬語的であるといわれる。朝鮮語では，原則として，尊敬語を使うか否かは，自分とその人との関係で決まり，特に，聞き手との関係を問題にする必要はない。そこで，自分の父親について話す場合，日本語では謙譲形を使い，朝鮮語では尊敬形を使うことができるのである。

　この違いも，対立型と独立型の差として考えることができる。日本語では対立型をなす場合は，自分の領域にあるか相手の領域にあるかによって表現形式が区別される。自分の父親は「父」と呼び動詞は謙譲形を使う。相手はこの対象を「おとうさま」と呼び，動詞は尊敬形を使う。

(27) A：おとうさまはおいでですか。
　　　B：父はいまおりません。

つまり，同じ対象を立場の違いによって呼び分けている。これに対し朝鮮語では，原則として話し手も対話相手もそれぞれ自分との関係で敬語の選択を決めればよいので，同じように尊敬語を使うことができる。

(28) A：아버님　계세요.
　　　　ape-nim　key-sey-yo.
　　　　父-様　　いらっしゃい-ますか
　　　　「お父様はいらっしゃいますか。」
　　　B：지금　안　계세요.
　　　　cikum　an　key-sey-yo.
　　　　いま　否定　いらっしゃい-ます
　　　　「いまいらっしゃいません。」

5．対話における情報の取り扱いと聞き手の領域

　第4節で一，二人称の使い分けに典型的に見られる対立的な立場の区別が，日本語では，指示詞をはじめとして，多くの言語表現に見られることを見た。この節では，この区別が対話において導入される知識，情報に関しても拡張さ

れているということを見てみたい。
　まず，指示詞によって，対話の内容を指す場合を見てみよう。
(29) A：田中さんにあったよ。
　　　B：え，その人だれ。
　相手が導入した未定義の対象は，「そ」系列の指示詞で表される。これは，その対象が相手の領域に属すると考えられるからである。あるいは，この対象が未定義であるということを重視すれば，引用の形式をつかって「田中さんって誰」ということもできる。この場合，英語では that を使えるだけでなく，he も使うことができる。あるいは既に話題の中にその人物が話題となり，自分だけがその人物がだれか分からない場合などは this を使うことも可能である。

(30) a.　Tanaka, who is that?
　　 b.　Who is he?
　　 c.　Who is this Tanaka?

これらのどの場合も特に，対話相手の領域に言及するものはないといってよい。中国語では，このような時は代名詞は使えない。これは，中国語の三人称代名詞「他」が自分の知識内で値が未定義な対象を指すことができないからである。
　さて，(29)のBの問いにAが答える場合，「この人」を使ってもよいが，普通は，引用形式を使う。

(31) A1：田中というのはこんど来たドイツ語の先生だ。
　　 A2：? 田中さんはこんど来たドイツ語の先生だ。
　　 A3：? 彼はこんど来たドイツ語の先生だ。

この場合日本語では，「田中」という裸の名詞も，「彼」という三人称の代名詞も使うことはできない。これは，「田中氏」を相手が知らないという理由による。これに対し，中国語や英語では裸の名詞も三人称の代名詞も使うことができる。英語は，自分が知らない相手でも he が使えるのでこの場合に使えるのは当然だが，中国語に関してこれが可能なのは，中国語の三人称代名詞の使用には，それが指す対象を相手が知っているか知らないかが関係しないからで

ある。

(32) 他　是　　　新来的　　　德语　　　老师.
　　　彼　である　新しく来た　ドイツ語　先生
　　「彼は今度来たドイツ語の先生だ。」

つまり，三人称代名詞の使用に関して，また，引用形の義務的使用に関して，日本語は対話相手の知識の状態が問題になるのに対して，英語や中国語は言語形式の決定には相手の知識の状態は関係しないことが分かる。

さらに，(31)で定義的な導入が終わり，両者の間で「田中さん」に関して，共有の知識状態が達成されたとしよう。日本語ではこの状態でも，AとBの間で知識の非対称性をマークしなければならない。例えば，Aのほうは定義が終わった段階で，「田中氏」のことを「田中さん」や「彼」で言及することができるのに対し，Bのほうは，相変わらず「そ」系列の指示詞や引用形を含む「田中という人」などの形式を使わなければならず，「田中さん」や「彼」を使うことはできない。これは，対立型の持つ非対称性，つまり，自分と対話相手で同じものを別の形式で呼び分けるという特徴が，対話における知識情報にも拡張されていると解釈することができる。日本語では自分と相手とで知識に多寡の差があるとき，この差を非常に重視して表現するわけである。

同様の区別が終助詞の「ね」やモーダルの助動詞の使い方にもあることが神尾(1985)，Kamio(1986)によって指摘されている。例えば，友達の会社に行って，その友達と話していたとする。そこに秘書が来て，すぐに会議が始まると伝えた。このとき自分は，友達に(33)のように言うことはできず，(34)のように自分の観察から得られた推測として述べなければならない。

(33)　会議があるから，失礼するよ。

(34)　会議があるみたいだから失礼するよ。

「会議がある」という事実に関しては，自分は話で聞いたばかりであり，まだ自分の知識となっていないと考えられる。そこで，自分の知識となっていることを表す直接形(＝モーダル助動詞のない形式)でなく，間接形(＝モーダルを含む形式)を使わなければならないのである。

6. 間接経験と聞き手の領域

　文脈指示においては，対話において，自分の言ったことが相手の領域の要素ではない場合も「そ」が使われる場合がある。これについて考えることにする。

(35) A：彼は来ないかもしれないけど，その場合はどうしますか。
　　　B：その場合は，私に電話してください。
(36) A：入口を入ると帽子をかぶった人がいますから，その人に渡してください。
　　　B：その人は，いくつぐらいの人ですか。

この用法の「そ」は，対立型の「そ」の用法の拡張であると考えることができる。次の文を見られたい。

(37)　　私は寒い。
(38)　＊きみは寒い。
(39)　　君は寒いようだね。

(38)の例がよくないのは，「寒い」のような，自分が直接観察できない人の内部状態を表す私的述語をモーダルなしで使ったからである。日本語では，このような自分が直接経験していない状態をモーダル形式なしで述べることはできない。

　さて，聞き手の領域は，この意味で自分の直接経験できない領域であると見なすことができる。さらに，言葉だけで記述されて，実際の外部世界に基盤を持たないものもこの間接経験領域に入ると考えられる。つまり，日本語では，対立型の「そ」は間接経験領域の要素を示すといえる。そこで，聞き手の領域を表す「そ」が，仮定の中の要素や，談話の中だけで言及される要素を指示することができるのだと考えられるのである。

7. まとめ

　これまで，ある言語表現において独り言や語りのような聞き手を特に意識しない文体と聞き手を意識する文体とで表現形式に区別をするか否か，さらに区別をする場合，聞き手を融合的な立場にいるものとして，同じ形式を使うか，

対立的な立場にいるものとして，別の形式を使うかという区別を述べてきた。日本語では，多くの表現において聞き手の領域を独立的に区別し，相手の領域にあるか自分の領域にあるかを意識しなければならない。そして，その標識を付けることが義務的に課される。これは，談話の構成にも非常に大きな影響を与える。話し手とか聞き手を指す一，二人称の代名詞だけでなく，話の内容に関わる対象にも話し手・聞き手の領域を区別しなければならないわけで，いわば三人称が一，二人称の中に埋没してしまったような構造になっているのである。このため，対話において話の中に導入された要素は，いつも導入したものの領域のマークを付けておく必要がある。つまり，日本語では対話において談話構造が話し手・聞き手といった現場の要素から独立したものとしては存在しにくいのである。日本語で独立した談話構造が成り立つのは，仮定とか説明といった相手を仮定しない，ある種の仮想世界を設定したときだけである。それ以外では，常に対話相手の立場を考えなければならないのである。

付 記

　本章の内容は，金水敏氏，木村英樹氏との共同研究の成果に基づいている。

　文献について補足する。ここでは，ダイクシス，談話構造に関する参考文献をすべて挙げるわけにはいかないので，以下に挙げる参考文献を参照して必要な文献に当たられたい。

　ダイクシスと談話構造に関する一般的な解説としては，Levinson (1983)，Brown and Yule (1983) がよい。

　本章の視点に関する解説は一般的なものではないので，読者は必ず，久野 (1978)，大江 (1975) に当たられたい。

　指示詞の全般的な理解に関しては金水他 (1989) を，指示の領域の基本的な見方については，佐久間 (1951)，三上 (1970)，服部 (1968)，久野 (1973)，融合型，対立型の区別の詳しい解説は，正保 (1981) が参考になる。中国語の指示詞，三人称代名詞については木村 (1992)，田窪・木村 (1992) を参照されたい。

　本章のもとになっている情報領域の理論的な背景は，田窪，金水の一連の論文，金水 (1988)，金水・田窪 (1990) などを見られたい。同様な方向を別の材料

から目指したものとしては神尾(1985, 1989)，Kamio(1986)が非常に参考になる。

第3章

名詞句のモダリティ

1. はじめに

　文では，裸の形(モダリティ要素を含まない形)を主節で使った場合，話し手が談話を始める前から信念として持っている知識内容や直接体験によって得た知識内容を表す(例.「彼は変な奴だ。」)。これに対し，モダリティ要素を含んだ文は，間接的な経験によって得られた知識を表し，なんらかの形でまだ信念体系に組み込まれていない知識内容を表すといえる(例.「彼は変な奴らしい，ようだ，はずだ，だろう。」)。

　これと同じ区別が名詞句にもある。日本語では，自分が既に知識として持っている要素に言及する場合と，相手によってはじめて導入された要素に言及する場合とで，言語形式によって区別をする。本章ではこのような談話における知識の問題を扱うための簡単な枠組みを提出し，日本語における要素の導入と知識の関係を中心に考察した。

2. 談話管理理論

　我々は，言語を使っていろいろなことができる。しかし，その基本になっているのは，情報の交換である。すなわち，人にこちらの知っていることを教えたり，相手に自分の知らないことを聞いたり，確認したりする作業である。言葉で命令したり，脅したり，警告したりすることも，基本的には，相手に自分の知っている事実や推測，予想，予言などを教えたり，示唆したりすることによって行われる。対話相手との情報の交換のためには，前もって相手の知識を

想定しておく必要がある。(こちらの想定した)相手の知識内に存在しない(と想定される：以下，この注釈は省略)物事を述べれば相手に新規の情報を伝えることになるし，相手の知識内に存在する物事を述べれば，それは前提となり，その前提からこちらが導き出した帰結としての新規情報を相手に知らせたり，相手にその前提に注目させることにより，相手がその新規情報を帰結として導き出すことを助けることになる。

そのような情報交換には，言語使用者は，単に思いついたことをコードに乗せて，発信したり，発された発話をコードに基づいて解読したりする以上のことをしなければならない。このような対話・談話における情報の交換を談話管理と呼ぶことにする。そして，談話管理に参加するものとしての聞き手・話し手を談話管理者と呼ぶことにする。話す内容を決めたりする以外に，談話管理者の主な仕事としては次のようなものがある。

(i) 初期状態の値の設定：どれだけの要素を共通の経験として用意するか
(ii) 登場要素の管理：代名詞，指示詞の管理運用
(iii) 共有知識の確認：相手の知識に関する想定の管理，言葉の使用法に関するメタ言語的な確認
(iv) 信念の維持管理：推論による要素の設定，推論による情報の獲得と信念体系の維持(＝相手の言明で知識がどう変化するかを管理する)

以下では，対話的談話への名詞句の導入を中心にして，日本語の談話管理システムを明らかにする。この際，メンタルスペース理論を対話に特殊化して使用する。メンタルスペース理論は，対話モデルの表示に必要な部分的な信念とその信念内にある別の信念体系を表しやすいからである。ここではメンタルスペース理論を解説している余裕はないので，坂原(1989)，あるいは，フォコニエ(1985)を見られたい。

3. 談話管理の理論と対話に於ける知識管理

話し手の持つ知識の総体をLTM(Long Term Memory(＝長期記憶)の略)と名付けることにする。これは一般的な知識やエピソードの記憶がつまってい

る知識ベースである。実際の対話では，個人のすべての知識が必要なわけではなく，相手によって，また話題によって必要な部分は限られる。そこで，話題の内容，相手の知識に合わせて，LTMの一部を活性化しておく。この活性化された部分をRK(Relevant Knowledge(＝関与知識)の略)と呼ぶことにする。RKは聞き手の数だけあるので，特定のRKを，RK_iのように添え字で示す。RKの中には，一般的な知識，これから話すために必要な用語体系，相手と共通の体験や知人，これから相手に話すべき内容といった，データと，これらを運用するための談話管理システムが入っている。

さて，実際に話を始める前に，相手と共通の知識，体験，要素を準備して活性化しておく。これに相手も認知していると想定できる現場の要素(いつでも指させば指示できるもの)を加えて，共有知識の状態を作っておく。これを対話の初期状態と呼ぶ。初期状態をD_0(DはDiscourseの略)と呼ぶことにする。D_0には，話さなくても，存在を前提できる要素が含まれる。現場の要素はいつでも状況の変化により更新できる。つまり，現場は共有されていると認知される。

談話管理者である話し手は，RK内の知識を使って，発話をし，D_0を次々と変化させていく。したがって，対話における発話はこの初期状態を変化させるための指令と解釈することができる。

(1) 単純な対話モデル

LTM → RK_i

RK_i → D_0

発話$1(D_0) = D_1$

発話$2(D_1) = D_2$

対話の初期状態を作るには，まず，RK_iから話し手と聞き手の共有世界を構成する必要がある。この共有世界をメンタルスペースを使って表示することにする。

まず，起点スペースとしての話し手スペースRを設定する。

(2) ステップ1

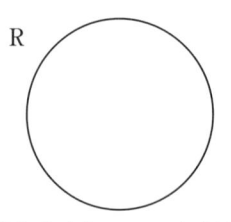

そこに，RK_i から，聞き手と共有していると信じられる知識を転送する。

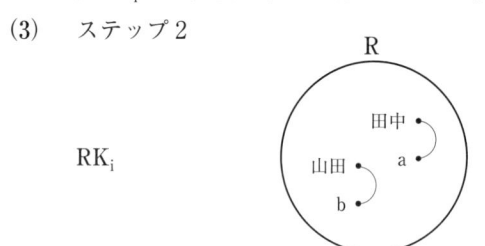

(3) ステップ2

次に，話し手のスペースの内部に聞き手のスペース H を作り，R から要素を写像関数 F によりコピーする。

(4) ステップ3

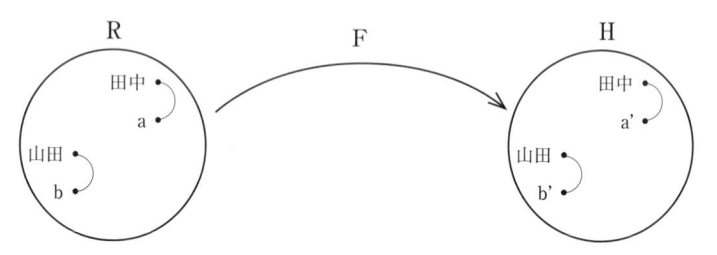

ここで考えているのは，他人の話を聞いているようなモデルではなく，話し手が実際に対話をしている時のモデルで，問題となる聞き手のスペースは，話し手の信念内の聞き手の知識を表示する。実際には，H は，R の部分集合である。ここでは説明の便宜上，H をあたかも，R とは別に設定されている集合のように表記する。また，R も H を除いた集合として扱う。

談話の初期状態では，聞き手のスペースは話し手が想定する共有の知識を立場・視点の違いだけを写像 F により写像したものである。写像 F は，対話相手との用語の対応をとる写像で，自分のほうの用語を変域とし相手の用語を値

域とする。メンタルスペース的には，話し手のスペースと聞き手のスペースをつなぐコネクターである（これ以降は，コネクター，写像を区別せずに使う）。このとき，ダイクティックな要素は，当然自分と相手とで記述が変わる。また，相手が誰かによって，対応する表現も変わる。

例えば，相手が大学の同級生の田中氏であれば，自分のことは「僕」，相手は「おまえ」と呼ぶだろう。呼掛けとしては，「田中」，「田窪」と呼び捨ての形を使う。自分の妻は「家内」，彼の妻は「奥さん」と呼ぶかもしれない。また，これが大学の後輩の「高田氏」であれば，相手は「君」，奥さんも後輩だったので，「道代さん」と呼ぶ，といった具合である。ここで，Fを定義し，同時に共有知識を定義するために表記法を与える。フォコニエ(1985)にしたがい，あるスペース内 S_1 における記述 P の値を「$P(S_1)$」と表すことにする。別のスペース S_2 内において，P に対応する記述を P' とすると，この記述の S_2 内での値は，「$P'(S_2)$」で表される。そこで，S_1 から S_2 への写像を f とすると，S_1 における P の値は，S_2 における P' の値に対応する。これを

(5)　　$f(P(S_1)) = P'(S_2)$

と表すと，相手によって指すものの名前が違うということを次のように表すことができる。R は，起点スペースとしての話し手のスペース，H は R の中の聞き手のスペース，Fn は，特定の聞き手での R から H へのコネクターを表す。

(6)　　聞き手が田中氏（大学時代からの友人）の場合：
　　　　$F_1(僕(R))$　　　＝おまえ(H)
　　　　$F_1(おまえ(R))$＝おれ(H)
　　　　$F_1(奥さん(R))$＝うちのやつ(H)
　　　　$F_1(高田(R))$　　＝高田君(H)
　　　　$F_1(ここ(R))$　　＝そこ(H)
　　　　$F_1(あそこ(R))$＝あそこ(H)

(7)　　聞き手が高田氏（大学の後輩）の場合：
　　　　$F_2(僕(R))$　　　＝田窪さん(H)
　　　　$F_2(君(R))$　　　＝僕(H)
　　　　$F_2(道代さん(R))$＝道代のやつ(H)

$F_2(田中(R))$ ＝田中さん(H)

談話管理者は，文脈パラメータにより，対立的な視点を取るのか，融合的な視点を取るのかを指定しておく。この指定は，談話の最中に変わってもよい。

(8) 融合的視点を取るとき

$F(私たち(R)) = 私たち(H)$

(9) 対立的視点を取るとき

$F(私たち(R)) = おまえら(H)$

Fは，立場・視点の違いを表すのであるから，同じ事態が立場・視点によりR，Hで違う表現を与えられる場合にも使える。

(10) $F(おまえががぼくにくれる(R)) = おれがおまえにやる(H)$

Hは，話し手における聞き手のスペースで聞き手と共通の知識を聞き手が使うであろう表現で表示したものである。もし，話し手の想定が正しければ，相手は，この関数と逆の操作(これをFの逆関数と呼び，F^{-1}と表記する)を使うはずである。田中氏の話し手，聞き手のスペースをR'，H'と表記すると

(11) $F^{-1}(うちのやつ(R')) = 奥さん(H')$

もし，こちらの想定が正しければ，HはR'と同じように扱うことができる。以後は，あたかも，話し手が想定した聞き手のモデルを相手の起点スペースであるかのように扱う。

この表記を利用して，共有知識を表すことができる。ある知識が共有であるとは，コネクターが双方向に成り立つことである。つまり，話し手が想定している「聞き手の知識」と，話し手が想定している「聞き手が持っている話し手の知識」が一致する事である。これは，次のように表記できる。

(12) $(F(P(R)) = P'(H)) \wedge (F^{-1}(P'(H)) = P(R))$

ここで注意してほしいのは，初期状態において想定されている聞き手の知識はあくまで，共有していると信じている知識であるということである。もし，こちらの知識と聞き手の知識の間で質的，量的差異が存在するときは，初期状態には入ることはできない。初期状態はあくまで，話さなくても前提とできる知識だからであり，知識に差があればそれは新規の知識になり得る。例えば，相手は知っており，こちらも知っているのだが，こちらがそのことを知っている

ことを相手は知らないような要素は，入っていない。このような要素が共有知識となるためには，言語的相互調整作業が必要となる。相手が知っていることでも，相手がこちらが知っているという事実を知らない場合，そのこと（＝相手が既に知っている物事）を述べることは，ある意味で新規の情報を述べることになり，これは前提でなく，新規の情報と見なせるからである。例えば，私は「山田」という人物を最近知ったとする。彼は，田中氏の後輩であることが分かった。そこで山田氏は，田中氏と私の共通の知人であることになる。しかし，私が山田氏を知ったことを田中氏が知らなければ，田中氏に対して山田氏を既に知っている共通の友人として話題にすることはできない。この場合は，相手は，私のスペースには，「山田さん」の対応物はないと思っているはずだ，と私は想定しているわけで，「山田君」の対応物はH内にあるが，HからRへFの逆操作をした場合，R内の「山田君」の値には対応しない。この場合はその対応物は値がない，という状態である。

(13)　　(F(山田君(R))＝山田さん(H))∧
　　　　(F^{-1}(山田さん(H))≠山田君(R))∧(R$\not\ni$F^{-1}(山田さん(H))

このときは，上で定義した共有知識に反している。つまり，ここでいう談話の初期状態にはない。共有知識でなければ，前提とできず，新規の知識として導入するという手続きがいるのである。

　さて，談話の初期状態は，話す前の準備であった。発話は，初期状態を変化させる関数と考えることができる。発話は，初期状態を変化させるか否かで，それが新規情報か，前提かに分かれる。新規情報であれば，その情報を加えて，そこから推論される情報を導き出し，次の状態に移る。前提であれば，その前提と初期状態にある知識とから推論規則により，新規情報を帰結し，その帰結を付け加えて次の状態に移る。談話管理者は，これらの状態の推移を記録しておく必要がある。前の状態に言及する必要があったりするからである。

　ここで談話の初期状態というものを強調するのは，日本語では談話の始まる前に共有されていた知識と談話の途中で提供された知識を区別する傾向があるからである。談話内で提供された知識が言語表現に関して自分の知識として扱われるようになるためには，談話が終わって，その知識が自分のものと感じら

れた時か，あるいは，その談話中に自分自身がなんらかの意味で直接経験をした場合に限る。

4. 談話管理理論による名詞句の導入

上で述べた談話管理理論の一つの応用例として，対話における名詞句の導入形式を考える。

対話による情報交換では，自分の知っていることを相手に教えたり，相手が知っていることを教えてもらったりすることが基本になる。これは，我々の枠組みでは，スペースに要素や関係を設定したりすることに対応する。

相手の知らない要素を設定する表現の代表的な例から見てみよう。まず，自分のスペースに適当な記述や名前とともに要素を設定する。田窪(1984, 1990b)で示したように，日本語では，裸の固有名は，共有の知識を示す。したがって，なんらかの意味で共有されていない人物を導入するためには固有名は使えず，普通名を使う。固有名を普通名詞にする一番簡単な方法は「という＋基本範疇名詞」を使うことである。

(14) きのう，田中四郎という人に会いました。山田さんをよく御存知だとおっしゃっていましたよ。

これにより，Rに要素が導入され，同時に対応する要素がHに設定される。

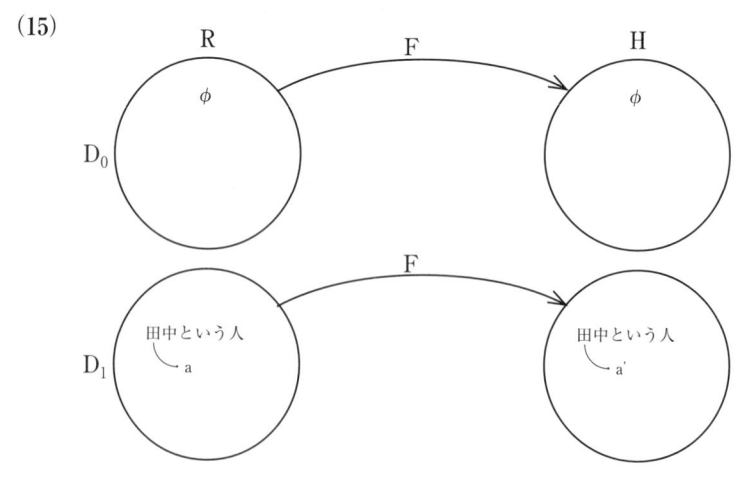

(15)

D_0：R（φ）$\xrightarrow{F}$ H（φ）

D_1：R（田中という人 a）$\xrightarrow{F}$ H（田中という人 a'）

導入のセッションが終わり，どちらも「田中氏」を同定できれば，R, Hの「田中という人」は「田中」で指せる．これは，「固有名PNは，既に談話に導入されており，PNという名前である要素を指す．」という固有名の一般的な性質である．

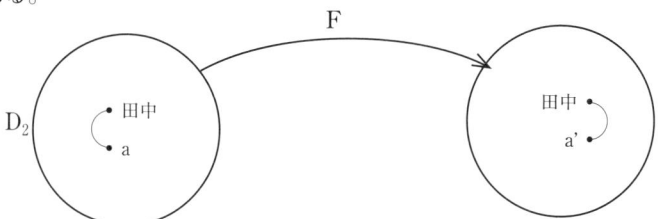

もし，聞き手のほうで同定ができなければ，Hのほうは，固有名は設定されず，普通名の「田中という人」が維持される．

相手が知らないと想定される人物を導入する場合も基本的には同じである．

(16) A：僕の友人に田中という奴がいます．まじめだし，英語がよくできるので適任だと思いますが．

　　B：その人は独身ですか．じゃ，その田中という人に頼んでください．

　　A：じゃ，田中君に頼みます．

(17)　山田君の友達の田中という人に頼んだ．

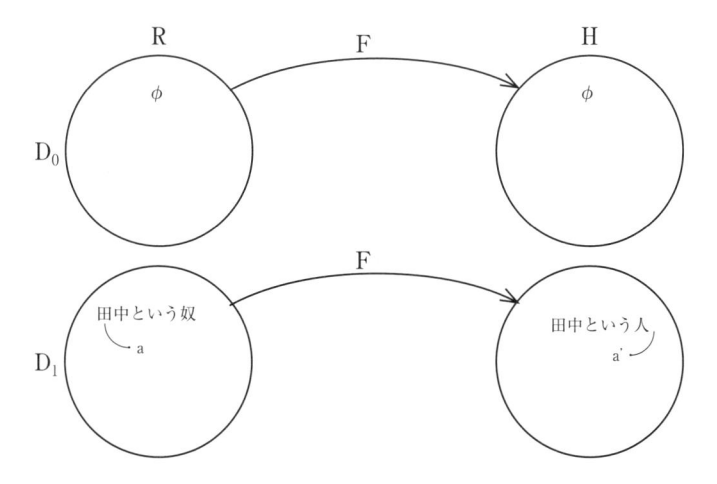

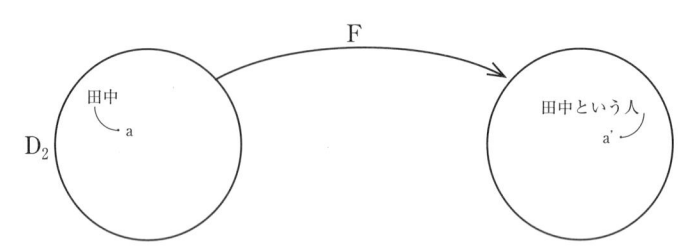

```
            F
   ┌───┐        ┌─────────┐
   │田中│──────→│田中という人│
D₂ │ a │        │   a'    │
   └───┘        └─────────┘
```

　ここで「田中という人」は例えば「私が昨日食事をした人」というような，記述と同じであり，「田中という名前を持ち」かつ「人」であるという属性を表す普通名詞にすぎない。この名詞が，aを同定するのに使われて特定的な対象をさしているだけである。

　さて，Rの方のaは，RKの要素(=結局はLTMの要素)であり，話し手の現実の中で存在が確立している個人を指す。ところが，H内のa'の方はこれに対応する相手の方の話し手のスペースR'で，対応する要素が現実で定位されていない。つまり，話の中で存在する人物にすぎない。もちろん，明示的に導入された以上，最低限，相手が「田中」と呼ぶ人物の存在は設定される。

　さて，RとHとは，コネクターFでつながっている。そこで，同定原則(18)を利用して，R内の記述で，対応する要素をさすことができる。

(18)　同定原則
　　　もし，二つの対象aとbとが語用論的関数F(b = F(a))によって結合されているなら，aの記述 d_a を用いてaの対応物bを同定できる。
(19)　F(田中(R)) = 田中という人(H)
　　　F^{-1}(田中という人(H)) = 田中(R)

したがって，自分は「田中」で，相手は「田中という人」で，同じ人物を指すことができるわけである。

　ここで一つ制限がある。考えてみれば分かるように，「田中さん」をよく知っている私にとって，「田中さん」はあくまで「田中さん」であって，「田中さんという人」ではない。したがって，最初の導入のためのセッション(このセッションは，講演会のように非常に長く続く場合もある)が終われば，私はこの人を田中さんと呼び，「田中という人」とは呼ばない。反対に，あなた

は，田中さんはあくまで「田中さんという人」であり，「田中さん」とは呼べない。この事実はここで関与している語用論的関数 F に方向性の制限があることを示している。つまり，話し手になったほうの記述によって相手の要素を同定することはできるが，反対に相手の記述を使っては話し手の要素を同定することはできないのである。したがって，名詞句の導入をしたほうと，その名詞句の導入を受けたほうとの間で，差が生じているのである。

　この制限は，ダイクティックな名詞句の場合と原則的には同じである。自分は自分のことを「私」と呼ぶ。これは，相手のスペースでは「君」に対応している。「私」の指す対象を a，「君」の指す対象を a′ とすると，

(20) 　 $F(a(R)) = a'(H)$

であり，私は「私」により，H における私の対応物 a′ を指すことができる。また，逆も成り立つので，

(21) 　 $F^{-1}(a'(H) = a(R))$

ところが，あまりにも当然のことながら，私は H の記述を使って「君」により，私を指すことはできない。F は自分が使い，F^{-1} は相手が使うことになっているのである。

　一般にダイクティックな表現は，同じものをそれが話し手・聞き手のどちらの領域に属するかにより表現しわけることによって，その対象が属する領域の違いを示す。

　相手がいないとき，あるいは相手がいても，融合的視点に立てば，この領域による区別はなくなる。つまり，「我々＝僕と君」のときは，話し手と聞き手で同じ表現を使えばよい（三上 1955）。

　日本語は，対話に導入された知識に関して，対立的視点をとるといってよい。対立的視点を取る限り，導入された要素には，その視点のマークが付くことになる。これが「固有名（自分のもの）」，「固有名という N（相手のもの）」の差である[1]。

---

[1] この辺の事情は，敬語にも見られる。相手の弟を「弟さん」と呼ぶとする。相手は当然その弟のことを「弟」と呼ぶ。つまり，単に相手の要素であることを示す「あなたの」とかを付けるだけでなく，記述自体も変えているのである。

5. 代名詞と談話の独立度

ここで，田窪(1984, 1990b)で述べた，日本語の談話構造の独立度について考察したい。

西欧語における三人称代名詞は，基本的に談話指示的である。つまり，指示対象が先行談話において導入されておればよい。これは，西欧語では一人称・二人称の立場的視点から独立しているものを三人称としておくだけでよく，対話の前から確立しているか，対話の最中に導入されたかの区別をする必要がないからである。

そこで，西欧語では，対話的談話でも談話構造はある程度まで言語場から独立したものとして扱うことが可能である。一人称，二人称に結び付いたダイクティックな要素でさえ，いったん導入されれば，三人称の代名詞で受けることが可能である。話し手自身を指す I，聞き手自身を指す you を除けば，一人称，二人称の使用(this, that, your, my など)は，導入時の同定を助けるために使用されるのみで，一度導入されれば，三人称代名詞で指すことができるからである。この意味で，三人称は話し手，聞き手から独立した指標を表す。談話に導入された要素は，話し手と聞き手以外はすべてある独立した談話世界を構成していると見ることができるのである。

R	H
弟さん	弟
お国	国

このとき，自分の記述を使って相手の要素を同定することはできるが，相手の記述を使うことはできない。日本語では，第三人称にも一，二人称を拡張している。

また，幼児語では，こちらは相手の立場の記述だけを使う。幼児は基本的に相手スペースを設定しないため，F は自分のスペースの要素を指す恒等関数になる。そこで，利用できるのは，この関数だけになり，相手の立場の記述を使うことになる。

<u>私の記述</u>	<u>息子の記述</u>
お父さん	お父さん
ゆうちゃん	ゆうちゃん
<u>私の記述</u>	<u>子供の記述</u>
おじさん	おじさん
ぼく	ぼく

(22) 西欧語の談話のイメージ

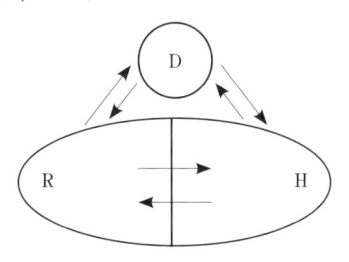

　日本語においては，対話で導入されただけではいけない。上で示したように，対話における導入は，必ず，話し手・聞き手の立場の差を表示しなければならない。つまり，「対立的対話においては，談話指示による三人称はありえない」のである。三人称が存在するのは，現実における経験(実際にその人物に会う，現場にあるものを指す)か，対話を始める前の共通経験があること，つまり，談話の初期状態に存在していることが前提となるのである。

(23) 日本語の対話のイメージ

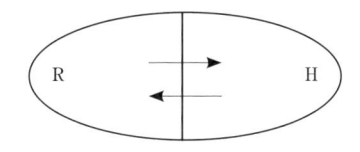

　田窪(1984, 1990b)で示したように，談話の初期状態にない要素を導入した場合，日本語では，三人称代名詞で受けることはできない(「彼／彼女」はある意味で固有名と同じ性質を持ち，要素を導入したほうは，これらを使うことができる)。また，「あ」系列の指示詞を使うこともできない。これは，上のことから，帰結する。三人称の代名詞，「あ」系列の指示詞は，話し手・聞き手の立場の違いを反映しない形式である。

(24) 　$F(あれ(R)) = あれ(H)$
　　　　$F(彼(R)) = 彼(H)$

対話ではじめて導入された要素は，その知識量の相違から，導入した責任者を明示しなければならないとすると，当然，これは話し手(一人称)か，聞き手(二人称)でしか有り得ない。となれば，三人称の形式が使えるのは，談話の初

期状態に含まれた要素，すなわち，対話の始まる以前から話し手，聞き手に共通の要素か，現場で指し得る要素，でしか有り得ないことになるのである。これが，談話指示では三人称がありえないといった意味である。

そこで，現場指示を除けば，対話ではじめて導入された要素に対して使える指示詞は，「そ」か「こ」だけになる。「そ」は相手のスペースにある要素を指す指示詞，「こ」は現在の話題の中心であることを表す指示詞である。

(25) a. 僕の友人に田中というのがいます。英語がよくできるので，この仕事にはピッタリだと思うんですが。
　　 b. |その人／この人／*彼／*あの人| は独身ですか。じゃ，その田中という人に頼んでください。

話が終わり，十分その対象について理解ができたと考えるか，直接その人に会うかすれば，既に知ったものと見なせる。これにより，知識は相手のものから自分のものになる。そこで，再び，私と会って，彼のことを話題にしたければ，「田中という人」により再確認をすれば，この人物については既に，私と話しあったことがあるのであるから，共有知識のマークである「あの」を付けることも可能であり，「彼」も使える。

(26) 　この前，田中という人の話が出たでしょう。英語のうまいという。
　　　|あの人／彼| に会えますか。

また，独話的，融合的な，対話・語りにおいては，Hの果たす役割が非常に小さくなり，写像関数は恒等関数になる。つまり，同じ値を与える。逆関数も恒等関数となる。立場の違いによる表現の差は基本的に消滅する（金水 1988）。

6．値がない要素の定義的導入

上では，相手スペースに明示的に要素を導入するやり方に付いて述べた。この現象は多かれ少なかれ何語にもある。どの段階で，既に知っていると見なし，裸の名詞句や三人称代名詞を使えるようになるかが，言語によって微妙に異なるだけである。

ところが，次のような場合は異なる。

(27) A：田中さんにあったよ。

B1: 田中さんってだれ。
　　　B2: 田中さんってどの田中さん。
　　　B3: それ誰。
　(28)　用度掛ってなに。
これらは，すべて，相手の知識の想定が間違っている場合である。(29)の場合，「田中さん」は十分文脈によって限定されていないため，値が分からない。
　(29)

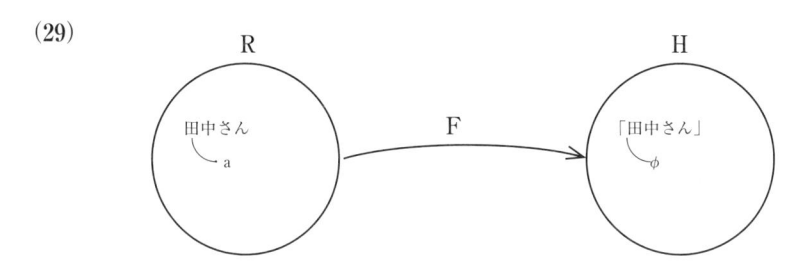

「田中さん」は明示的に値を設定する役割を果たさないので，相手の D_1 は D_0 と同じ状態である。この場合の「田中さん」が，どういう値を持つのかを決めてもらわなくてはならない。この場合も，話し手であるあなたは，私の記述は使えず，あなたの記述で，「田中さん」を同定しなければならない。ここで，明示的な導入は行われていないので，H に設定されているのは，「田中さん」という名前だけである。この名前には値がない。そこで，この場合「って」を使うのである。

　ここで，「って」とは何かを復習しておく。準備として，言語記号とは何かを考えてみよう。言語記号は，原則として次の三つから成り立っている。
　(30)　言語記号の構成要素
　　　（ⅰ）　言語記号の名前
　　　（ⅱ）　意味（＝定義的属性）
　　　（ⅲ）　指示対象
例えば，我々が裸の固有名を使用できるためには，これら三つをすべて知っていなければならない。名前を知らなければ，当然，その固有名は使えないし，定記述などで対象を示すしかない。意味，指示対象が分からない場合，日本

語では，裸の固有名は使えず，「Nって」などを使わなければならない。この「Nって」という形式は，記号の名前だけが定義されており，記号の意味，指示対象のうちどちらか，あるいは両方が定義されていない要素を表す形式と考えられる。このように，記号自体をその名前で指して，その記号の内容を問題にする用法をメタ用法と呼ぶことにしよう。これは，記号自体の定義をする用法といえる。それに対し，記号の指示対象，意味を問題にし，対象間の関係や条件を問題にする用法を指示的用法と名付ける。「Nって」はメタ用法を表す。

記号のメタ用法は，固有名に限ったことではなく，すべての品詞，すべての句で見られる。

(31) A：ここで右にひねるんだ。

　　 B：右にひねるって，どうやればいいの。

(32) A：君もぼちぼち年貢の納め時じゃないの。

　　 B：年貢の納め時というのは，どういう意味だ。

つまり，相手が言った表現の「意味」が分からない場合，意味は分かるがその場面での具体的な値が分からない場合，自分のスペースに設定されているのは記号の名前だけである。そこで，共有状態を達成するためには，その名前に対して意味と値を再設定しなければならない。したがって，これらはすべてメタ的用法となり，日本語では，記号の名前を指す「って」や「というの」が付くのである。

ここで，注意しなければならないことは，日本語でメタ用法が，話し手・聞き手の非共有的知識を指すのに使われるということである。記号自体を問題にする場合は何語にもある。韓国語などでも，記号の意味を述べる場合には，「Ian」という，引用句を使うし，値が分からないときの聞き返しには，相手の言った事を繰り返す意味で「名詞 + Iani?」などの形を使う。ところが，相手が知っており，自分がその値を同定できない対象を指してこれの定義的属性を求めたりするときには，この形式は義務的でなく，単なる「Nが」に対応する形式でよい。つまり，相手の記述をそのまま使用しているのである。ここでも，日本語では，自分のスペースと相手のスペースとの非対称性に敏感なのに対し，英語や韓国語などでは，そうではないことを示している。

7. メタ用法と第三者の知識

上で，メタ的用法が，話し手と聞き手の非共有的知識を示すのに使われると述べた。実は，メタ的用法が使われるのは，話し手の知らない聞き手の知識，聞き手の知らない話し手の知識の場合に限らない。聞き手以外の第三者の知識を問題にする場合にもメタ的形式が使われる場合がある。次の英語の例を見られたい (Fauconnier 1988：九段会館における講演による)。

(33) a. Luke reported that a flying saucer has crashed.
　　 b. In fact, the flying saucer was a helicopter.
　　 c. In the news paper, it became a Boeing.
　　 d. And according to them, the helicopter had carried 200 people.

(33)では，flying saucer, helicopter, Boeing は，それぞれルーク，話者，新聞の与えた記述であり，それぞれの信念内で成立している。be は，代表的な間スペース的コネクターであり，(33b)は，ルークの信念スペース内(L_R)の要素である円盤が，話者の現実スペース内のヘリコプターと結び付けられている。つまり，英語では，このように話者の信念にない要素を裸の名詞句で表すことができる。つまり，話し手の信念内の要素とそれ以外の要素を形式で区別する必要はないのである。したがって，対応する要素は，どの信念スペースの記述をトリガー（F (a) = b の a のほうがトリガー，b のほうがターゲット）として使ってもよく，ここには話し手の現実とそれ以外のスペースの間で，トリガー／ターゲットの方向性はないといってよい。

(34)　flying saucer (L_R) = a
　　　helicopter (R) = b
　　　F (a) = b
　　　F^{-1}(b) = a

したがって，a を b の記述で同定してもよいし，反対に b を a の記述で同定してもよい。つまり，ルークが円盤だと思っている対象を自分の信念によってヘリコプターと呼んでもよいし，自分がヘリコプターだと信じている対象をルークの誤解している記述である円盤で指してもよい。

次のような例でも，コネクターの逆操作が可能である。マックスが庭園つき

の城を相続したと信じているという文脈で，話し手は次のように言える。

(35) In reality, the castle is a run-down shack and the park is a junkyard. （Fauconnier 1985）

the castle, the park はマックスの信念でのみ妥当な記述である。

これに対し，日本語では，このような場合も，メタ指示を使う。

(36) 本当は，その円盤というのは，ヘリコプターだったのだ。

(37) 現実には，城というのは荒れ果てたほったて小屋で，庭園というのは廃品置き場だ。

なぜか。まず，話し手から見ると，「ヘリコプター」の値が，ルークの報告の「円盤」の値に対応している。

(38) $F(ヘリコプター(R)) = 円盤(L_R)$

次に，Fの逆関数 F^{-1} をとると，ルークの報告内の「円盤」の値の R での対応物が与えられる。ところが，ルークは，これは円盤であり，ヘリコプターではないと思っているわけで，R 内に対応する値はない。

(39) $(F^{-1}(円盤(LR)) = 円盤(R)) \wedge (R \not\ni 円盤(R))$

となると，円盤の対応物で R 内で設定されているのは，「円盤」という記号にすぎず，これには値がない。つまり，メタ的存在である。これは「というの」で表せる。そこで，「円盤というの」という形が生じるのである。

もし，(40)のように，現在形に裸の名詞を使った場合，話し手は矛盾した信念を持っていることになる。過去形の場合，話し手が誤って，ヘリコプターのことを円盤と考えていたことを表す。この場合，「円盤」は話し手の過去の信念の要素，「ヘリコプター」は，過去，現在共通の要素になる。つまり，「その円盤」は，ある時点で自分にとっても円盤のように見えたが，実際には，円盤型のヘリコプターであることが別の時点で分かった，といった意味になる。

(40) ?本当は，その円盤はヘリコプターだ。

(41) (その)円盤は，実際は，ヘリコプターだった。

また，モーダルを表す要素を付ければ，かなり自然な表現になる[2]。

---

[2] 日本語では，モーダルのない発話は話し手の現実で成立している要素を示す。

(42) きっと，その／この円盤はヘリコプターだ．
(43) その円盤はヘリコプターであるはずだ．
　ここでは，記述は話し手の現在の信念状態からなされているのではなく，予測，推論といった可能な信念状態からの記述となっている．つまり，これは(33a)のルークの報告と同じく，話し手の現在(＝発話時)の信念とは別の位置で記述が行われているから「というの」が必要ないのだと思われる．
(44) 本当は，それはヘリコプターだった．
　この場合，「それ」は，記述と関係なく，要素を示す．したがって，話し手の現実に於て，対応物を見つけ，その対応物の持つ属性を述べればよいことになる．さて，上の例では「その／この」などの指示語がNの前に付いていた．金水(1988)にあるように，これらの指示語は，Nが成立し，その値が定位されるスペースを示す[3]．スペースを表す表現としては，他に「固有名の」がある．
(45) ルークの円盤は実はヘリコプターだった．
「というの」を使った場合，「円盤」であるということは原則として否定されており，現在の話し手の立場から，「円盤と呼ばれたもの」に関して，その属性を与える表現になる．これに対して，「ルークの円盤」では，「円盤」であることはルークの信念内では成立している属性であり，この属性が話し手の信念で妥当かどうかは，不定である．したがって，次のような文も可能である．
(46) ルークの円盤は確かに円盤だった．
ここで，このようなスペース指示表現を伴った名詞句と，裸の名詞句の差が重

(i)　Then I drove into the tree I don't have.
(ii)　??私は家にない木にぶつかった．
(iii)　私は家にないはずの木にぶつかった．
これは，話し手の現実の中での話し手の世界(これは間違っている可能性もある相対化された世界である)とは区別される．話し手の現実は常に真な世界であり，絶対的優位位置にあるのである．

[3] 金水(1988)では，指示詞をそれが付いた名詞句をどこに設定されているかを示す指標として分析している．つまり，日本語の「こそあ」は，話し手のいる場所的，時間的，知識的位置を基準としてそこからの距離により，区分されたスペースを表す．つまり，指示詞は記述の一部であるよりも，聞き手が，その表現に対応する要素を探しに行く際の標識の役目を果たしているといえるのである．

要になる。この差は，述部のNでははっきりと現れる。

(47) ?ルークの円盤はヘリコプターだったが，彼の方が正しかった。

(48) ルークの円盤は私のヘリコプターだったが，彼の方が正しかった。

（この例は三藤（個人談話）による）

「ヘリコプター」は話し手現実Rの記述であるため，(47)は，矛盾した信念を表す文になってしまうが，(48)の「私のヘリコプター」は，例えば，私の提出した仮説スペース内の要素であり，現在の私の現実の要素ではないので矛盾した文ではない。

このようなコネクターの逆転の制限は，複数の信念を問題とする場合のみの制限であるようである。例えば，劇，絵などでは，これらのスペースの要素をトリガーとし，現実の対応物をターゲットとする文が可能である。

(49) この絵では，この黒い目の子は，青い目をしている。

(50) 実際には，この青い目の子は，黒い目をしている。

これは当然で，「絵」における記述は，話し手の信念にとって，ある意味でまったくの現実であるからである。

したがって，「というの」が付くのは，話し手が，他の人の信念内の要素を，その人の信念で成立しているが，自分の現実内では成立していない記述で指す場合といってよい。自分の現実空間では当然その記述を満足する値はなく，メタ記述を使わなければならない。

このように考えれば，相手の言った内容を聞き返すときに付ける「というの」は，その特殊な場合といえる。ただ，話し手・聞き手の場合のほうがずっと制限がきついとはいえる。

8. まとめ

現実の要素を示す裸の名詞句，知識の差を表す「N_1というN_2」，メタ指示の「Nって／というの」を見てきた。裸の名詞句は，話し手の現実，及び話し手の想定した聞き手の現実においてその記述が成立している要素を示す。上で記号の定義をしたが，ある言語記号を裸で使えるためには，指示対象，定義的意味，名前を対話の前から既に知っているか，現実の経験でこれをそろえなけ

ればならない．これを話の最中に相手から得た情報でそろえても，少なくとも対話の最中は，裸の名詞句は使えないことを見た．これは対話の間は，相手が導入した要素は相手のものと見なされるからである．

「N_1 という N_2」は，談話への明示的導入をするときの表現形式である．したがって，話し手，聞き手のどちらかあるいは両方が，前もっては知らなかった，あるいは，裸の名詞句を使うのには知識が不足しているような要素を示す．この場合，値は設定されており，知識が間接的であるため，固有名で呼ぶには不足しているだけの場合もある．

「って／というの」は，値自体が存在しない記述を示す．つまり，記号の名前だけを示す表現である．これらは相手がこちらのスペースの状態を想定し誤った場合，第三者の誤解をただす時に現れる．また，記号を新しく定義するとき，また，自分自身の発見により，記号を定義し直すときにも使われる．

これらの名詞句の使用法，及び，指示詞，代名詞の使用法を観察した結果，次の結論を得た．

日本語では，話し手・聞き手の共有知識のマークは，談話の初期状態，つまり，話を始める前から互いに知っていると見なせる知識か，話の最中，現実に経験した知識のみに付けられる．話の最中に得た間接，伝聞知識によっては，共有のマークは付けられない．これは，日本語では，話し手と聞き手の領域を区別することが義務的であり，知識の多寡は，その領域を反映しているからである．これらから，日本語の対話においては談話指示が存在しにくく，それだけ談話構造が，話し手・聞き手という言語場の要素からの独立が存在しにくいという結論を得た．

この現象は，神尾(1985)における文のモダリティにおける直接形・間接形の区別とも相関している．つまり，名詞句のモダリティ現象である．

付　記

本章は田窪(1984, 1990b)の解説版といったもので，この二論文を，メンタルスペースを援用して多少形式的に述べてみた．その際，金水(1988)の表現法に非常に多くを負っており，本章は，ある意味で金水氏との共作といえるが，

意見の調整がおわっておらず，文責はすべて筆者にあるので，いちいち，注釈を加えなかった。

　また，三藤博氏，益岡隆志氏，木村英樹氏には有益なアドバイスをいただいた。

第4章
日本語の人称表現

1. はじめに

　日本語の特徴として，人称を表す語が文法的に発達していないことが挙げられる。確かに，日本語では，対話においてもっぱら話し手自身を表す単語「私，僕，おいら，うち」など，聞き手を表す単語「あなた，君，おまえ」など一，二人称を表す名詞類は存在する。しかし，これらは閉じた類ではなく，人称による一致が存在しない日本語では，文法的に代名詞として別にたてる理由はない。また，これらのうち聞き手を表す語類は使用に制限があり，基本的に目上の相手には使うことができない。対話相手を指して使う語としては，「お父さん，お母さん，おばあちゃん」のような親族名称を表す語や「先生」，「教授，師匠，親分，だんな」のような上下関係を表す語や「社長，課長，大尉，店長」などの職階を表す語を用いる。しかし，話し手自身や聞き手を表す「僕，私」，「君，あなた」のような語類と，「お父さん，お母さん，課長」などの，本来，定記述である名詞類とは，かなり違った振舞いをする。これらの本来人称を表す名詞類と他の類のものとがどのように異なるか，また，本来，人称詞でないものの中で，話し手自身や聞き手を指せるものと指せないものの違いは何かを考察する。

2. 人称と呼びかけ
2.1　人称名詞と定記述

　「私，おれ，おいら」の類，「あなた，君，おまえ」の類は，話し手自身，聞

き手を直接指すのを本務とする表現であるため，話し手によって指すものが変わる．(1)では，「私」は，Aの発話では，話し手であるAを指し，Bの発話ではBを指す．したがって，これらは異なる命題を表している．

(1) A：私も馬鹿でした．
　　B：そうです．私も馬鹿でした．

「あなた」の場合も同様で，(2)の場合，「あなた」は，Aの発話ではBを，Bの発話ではAを表している．

(2) A：あなたが間違っている．
　　B：いや，あなたが間違っている．

これらの表現は，それぞれ，話し手自身，聞き手を固定的に指しているということができる．このように，話し手がどちらになるかという立場の違いを反映するという性質を三上(1955)にしたがい，境遇性があるということにする．この意味でこれらの語類は境遇性を持つ[1]．したがって，これらの語類が人称をもっぱら表す語類であるということはいえるわけである．しかし，これらの語類を人称代名詞とすることはできない．人称代名詞という範疇は基本的に性数格の一致のある言語において，その一致特性のみを担う範疇である．したがって，名詞と区別された統語範疇としての代名詞は閉じた語類で，原則的に語彙的出入りはない．これに対して，「あなた，わたし」など，日本語の人称を表す語類は，必要があれば外来語からでも流入できる．例えば，「ユー」，「ミー」を話し手，聞き手を指すために使うこともできる．これらは開かれた語類であり，他の名詞類と区別する文法的理由はない．そこでこれらの語類を人称名詞と呼ぶことにする．さらに鈴木(1985)にしたがい，話し手が話し手自身を直接指すときに使う語を自称詞，話し手が聞き手を直接に指す語を対称詞，話し手，聞き手以外の第三者を表す表現は，他称詞と呼ぶことにする．

人称名詞には，「おまえ，おれ」，「君，僕」，「わたし，あなた」，「おたく，うち」などがある．これら人称名詞の特徴は，自称詞，対称詞で対をなすこと

---

[1] 三上は，境遇性を「話の場面の特性を語彙の使用規則に含む」という，より広い意味で使っている．

である。「おまえ」に対する「おれ」,「君」に対する「僕」は,聞き手と話し手とのある特定の人間関係と結びついて選択されているといえる。人称名詞の選択はその人間関係を規定するともいえる。例えば,交際の結果人間関係が変われば,対称詞だけでなく,自称詞も変える必要が生じる。「君,僕」で互いに呼びあっていた友人のうち一人が「おまえ,おれ」と呼びだした場合,もう一方も「おまえ,おれ」に移行する必要がある。そうでなければ安定した人間関係とはいえない。「君,わし」,「おまえ,僕」の組み合わせは,普通は不安定である。したがって,特定の話し手と聞き手との人間関係に限れば,相互に人称名詞を使う関係ではこれらの人称名詞は基本的には一対しかないと考えてよい。つまり,人称名詞の組み合わせは,特定の安定した人間関係を前提にしており,人間関係を固定してしまうともいえる。もちろん,一方が女性であったりすると,関係の変化に関わらず,「あなた,わたし」を使いつづける場合もあるであろうし,先生と生徒など非対称的な人間関係では,一方が呼び方を変えたとしても,もう一方が変えない場合がありうる。また,このような境遇性を持つ人称名詞のうち対称詞は使用に制限があり,基本的に同輩同士,あるいは,上位者から下位者にしか使えない。

　これに対し,「お父さん」,「課長」のような名詞が話し手や聞き手を表すやり方は,人称名詞とは異なっている。(3)では,「お父さん」は,「父親」の発話では,話し手である「父親」を指しており,自称詞的に使われている。一方,それに続く息子の発話では,同じ表現が,聞き手である「父親」を指し,対称詞的に使われているといえる。

　(3)　　父親：次郎,お父さんが間違っていたよ。
　　　　　息子：そうだ。お父さんが間違ってたんだ。

　ところが,(1),(2)と違い,父の発話と息子の発話は,結局,どちらも「お父さんが間違っていた」と述べているわけで,「お父さん」は発話者によって指すものが変わっているわけではない。したがって,「お父さん」には境遇性がないといえる。さらに(4)では,「課長」は,部下1が話し手の場合も,部下2が話し手の場合も,聞き手である別の人物を指している。また,この二人の言明は,課長が聞き手である場合もそうでない場合も同じ内容を指す。この場

合も境遇性はないわけである。

(4) 部下1：課長は間違っています。
部下2：そうだ，課長は間違っています。

つまり，「私，あなた」のような人称名詞は境遇性を持ち，「話し手自身を指す」，「聞き手を指す」という人称性により使用の規則が決まるが，「お父さん」の類や「課長」の類は，単にその談話領域において「お父さん」，「課長」である特定の人物を指しているだけである。そして，たまたま，その「お父さん」であり，「課長」である人物が話し手や聞き手になるとき，人称詞として使われるだけなのであり，特定の人称に固定された表現ではない。これらの名詞は定記述であり，その談話領域におけるこれらの人物をその記述により同定しているにすぎない。同様の現象が，固有名詞にも生じる。(5)の「田中さん」は，聞き手を指すことができる。この場合も，この言明は田中さんが聞き手でもそうでない場合でも同じ内容を指す。

(5) それは，田中さんが間違っているよ。

人称名詞と固有名詞・定記述による人称の表し方の違いは，その指示の仕方にある。固有名詞・定記述の場合は，その談話領域で既に値が割り当てられており(つまり，誰を指すかがきまっている)，話し手，聞き手という対話の役割がそれに加わるだけである。これに対して人称名詞は，基本的に直示的な語であり，対話の役割だけが指定されている指標辞である。これはいわば語用論的変数のようなもので，話し手，聞き手という対話場面の役割により，その値(誰を指すか)が割り当てられる。したがって，この意味で，人称詞と呼べるのは人称名詞だけで，固有名詞や定記述による人称の表現は，辞書的意味という点では，話し手自身や聞き手を表すものではないといえる。

両者のこのような値の決め方は，その振舞いの差をもたらす。例えば，「君」は指さしなどの行為とともに「君は君と行ってくれ」のように異なる相手に対して使うことができるが，「田中君」は，「田中」という名前を持つ相手二人に対し，「田中君は田中君と行ってくれ」のようにいうのは多少不自然である[2]。

---

[2] ここで不自然というのは非文法的という意味ではない。例えば「田中は田中を見た」と

固有名詞や固有名詞の代わりに使われる定記述は，指示が成功するためにはその談話領域で互いに区別されていることが必要とされているからである。この事実は，人称名詞が直示行為により指示対象を決めているのに対し，固有名詞や定記述が，記述により指示対象を決めていることを示している。

次に，複数形の意味解釈について見てみよう。対称の人称名詞(以後，二人称名詞)のみが意味的に複数形を持つ。固有名詞や定記述に「たち」を付けたものは，対称詞としては機能しない。この場合の「たち」の解釈は，それが付いた固有名詞の指示対象を代表とするグループを表し，その定記述や固有名詞の複数形を表すものではない。

(6) 田中君たち，昨日はどこにいった。

(7) お母さんたち，どこにいった。

したがって，「固有名詞＋たち」は，相手に直接話しかける文体では対称詞として，機能しにくい[3]。

(8) ?田中君たちはどう思う。(田中君たち＝聞き手)

(9) ?この本を田中君たちにあげるよ。(田中君たち＝聞き手)

(10) *田中君たちを逮捕する。(田中君たち＝聞き手)

    cf. 田中君，君たちを逮捕するよ。

複数の固有名詞を文内対称詞にするには対象を数え上げる必要がある。

(11) 田中君と山田君はどう思う。

あるいは，「みなさん」のような，最初からグループを指す名詞を対称詞として使用する必要がある。

いう文で，「田中」が別の対象を表す解釈は多少不自然であるが別に非文法的とはいえない。ここで問題としているのは，「君と君」における二つの「君」が別の指示対象を持つことがまったく問題とならないのに対して，「田中君と田中君」が多少とも不自然になるのは，「田中君」が指す対象を決める決め方が直示によるのでなく，「田中という名前を持つ」という固有名詞の性質によるものだということである。

[3] もちろん，「田中君たち」というグループの代表として，田中君やその他のメンバーに話しかける場合は可能になる。

    田中君たちはどう思っているの。

この場合は，「田中グループはどう思っているの。」と同じ意味である。

(12)　みなさんはどう思いますか。

これに対し，二人称名詞は「たち」を付けることで複数性を表すことができる。この場合の「君たち」は，特定の聞き手である「君」に代表されるグループではなく，複数の聞き手を表すことも可能である。

　(13)　君たちはどう思う。
　(14)　君たちを逮捕する。
　(15)　この本を君たちにあげよう。

この違いは二人称名詞と固有名詞・定記述の値の与えかたと関係していると思われる。つまり，固有名詞・定記述は，既に特定の値を与えられており，その複数形はその値の複数形ではありえない。同じ人間は一人しかいないからである。これに対し，二人称名詞は聞き手を表すという指定しかない。したがって，「「君」＋「たち」」の解釈は，「「聞き手」＋「複数」」であり，「聞き手」に値を入れずに複数の解釈をすることが可能であり，グループ解釈以外に，複数の聞き手という解釈も自然に得られる。自称の人称名詞が複数解釈を得られないことも同様に説明できる。自称詞は，発話すること自体により話し手の値が決まるのであるから，「「僕」＋「たち」」の解釈でいかように複数を解釈したとしても，話し手が複数いる解釈は不可能であるからである。

　ここで，人称名詞と固有名詞・定記述との違いをまとめておこう。

(16) 人称名詞と固有名詞・定記述との違い

　　人称名詞：
　　　(i) 名詞に語彙的に話し手・聞き手という役割が与えられている。値（指示対象）が，発話によって与えられる。
　　　(ii) 境遇性を持つ。
　　　(iii) 対称詞は，親しくない人，目上の人には使えない。

　　固有名詞・定記述：
　　　(i) 名前や記述により値（＝指示対象）が割り当てられている。話し手・聞き手という役割がそれに付け加わる。
　　　(ii) 境遇性を持たない。
　　　(iii) 目上の人にも使える。

(ii)(iii)の性質は，(i)から出てくる。人称名詞の境遇性は，「話し手・聞き手という役割が先に決まり，それから指示対象を役割によって決める」という性質からでてくる。次に，(iii)の「親しくない人，目上の人には使えない」という性質は，聞き手という役割を話し手が発話によって直接聞き手に与えるという人称名詞の直示性から来ていると思われる。つまり，敬意のための直示性の忌避が関わっていると考えられる。

　また，人称名詞は敬意の欠如といった制約以外に，多くの使用制約があるが，それらもこの「人称名詞の直示性」と関係していると思われる。先に述べたように，人称名詞は話し手と聞き手の人間関係を前提としてはじめて成り立つ。人間関係を話し手，聞き手の二者関係の中に凝縮して示すわけである。話し手はこの二者関係の内容を人称名詞の選択により決定することになる。この選択の決定権に関わる制限が人称名詞にはついてまわるのである。親しくない相手を「君」，「あなた」，「おまえ」などという人称名詞で指示することに対する制約は，このようなところからでてくる[4]。

　これに対し，固有名詞・定記述は，既に指示対象が決まっているわけで，たまたま聞き手となった場合に，聞き手というあらたな属性がその対象に加わるだけである。したがって，境遇性は生じない。また，命名は話し手が行っているのではなく，既に社会的に決まった（と話し手が考える）名前，記述を採用しているだけであり，直示性の忌避による制限もかからないため，親しくない人，目上の人にも使える。

　人称名詞と固有名詞・定記述の違いは基本的には上の説明で尽きているが，さらに答えなければならない点が生じる。

(17)(i)　本来自称詞，対称詞でない定記述，固有名詞が，どのようにして自称詞，対称詞となれるのか。自称詞となるメカニズムと対称詞となるメカニズムは同じか。

---

[4] 「そちらさま」，「おたくさま」は，敬意が表せるが，これは聞き手を直示することを避け，聞き手のいる場所を指すことで間接的に聞き手を指示しているからであろう。「おたく」が，直接的な人間関係を避けたいと考えるいわゆる「おたく」的な人たちに対称詞として使われたのも，この語の直示性が低いことによると考えられる。

(ii) 基本的に，固有名詞はすべてが対称詞となることができるが，人を表す定記述のすべてが対称詞用法を持っているわけではない。どのような定記述が対称詞になれるのか。

(iii) (ii)の固有名詞と定記述との差はどこから生じるのか。

これらの点を以下の節でみていこう。

2.2 固有名詞・定記述の文内人称詞用法

これまで，固有名詞・定記述が本来の他称詞(＝三人称)としてではなく，自称詞，対称詞として使えるとしてきたが，これはもちろん文内部の要素，つまり，文内自称詞，文内対称詞として使われる例のことであり，呼びかけ語としての用法は含まない。先に述べたように，固有名詞もここで問題としている定記述も「名前」として使われているわけで，呼称である。これらの語が呼びかけに使えるのは当然である。英語でも，固有名詞は当然呼びかけ語に使われるし，愛称，職業名などの定記述も呼びかけに用いられる。

(18) a. You owe me money, Blacksmith.
　　 b. What are you gonna do, Boss?
　　 c. I will give this to you, Mr. Tanaka.

しかし，英語などでは，少なくとも成人相手の言語では，固有名詞や愛称，相手の職業などを呼びかけ位置以外で聞き手を指すために使うことは普通できない。したがって，(19)を(18)と同じ意味に使うことは不可能である。(19a,b)は，一致規則に反するため，文法的にも非文である。

(19) a. *Blacksmith owe me money.
　　 b. *What are Boss gonna do, Boss?
　　 c. I will give this to Mr. Tanaka.

次に，固有名詞・定記述の自称詞用法を見てみよう。普通，成人の英語では固有名詞を自称詞的に使うことはできない。

(20) ??John will go. (John ＝ 話し手)

定記述の自称詞用法も，「筆者は」という意味で使う the present author など，非常に限られた範囲でしか許されない。しかし，これは日本語でも同じ

で，成人相手の言語では固有名詞・定記述の自称詞としての使用は基本的に許容されない。後で述べるように「先生にもちょうだい」や，「じろちゃんも行く」といった定記述・固有名詞の自称詞用法は本質的にこどもの文体，あるいは，こどもを対象とした文体である。これらを除けば，日本語においても定記述の自称詞用法は「筆者」などの限られた語に関してできるだけである[5]。日本語と英語の大きな違いは，日本語で，成人の場合でも固有名詞や定記述を文内対称詞にも使えることである。(21 a, b)は，どちらも可能であり，文脈によっては冗長さを含んでいる(b)のほうが自然な場合も多い。

(21) a. 田中さん，あなたはどちらにします。
    b. 田中さん，田中さんはどちらにします。

なぜ固有名詞・定記述が聞き手を指すことができるのであろうか。ここでは，日本語では固有名詞・定記述の呼びかけ機能と対称詞の用法が相関していることを示し，固有名詞の対称詞としての用法は，呼びかけあるいはそれに類する行為による聞き手の認定の結果であることを提案する。次に，この呼びかけは，注意を引くための呼びかけ行為ではなく，談話において固有名詞・定記述を聞き手を指すものとして認定するための操作であることを示す。さらに，定記述の対称詞用法は，定記述を通称・呼称にするための「呼称化操作」とでもいえる操作が関わっていることを示す。すなわち，定記述の対称詞用法は固有名詞の対称詞用法に帰されることを示す。

---

[5] ただ，日本語では，次のような例において成人の使う固有名詞の自称詞用法が限られた形で存在する。

　　この件に関しては田中が処理します。

この場合，「私，田中」のように「私」を付けてもよい。これは形式ばった文体に限られ，「僕，田中」，「おれ，田中」などは筆者には少し不自然に感じられる。この文体は，ある種の客観性を保証したい時に使う。特定の聞き手を相手にして話し手が自分自身を指示しているのではなく，ある種公的な場面で，多数の聞き手を対象にして自分自身を指示している。この用法を固有名詞の自称詞用法としてよいか否かは多少疑問が残る。英語では固有名詞をこのような形で自称詞として使うことは難しいであろう。

2.3 固有名詞・定記述と呼びかけ

前節で，日本語では呼びかけに使われる語が文内対称詞としても使えることを見た。呼びかけ語と文内の対称詞の分布は相関しており，次の条件のいずれか一つを満たしていなければならない。

(22) (i) 同じ形式である。
　　(ii) 呼びかけ語は，職階などをタイトルとして含んだもので，文内の対称詞が職階を残して名前を省略したものである。
　　(iii) 対称詞が適切な人称名詞である。

(i)と(iii)は，基本的には同じことを述べたものと解釈できる。|田中課長，課長|は，後者が前者の省略形であるという意味で同じ形式のバリエーションと考えられる。さらに，ここで適切な人称名詞も同じ形式のバリエーションと考えることにする。これに対して，|田中課長，田中さん|は，場合によって同じ人間をさせるかもしれないが，同じ形式ではない。対話の同一セッションでは，呼びかけによって活性化された固有名詞・定記述の文内対称詞用法は基本的には呼びかけと同じ形式にのみ適用される。例えば，(23)-(26)は適切な呼びかけと文内対称詞の組み合わせである。

(23) 田中課長，田中課長はこの案件に賛成ですか。
(24) 課長，課長はこの案件に賛成ですか。
(25) 田中課長，課長はこの案件に賛成ですか。
(26) 田中君，君はこの案件に賛成かね。

これに対して，(27)-(30)は，呼びかけと文内対称詞がどちらも聞き手を指す解釈では，不適切な組み合わせとなる[6]。

---

[6] 「課長，例の件ですが，山田君から田中課長に報告するそうです。」のように，呼びかけ語と文内対称詞が離れていればそれほど不自然でなくなる。この場合は，最初の呼びかけでいったんこの呼びかけセッションが終わっているとみることができる。つまり，最初の「課長」に対して相手からのなんらかの応答があり，それでこの呼びかけセッションが閉じたと考えられる。多少，議論の余地があり，調査が必要であるが，ここでは，このような注意をひくための呼びかけと，ここでいう聞き手認定の呼びかけを違うものと考えておく。前者は，それだけでかなり独立した文をなす。この違いは，英語における二つの呼びかけの位置と相関していると見てよいかもしれない。John, would you like that? Would

(27) ?課長，田中課長はこの案件に賛成ですか。
(28) ?田中課長，課長さんはこの件に賛成ですか。
(29) ?君，田中課長はこの案件に賛成かね。
(30) ?田中課長，田中さんはこの案件に賛成ですか。

(22i-iii)は，実は，文内の名詞間に関わる同一指示(coreference)の制約と同じものである。同一指示が許されるのは，一番構造的に高い位置にある名詞句が一番情報量が多い場合である。逆の場合は，同一指示が成り立たない。

(31) 田中課長は課長の家にみんなを招待した。（田中課長＝課長）
(32) 課長は田中課長の家にみんなを招待した。（田中課長≠課長）

この制約は束縛条件Dと呼ばれており，指示的名詞句間の同一指示に関する制約を支配している。概略次のように述べることができる[7]。

束縛条件D：指示的名詞は，より指示性の少ない名詞を先行詞としてはいけない。

この条件は，人称に関わらず成立する。また，上の関係は同一文内だけでなく，提題の掛かりの及ぶ範囲すべてに成り立つ。(31)と(32)の関係は(33)と(34)の関係と同じである。いわゆる題目のピリオド越え（三上1955）と呼ばれる現象と同じである。題目をより情報量の多い名詞句で表し，それと同一指示の名詞句は，それより情報量の多くない名詞句で表すのである。

(33) 田中課長は最近元気がない。課長の奥さんに原因があるのかもしれない。（田中課長＝課長　は可能）
(34) 課長は最近元気がない。田中課長の奥さんに原因があるのかもしれな

---

you like that, John? の二つでは，文頭の呼びかけは，注意喚起のそれで，ある程度独立したものであり，文末の呼びかけは，聞き手認定のそれであると見ることができる。

[7] 次の例は，＜タイトル，タイトル付固有名詞＞，＜二人称名詞，固有名詞＞の語順になっているが，タイトル，二人称名詞が名詞句の中に入っており，より指示性の高い先行詞より上位に無い（＝先行詞をC-統御していない）ので許容されると考えられる。
　(i) 田中課長，課長の奥さまがさきほど田中課長をたずねていらっしゃいました。
　(ii) 道夫さん，あなたのお友達が道夫さんをたずねていらしたわよ。
束縛条件Dの定義は，Lasnik(1989)による。この条件の正確な特徴付けと日本語における詳しい適用はHoji(1990a)を参照。

い。（課長 ≠ 田中課長）

　呼びかけと文内対称詞の関係もこの同一指示に関する制約の拡張であると考えよう。違いは，先行詞が題目よりもさらに高い位置にあること，次に，呼びかけという性質上，先行詞に聞き手という対話の役割が割り当てられることである[8,9]。この上位の名詞句による下位の名詞句の束縛は，いわゆる束縛理論の

---

[8] 節の中に同じ指示対象を持つ二人称名詞と定記述が共起するとかなり認容度が落ちる。(i)は冗長ではあるが，それほど許容度が落ちないのに対し，(ii)は，束縛条件Dを守っているのにも関わらず，田中君を聞き手と解釈するのは非常に難しい。
　(i)　a. 君は君の実家に帰るの。
　　　 b. 田中君は田中君の実家に帰るの。
　(ii)　 ?田中君は君の実家に帰るの。（田中君＝君）
これは，次のように考えうる。(ii)において，「田中君」は，指示対象は決まっており，呼びかけ位置から聞き手認定により「聞き手」役割をもらう。「君」は，聞き手の役割は決まっており，指示対象は，直示によりもらう。このとき，「田中君」と「君」は，偶然指示対象が同じであるだけで，指示のリンクはない。そこで(ii)は，「田中君」と「君」は，同じ形式と見なせなくなったと考えよう。さて，「君」が指示対象を呼びかけ位置ではなく，「田中君」からもらうとする。この場合「君」自体は，先行詞によってはじめて指示対象を持つ「自分」やゼロ形式のような形と似た性質を持つことになる。(iii)(iv)のような例は，この可能性を示唆している（この例は，上山（個人談話）による）。これらの例は，「あなた」，「君」を「自分」のように解釈できるような文脈を作り，その文脈を安定的に作れるようになってはじめて認容できる解釈が得られる。
　(iii)　あのね，田中さんがあなたの書類を忘れなければ，こんなことにはならなかったんですよ。（田中さん＝あなた）
　(iv)　田中君は君のお母さんに面とむかって礼とか言ったことある？　（田中君＝君）
もし，(iii)(iv)の例に対する認容性の判断とその説明が正しければ，(ii)の＜田中君，君＞の組み合わせの不適格性が，「君」が直示により指示対象を得ていることからきているということの傍証になるであろう。

[9] このように考えると，なぜ，英語で呼称が，youの意味にならないのかは，束縛条件Dの両言語における違いとして考えることができるかもしれない。英語では，指示的名詞句はより高い位置の名詞と同一指示であってはいけないからで，(31)のような文でさえ英語では許されない。これがはたして構文的な違いであるか否かは多少不明である。こどもに話しかけるようないわゆるMotherese，また，Your majestyのような敬語や，Counselorのような法廷の用語では，呼称が対称詞として使える場合がある。つまり，英語などでも敬称は，文内対称詞になる可能性があるのかもしれない。しかし，この可能性はこれ以上追求せず，ここでは，同一指示的名詞句に関する制約が日本語と英語で異なるため，英語

束縛ではなく，特定の談話領域内での同一指示項の宣言として解釈することができる．いわば，どの特定の談話領域毎にどのような名前をどの対象に対して使うかをリストしたものである．これを対話セッションに拡張したのが，ここでいう呼びかけである．

さて，ある談話において話し手は発語行為が存在すれば一義的に決まる．特定の発語場面における当該の発語行為の行為者が話し手である．ある発語行為の行為者が，自分自身を直接指示する語が自称詞である．これに対し，対称詞は，対話場面であることが前提とされ，対話相手を発語行為者が認定し，それをその相手に認識させる作業が必要になる．これにはさまざまな方法があるが，複数の可能な対話相手がいるときに特定の相手を取り出す場合，呼びかけが使われる．もちろん，この呼びかけが発語行為として存在しない場合でも，認定作業は発語に伴って存在する．この作業は発語の文脈中の ｛発語行為者（＝話し手），その対話相手（＝聞き手）｝という対話の役割に，対話場面の人物を割り当てるという作業を含む．この役割割り当ては，その特定の対話セッションにのみ有効である．つまり，聞き手を指すという行為は，呼びかけあるいはそれに類する行為により話し手が聞き手を決定してはじめて可能になる．後で詳しく述べるが，ここでいう「呼びかけ」は，あくまで話し手が聞き手を認定し，どのように呼ぶかを宣言する行為であり，対話セッション初頭に対応する位置を持つ．この意味で，応答を求めるための注意喚起の呼びかけ行為とは区別される（注6も参照）．自称詞が直示的に話し手を指すのと同じように，対称詞も直示的に聞き手を指し示す語とすることができる．「君，おまえ」のような人称名詞はこのような直示的な指示をするものである．これら二人称名詞は，話し手による聞き手認定行為により直接的，同時的に指示対象が与えられる（注8も参照）．これに対して，固有名詞・定記述は，それ自身では対称詞にはならない．呼びかけ（あるいはそれに類する行為，以下この注釈を省略する）により，話し手がセッション初頭に認定してはじめて対称詞になるのである．この意味で，固有名詞・定記述の対称詞用法は，呼びかけにより活性化さ

では呼称より二人称代名詞が選択されるとしておく．

れるものと考えられる。この活性化は，話し手が聞き手を認定し，聞き手とのインターフェイスを接続している間続く。例えば，談話領域にいる対象として{川田，田中，山田}という三人を考えよう。川田が話しをするとする。つまり，川田＝自分である。

(35) ［談話領域　自分＝川田(a)，田中(b)，山田(c)］

ある特定の対話セッションで話し手である川田は，田中を聞き手とするとする。対話セッションのうち田中を聞き手と認定する活性化がUの間続くとする。

(36) ［聞き手認定領域U　a＝僕，田中君＝b＝聞き手］

ここで，発語行為に伴って聞き手の認定が行われるが，その宣言が呼びかけである。この宣言によりこの発語行為に関わる文の領域の定名詞句のうち，「田中君」に「聞き手」という役割が付される。

(37) ［文領域　僕(a)の本を田中君(b)にあげるよ］］
(38) 認定宣言による束縛

$$\begin{bmatrix} 聞き手認定領域 U \\ \quad a=自分,\ b=聞き手 \\ \begin{bmatrix} 文領域 \\ \quad 僕(a)の本を田中君(=b=聞き手)にあげるよ \end{bmatrix} \end{bmatrix}$$

特定の発語行為中に上のような活性化の領域形成がなされ，これにより，「田中君」の対称詞としての性質が保証されると考える。つまり，田中君が文内対称詞となるのは，この聞き手認定が行われた対話セッションの中の，呼びかけにより活性化された領域の中だけである。

(39)

$$\begin{bmatrix} 談話領域\quad 自分=川田(a),\ 田中(b),\ 山田(c) \\ \begin{bmatrix} 聞き手認定領域 U \\ \quad a=自分,\ b=聞き手 \\ \begin{bmatrix} 文領域 \\ \quad 僕(a)の本を田中君(=b=聞き手)にあげるよ \end{bmatrix} \end{bmatrix} \end{bmatrix}$$

ここでいう呼びかけは，値の決まった特定の定名詞を聞き手を指すのに使用する旨の宣言である。この宣言は，呼びかけにより，通称・名前を呼称として採用することである。この時呼びかけによる活性化が成立するためには，ある固有名詞・定記述がその談話領域でその人物の通称・名前として成立していなければならない。したがって，固有名詞・定記述の対称詞用法の可能性は，これらが呼称として使用可能であることと相関していることがいえる。そこで，次の節では，呼称の作り方の制約を見てみることにする。

2.4 呼称の作り方

「妹よ」とか，「ああ我がふるさとよ」などを呼びかけ表現の一部と考えてもよいかもしれない。しかし，「妹」，「我がふるさと」のような表現は，「ああ」とか「よ」などの感動詞や呼びかけの助詞なしでは，呼びかけとして機能しない。これに対し「お姉さん」，「先生」，「田中さん」，「良子」などは，なにも付けなくとも呼びかけ語として機能する。では，呼びかけ語として機能する語とそうでない語とはどのような違いがあるのであろうか。

まず親族名称を見よう。親族呼称は，鈴木(1973)が明らかにしたように，次の制約を持つ。

(40) a. 一番下から見た親族名称を呼称に使う。
 b. 話し手から見て自分より同等，あるいは目下になる関係の用語(親族名称であれば，息子，従兄弟，弟，妹，甥，姪など)は，呼びかけ語としては機能しない。

鈴木はこの記述の説明を与えていないが，(40a)の理由は簡単で，一番下から名前を付けないと家族全員に名前が与えられないからである。(40b)は，おそらく，日本語における呼称の性質によっている。呼称は，日本語では敬称で，自分より同等あるいは目下の親族名称には敬称が付けられないからである。つまり，「お兄さん」，「兄さん」はいいが，「お弟さん」，「弟さん」は呼称にならない。「息子」や「弟」などの自分より下の親族名称を呼びかけに使うには「息子よ」，「弟よ」などといった呼びかけの助詞を使わなければならない。この場合，呼びかけができても文内対称詞としては使えない。

(41) *息子よ，これを息子にやろう。（息子＝聞き手）

これはおそらく「息子よ」，「弟よ」は，これで活性化領域が閉じてしまい，先に述べた領域形成をする主題語としての「呼びかけ語」にならないからであろう。これに対して，固有名詞は敬称を付けても，付けなくても呼びかけ語として使え，文内対称詞となることができる。

(42) a. 次郎，これ次郎にやろう。
　　　b. 次郎ちゃん，これ次郎ちゃんにやろう。

固有名詞は，そもそも名前である。名前はそれ自体で呼称になるのであり，敬称を付ける必要はない。呼び捨てで呼びかけができ，文内対称詞を保証する。この事実から，定記述における「お～さん」，「さん」，「ちゃん」などは，定記述に敬称を付けることで，固有名詞に近い役割，つまり，「名前化」，あるいは「呼称化」をしていると見なすことが可能である。この場合，固有名詞に付いた「さん」「さま」「ちゃん」などは，呼称化に関わる接辞ではないことになる。次に職階を表す語について見てみよう。職階の場合は，さまざまな要因がからまるために判断がかなり微妙であるが，原則的には，親族名と同じ制限が働いていると考えられる。固有名詞に職階を付けるとタイトルとなり，全体として固有名詞として機能する。そこで下位のものが上位のものを呼びかける場合，まったく，呼びかけ語として機能し，同時に固有名詞を省いたタイトル自体も，束縛条件Dに従う限りで，文内対称詞として機能する。固有名詞を省いた場合も同じである。

(43)　田中課長，課長にお話があります。
(44)　課長，課長にお話があります。

これに対し，上位のものが下位のもの呼びかける場合の「田中課長」は，呼びかけ語としては可能に見えるが，固有名詞を省いた「課長」は，呼びかけの用法が不自然で，文内対称詞としての用法もない。また，「田中課長」のように固有名詞を省かない形も，文内対称詞としては少し不自然である。

(45)　田中課長，君はどう思う。
(46) *田中課長，課長はどう思う。
(47) ?課長，課長はどう思う。

(48) ?田中課長，田中課長はどう思う。

これはなぜだろうか。この上位者から下位者を呼んだ場合の「課長」は，職階の呼称作成の規則からはやはり逸脱していると考えられる。職場では，家族と違いそれぞれがある地位についている。したがって，一見，家族のように全員に呼び名を付けるために一番下に基準視点をとる必要はないように思われる。しかし，職階においても，一義的に呼び名を付けるためには，下から上に付けなければならない。職階は原則的に階層的にできているため，下から上に付ければ対象を一義的に特定化できる。その「係り」，その「課」の内部では，「長」は，一人しかいないからである。さらに，このようにして付けられた「長」の名前は，下から見ているため敬称として作用し，呼称となる。これに対して，上位者から下位者を呼んだ場合の「課長」は敬称ではなく，呼称化操作が機能していないと考えられる。つまり，職階も敬称として機能しなければ，呼びかけが文内対称詞を認可しないのである。

では(45)の呼びかけはどうなるのであろう。この場合，「田中課長」は，固有名詞として機能し，「課長」は「君」のような接辞として解釈される。したがって，(45)が可能なら，(48)も(49)と同じように認容されるはずである。これが不自然になるのはなぜであろう。

(49) 田中君，田中君はどう思う。

先に述べたように，注意を引くための呼びかけ行為と，呼びかけ語による文内対称詞の認可とは，多少異なると考えなければならない。相手の注意を引くための呼びかけ行為は，どのような形でも相手が同定できればよく，「おい」という感動詞でも，「よ」という呼びかけ助詞でもかまわない。この種の呼びかけ行為は，応答があれば閉じる。つまり，上位から下位に対しての「田中課長」は，その場での同定として働くだけで，呼称・通称としては機能しないのである。そのため，活性化領域を設定せず，応答により閉じる性質の呼びかけとしてしか働かないと考えられる。また，この「課長」は敬称でないため呼称とはならず，呼びかけ行為自体が成立しない。

同様に，卑称は，呼称・通称としては機能せず，したがって，対称詞としては使えない。自分より上位の親族名でも「父，母，兄，姉」などが対称詞とし

て使えないのは，敬称がついていないため，卑称となり，呼称として機能しないからであると考えられる。

　定記述のうちどれがどのようにすれば呼称となり，文内対称詞として使えるようになるかはあまりよく分かっていない。例えば，「魚屋さん」は，魚屋を呼び止める場合には使えるが，その魚屋を呼ぶための文内対称詞としては，それほど安定したものではないような感じがする。屋号で呼ぶか，「あなた」を使うか，親しければ名前を呼ぶということになるであろう。それに対して，タクシー内で使われる「運転手さん」，「お客さん」は，呼称として安定しており，客がタクシー運転手を「田中さん」といった名前で呼ぶというのは筆者にはかなり抵抗がある。これは，魚屋と客の関係のほうが運転手と客の関係より多少とも恒常的な関係であることから来ると思われるが，よく分からない。このような定記述の呼称化，その文内対称詞用法との関係に関しての詳しい社会言語学的調査は寡聞にして知らない。

2.5　こどもを相手にしたスタイル —— 固有名詞・定記述の自称詞的用法

　先に成人の言語では原則として，固有名詞・定記述は自称詞としての用法は持たないと述べた。こどもを相手にしたスタイルでは，これらを自称詞として使える。この場合の使用原則について考えてみよう。まず，こどもを相手にしたスタイルで，職階を表す語が普通自称詞として使われないのに対し，親族名称が自称詞としても使われるのはなぜなのであろうか。ここで，先に述べた成人の言語における固有名詞の自称詞用法に対して，自称詞として使われる親族名称は呼称の形であることに注意したい。

　(50)　　*田中君，課長（＝話し手）にそれをください。
　(51) a.　道男，おかあさん（＝話し手）にそれをちょうだい。
　　　 b.　?道男，母（＝話し手）にそれをちょうだい。

ここには二つの要因が絡んでいる。一つは，これら定記述の名付けのシステムの違いであり，今一つは，視点採用の問題である。

　これら親族名称の使われる文脈を考えてみよう。対称詞としての用法では，家族は自分以外の成員を先の末っ子から見た名付けにより呼んでかまわなかっ

た。例えば，母親が，自分のことを「お母さん，ママ」と呼んで良いのは，相手にとって自分が母親である場合だけである。したがって，配偶者に向かって，自分のことを「ママ」と呼ぶことはできない。一人称で使われる「ママ，お母さん」は，いわば，「おまえのママ」＝「聞き手であるおまえの母親である私」という意味で使われていると考えられる。自称詞としての用法は，末っ子を基準として名付けた一家の通称ではなく，対話相手の視点を採用して名付けた名称なのである。対称詞として使えるかどうかは，呼称の問題であったが，こどもを相手に定記述を自称詞として使えるか否かは，対話相手との個人的関係による。

　これに対し，職階の名称が自称詞に使えないのは，次の二つの理由による。まず，家族名称は基本的には，「〜の母」，「〜の父」というような関係的な概念である。例えば，この「〜」の部分を省略すると「私の母」，「私の父」というような最も無標の値である「話し手」が与えられる。この「話し手」が主題となり，pro の値を決める。

　(52)　[話し手$_i$　[pro$_i$[母]]....]

そこで，こどもに対して「パパ」，「ママ」が自称詞になるのは，この「〜」の部分に「お前の」という値を文脈でいれたものと解すことができる。この場合の明示されない主題は，「聞き手」である。

　(53)　[聞き手$_i$　[pro$_i$[ママ]].....]

これに対し，「係長，課長」といった語は，職階の階層に付けられた名前で，そこで見られる関係は，庶務課の課長，営業部の部長，といった，部・課の中で決定できるものであり，関係的な概念ではない。その領域の中では，部長，課長は，特定の人間の通称として機能する。対称詞，他称詞として使えるためには，名前として使えさえすればよい。こどもに，先生や母親が「先生」，「お母さん」で自分を指せるのは，相手に対して「(あなたの)お母さん」，「(あなたの)先生」という関係があるからである。これに対し，職階はこの意味での関係名詞ではない。「あれは誰の先生」とは言えるが「あれは誰の課長」ということは，特殊な文脈を与えない限りできないのである。次に，もっと重要なことは，この相手の視点をとって表現するということは，一種，保護者的な関

係があってはじめて可能であるということである。相手の視点をとるということは，その分，相手の領域に踏み込んでいっていることになるからである。そのため，「親分，師匠」といった関係的な名詞の場合でも，大人の関係である限り，自称詞の代わりに使うことはできないのである。

(54) ??そいつを親分にくれ。（親分＝話し手）

(55) ??師匠がやってやるから心配するな。（師匠＝話し手）

さて，幼いこどもなどに向かって，「僕，名前なんて言うの」，「私は幾つ」などのように，これらを対称詞的に使う場合がある。ここでも，相手であるこどもの視点を採用するスタイルが対称詞の用法を支配している。「僕，君」といった人称名詞は境遇性を持ち，話し手を視点の中心においた名付けである。相手が話し手になれば当然，相手から見た名付けを行うわけだが，この名付けは，こちらのしたものとは逆になる。したがって，相手が「君」とか「おまえ」というとき，それが自分のことであると理解するためには，相手の視点から見た呼び方を取り入れている必要がある。つまり，「相手から見た「おまえ」＝私から見た「私」」という視点の切り替え操作が必要となる。これは，結構複雑な操作で，こどもには難しい。そこで，この視点の切り替えを要らないようなシステムに変えるとする。相手も自分も同じ表現で，相手や自分を指せるようにしたいわけである。この時に，こちらの視点を抑えて，相手の視点のみを使って名付けをすると，相手にはこの視点の切り替え作業が必要なくなる。この操作は母親が自分のことをこどもに，「お母さん，ママ」で呼ぶのと同じである。母親であれば，相手は名前で呼べばいいのだが，名前を知らないか，名前を呼んでいい関係にない場合，相手の視点を取り入れて相手を呼ぶと自称詞を使うしかない。この場合の相手を呼ぶのに使われた自称詞は，本来の人称名詞ではなく聞き手に付けられた臨時的呼称でしかない。

　こども相手の言語において，母親が自分のことを「ママ」といった言葉で呼ぶのは何語でも普通に見られることであろう。「おまえの母親」といった形の「おまえ」の部分を背景においた表現であるからである。しかし，相手を自称詞で呼ぶのは，かなり特異な方式ではないかと思われる。英語でも，幼児などに対して，保護的に話しかけるときは，(56)のように，PATERNAL WE（保

護者的な we) と呼ばれるものを you の代わりに使うし，(57)のように中国語でも zanmen (咱们) は英語と同じように使える．これらは，「相手と対立した我々」ではなく，「相手を含む我々」を表す表現である．

(56) How are we this morning?

(57) zanmen bu ku. (僕たち泣かない＝ないちゃだめ)

you や ni (你) のような二人称代名詞を使えば，視点の切り替えが必要になるが，相手を含む「我々」を使えば，相手から見ても，こちらからみても同じように，「我々」となり，視点の切り替えは必要なくなる．この方式によっても，日本語の「僕」の二人称使用と同じ効果が出ることになる．しかし，この場合はあくまでも話し手を拡張して聞き手を抱合し，それによって含ませた聞き手を指すという方略を使っているのであり，聞き手の視点に立つというのとは多少違っている．日本語では，このようなやり方は，勧誘表現などに見られるが，人称詞では使われない．

(58) さあ，早くねんねしましょうね．

(59) *さあ，私たちねんねしましょうね．

(60) *今日は，私たちのごきげんはどう．

しかし，どちらも対立的視点を避けていることには変わりはない．人称名詞を使う限りにおいて，相手の立場とこちらの立場を両方存在させると，相手が「僕」と呼んでいるところをこちらは，「君，おまえ」などと言わなければならない．つまり，お互い，相手の呼び方とこちらの呼び方を認めて，それが同じものであることを理解していないといけないので，幼児のようにこれを理解していないものにはこの対立的視点を解消する必要がある．また，病人のように保護されるべき対象では，相手と自分との対立的視点を避け，共感度の高い抱合的視点をとることもできる[10]．

「我々」のような一人称名詞の複数形は，基本的には，「私」である話し手のほうからの名付けである．これに聞き手をいれることにより，相手と自分とで

---

[10] 従来の融合的視点と呼ばれているものを木村(1992)にしたがって，抱合的視点と言い替える．これは，話し手の領域に聞き手を取り込む形で成立する視点であり，あくまでも，話し手の領域の拡張と見られるからである．

呼び方を変えるという対立的視点を避けている。つまり，英語では相手を引き込む形で，対立的視点を避けているわけである。これに対し，日本語では，自分自身の視点は抑制され，相手の立場に降りて行くことによって対立的視点を避けていると見ることができる。

この自己拡張的な英語，中国語の特徴と，相手配慮的な日本語の特徴は他のさまざまな分野でも見られる。

2.6 臨時的呼称

単に注意を引くための呼びかけ語と談話領域を設定する呼称は区別されるべきであると述べた。呼びかけ語として使える定記述でも，名前，通称として機能しなければ文内対称詞としては機能しない。職場，学校，家族は，個人の役割により名前，呼称が固定している。その人のその領域での役割に呼称化操作をかけたものが呼称・通称である。これに対し，特に知り合いでない人をこのような名前でなく臨時的にその職業や話し手との関係により，名付けを行うことが可能である。「お客さん，運転手さん，おじさん，おばさん」などはこのような語とみることが可能である。これらの臨時的な呼びかけ語は，通称とはいえないが，臨時的呼称，臨時的名前として機能し，文内対称詞としての用法を持っている。これに対し，「そこの黄色の帽子の人」のような単なる定記述は異なる。これも特定の場面において，対象の同定をすることはでき，臨時的呼びかけ語としては機能する。しかし，このような特定の人間を同定するためだけに使われる臨時的な呼びかけ語は，文内対称詞としては使えない。これは，このような定記述は，その対象の通称，名前とはなっていないからであると考えられる。

(61)　そこの黄色の帽子の人，あんたにこれをあげよう。
(62)　*そこの黄色の帽子の人にこれをあげよう。
　　　（そこの黄色の帽子の人 = 聞き手）

「そこの黄色の帽子の人」を文内対称詞に変えるためには，「黄色帽子さん」とでも名前を付けなおし，その談話領域における呼称として臨時的にでも社会的流通を保証しなければならない。つまり，定記述が文内対称詞となるために

は，「呼称化」操作により，定記述を呼称にする作業が必要なのである．

3. 呼びかけと呼応しない人称詞――「自分」

次に，一見，自称詞が対称詞になっている別のケースを見てみよう．次のような俗語的な例では，自称詞である「手前，我，おのれ」が，対称詞として使われているように見える．

(63) 手前がやれ．
(64) 我はなにしとんのじゃ．
(65) おのれのことはおのれでせい．

これらの例における「手前，我，おのれ」は，本来は，人称名詞的な自称詞，対称詞ではなく，再帰的な指示を行う語であると考えられる．話し手の領域で解釈される場合は，自称詞として解釈され，聞き手の領域で解釈される場合には，聞き手になるのである．ここでの解釈領域は，基本的には，話し手の領域が基準となり，これを命令や依頼などの視点操作で聞き手の領域に転換すると聞き手の領域で解釈されると考えられる．

(66) 主張：ワレ（話し手領域）＝話し手
　　　命令・依頼：ワレ（聞き手領域）＝聞き手

上のような文体での対称詞の用法は，相手の領域に踏み込んで，相手の代わりに自分自身を呼んでやったという過程を経ていると想像される．このように考えることで，上の文のニュアンスが説明できる．このような名詞は，基本的には人称名詞と同じく値を指定されていないが，人称名詞と異なり，人称に関する指定も持っていないと考えられる．

この現象は，現代語の「自分」の用法を見ると理解できる．(67)-(69)の「自分」は，関西地域で一部使われる対称詞としての用法である．

(67) 自分が困るぞ．
(68) 自分が行くのんちゃうんか．
(69) 自分はどうすんのや．

また，(70)は中国地方や軍隊用語としての自称詞の「自分」である．

(70) 自分がやります．

このような人称詞としての「自分」の用法はどのように出てくるのであろうか。まず、「自分」は、それ自身指示対象を持たず、先行詞によって指示対象を与えられる。このため、「誰もが」のような計量詞句をも先行詞としてとることができる。

(71)　誰もが自分の年をごまかしていた。

「自分」は、(72)のように普通、主語を先行詞としてとる再帰代名詞とされる。

(72)　田中は山田に自分の妹の写真を見せた。

従属文中の「自分」は、さらに制限があり、視点主（表された事態を意識している人）とでもいえる対象を先行詞とする（久野1973）。したがって、(73)のように死んでしまって意識がない人間を先行詞には取れない。

(73)　*太郎は自分が死んだとき、一銭も持っていなかった。

さて、(67)-(70)は、「自分」自体が、主語、主題の位置にあるので、さらに上の先行詞を要求する。また、同一節内に先行詞を持たないので、従属節と同じような視点主制約を持つと考えられる。この場合、領域としての話し手、聞き手が先行詞の候補になる。つまり、全体として、話し手に関わることであれば話し手、聞き手に関わることであれば聞き手を語用論的に先行詞としてとるわけである。(67)-(69)の例では、相手に関わることであるので、聞き手を表すことになる。(70)では、話し手に関わることなので話し手を表す。

この考えにより、談話指示的な「自分」の用法が非常に制約されていること、関西方言の「自分」のニュアンスを説明することができる。関西方言の「自分」はどこか相手の考え、気持ちを忖度しているニュアンスがある。

さらに、軍隊用語の「自分」の一種無人称的なニュアンスも説明できる。この「自分」は、直示ではなく、話し手の領域において値解釈をされるだけなので待遇性を持たない。待遇的な人称名詞のように、対称詞との対による人間関係を持ち込まず、いわば間接的な自己指示をすることができるからである。

4. 他称詞が対称詞に使われる場合

俗語のあるスタイルでは、(74), (75)のように「彼、彼女」といった他称詞が対称詞として使われる場合がある。

(74) 彼女，茶のみにいかへんか。

(75) これ彼のんちゃう。

これは，「彼，彼女」が，人称名詞ではなく，固有名詞に近い名詞，あるいは定記述であることを考えれば，それほど不思議ではない。要するに名前を知らない相手に話しかける際に，名前，すなわち呼称の代わりに使っているのである。この場合，「彼」，「彼女」は，単に「そこの男の子」，「そこの女の子」のような定記述というより，臨時的呼びかけ語に呼称化操作がかかったものと見なすことができる。(74), (75)に見られるように「彼」「彼女」は文内対称詞用法を持つからである。このスタイルの不躾さとかは，呼称の使用制約から出てくると考えられる。つまり，呼称を使って相手を指すための社会的儀礼や手続きを省略して，話者が直接相手を名付けし，呼んでいることから来る失礼さ，あるいは，なれなれしさである。

これに対し(76)は，多少異なる。

(76) 自分，茶飲みにいかへんか。

まず，相手を「自分」と呼べるためには，ある程度聞き手の領域は存在していなければならない。「自分」は，固有名詞ではなく，また，それだけで聞き手を指すことのできる人称名詞でもない。先に述べたように聞き手の領域を認め，視点切り替えにより，聞き手領域の視点主を間接的に指すのが，対称詞としての「自分」であると考えられる。「自分」の対称詞用法は，疑問，命令といった，相手のほうに選択権を委ねるような表現が多く，直接，相手に呼びかけるのではないからである。この点，直接，相手を指すことのできる「彼，彼女」と異なる。

(77) そこの彼女ちょっとこっちきてくれへんか。

(78) へい，彼女元気かい。

「彼女，彼」は，基本的には名前の分からない固有名詞のようなものであるのに対し，「自分」のほうは，指示対象を与えられていない人称詞であり，聞き手の領域で評価されるとき聞き手を表すように拡張されていると考えられるのである。本当の呼びかけ(ここで用いている聞き手認定として使う呼称としてではなく，注意を引くために行う「呼びかけ」)の場合には，「自分」を使うこ

とができないことがそれを示している。
- (79) ?そこの自分ちょっとこっちきてくれへん。
- (80) ?へい，自分元気。

5．間接的な人称指示

定記述・固有名詞は直示的に聞き手，話し手を指すのでなく，呼びかけによる活性化で聞き手や話し手という役割を付与されると述べた。しかし，この役割付与は談話文法的に設定された談話領域で談話文法の規則により決定されるものである。それに対し，推論などにより，間接的に話し手や聞き手を指す場合は異なる。家族を表す語と異なり，職階を表す語は，話し手を表すことができないと述べたが，間接的に指示する場合には，職階を表す語であっても話し手を指すことができる。

- (81) 課長の命令には従えよ。
- (82) 兄貴をもっと大事にしろ。

これらは，「「課長のいうことには従え」，「兄貴は大事にしろ」，ところで，私は |課長，兄貴| である，したがって，「私に従え」，「私を大事にしろ」」とでもいったような，推論による間接的な指示を行っていると考えられる。ここでは，「課長」，「兄貴」は値の与えられた定記述である必要もない。つまり，談話文法的に「課長」，「兄貴」に「聞き手」という役割を与えているわけではない。次の例では少し微妙であるが，「こころやさしい課長，すなわちこの私」といった推論を既に取り入れて指示対象を決定したもので，呼称化されたものではないと考えられる。

- (83) こころやさしい課長がやってあげようか。

次のような，他人を表す「ひと」が，話し手を指す場合もこれに準じて考えることができる。

- (84) ひとのことはほっといてくれ。
- (85) ひとの気も知らないで。

この「ひと」は，聞き手，あるいは，別の第三者の視点を一時的に借り，話し手である自分を指す表現である。「ひと」で自分のことが指せるには，この他

者の視点が不可欠で，この場合，一種突き放してみている感じを与える。つまり他者の自分に対する扱いに異をとなえる場合に，他者の視点を採用し，他者から見た自分，すなわち，他者の知識中にある自分に関する知識の内容や取り扱いに異議をとなえる表現と見ることができる。したがって，そのような他者の知識を問題にしない文脈では話し手を表すことはできない。

(86) *ひとがいくんですか。（ひと＝話し手）
(87) *それをひとにください。（ひと＝話し手）

この場合も，「ひと」は，値の与えられた定記述である必要はない。「「他人」のことはほっておいてくれ」という一般的な記述に，たまたま話者である自分を事例として当てはめて表現しただけである。

6．まとめ

上では，まず，文内において一，二人称を表す名詞表現に人称名詞の場合と固有名詞・定記述の場合とを区別した。人称名詞は辞書的性質において直示的に話し手・聞き手を指すことが決まっており，発話においてその時の話し手・聞き手を指示する。それに対し，固有名詞・定記述は，既に指示対象は決まっており，発話の際に話し手が話し手・聞き手という役割を付すことで，話し手・聞き手を表す。この区別が両者のさまざまな違いを生み出している。

本来，話し手・聞き手という役割を辞書的意味として持っていない固有名詞・定記述が話し手・聞き手を表すことができるのは，発話時に活性化領域認定があり，話し手・聞き手となる要素とその記述の宣言が行われ，通称・名前に聞き手役割，話し手役割を付与するからである。特に，聞き手役割の付与は呼びかけ行為によってなされる。このため，文法的に呼称となるかどうかが固有名詞・定記述の文内対称詞用法の可能性と相関している。固有名詞は本来的に呼称であるが，定記述が呼称になるためには，敬称を付けて呼称化操作をしなければならない。つまり，これらは呼称人称詞とでも呼べるものである。

固有名詞・定記述が既に指示対象を与えられており，話し手・聞き手という役割のみを発話の際得るのに対し，「自分」は，それ自身が指示対象を持たず，また，人称名詞のように辞書的性質としても話し手・聞き手という役割を

与えられていない。「自分」は，先行詞によってのみ指示対象を与えられる。「自分」は，話し手・聞き手を表す場合があるが，その場合も話題領域から指示対象を得る。

以上をまとめると以下のようになる。

	人称が決まっている	指示対象が決まっている	呼称化必要
人称名詞	○	×	適用せず
固有名詞	×	○	×
定記述	×	○	○
再帰(代)名詞	×	×	適用せず

第5章
日本語指示詞の意味論と統語論
―研究史的概説―

1. はじめに

　日本語の指示詞に関しては非常に多くの研究があるが，一般言語理論的な観点から指示詞の記述をしたものはそれほど多くない。指示詞は談話，語用論の研究対象として扱われてきたため，統語論，意味論的に日本語の指示詞が扱われたことはほとんどないといえる。通常指示詞の使用法を記述するには，談話場に言及せねばならず，話し手，聞き手と指示対象との関係を述べなければならないと考えられてきたからである。このため，指示詞の意味的記述は，談話場を離れては不可能であると考えられてきた。確かに人称詞であれば話し手を表す，聞き手を表すという意味記述をしなければならないため，談話場，対話場に言及せざるをえない。しかし，指示詞のあらゆる側面が話し手，聞き手という談話，語用論的概念に言及しなければ記述できないか否かは自明ではない。

　本章では，指示詞の意味論，統語論特徴付けがどのような形で可能かを考える。このため，まず，日本語指示詞に関して知っておくべき研究史を非常に簡単な形で概説し，指示詞の意味論的研究で草分け的存在である黒田(1979)の主張を紹介する。しかるのちに，黒田の意味論を踏まえて，指示詞の純統語論的性質を研究した Hoji et al.(2003)の主張を紹介する。指示詞を意味論的，統語論的に扱うためには，いわゆる直示のソに関する現象が大きな障害として立ちはだかる。直示のソは，聞き手が存在しなければ使用不可能と思われ，通常「聞き手に近い対象を指示する」として特徴付けられる。このため，聞き手

という談話場の要素に言及せざるを得ないように思われるからである。本章では，最後に直示のソを Hoji et al.(2000b)の枠組みでどのように扱えるかを考察する[1]。

2. 人称的アプローチ(語用論的アプローチ)

日本語の指示詞の使用は，話し手，聞き手及び指示対象との関係によって以下のように記述されることが多い。

(1)　距離人称
　　　コ系列：話し手に近いものを指す
　　　ソ系列：聞き手に近いものを指す
　　　ア系列：話し手からも聞き手からも遠いものを指す

ここでは近い・遠いを空間的な距離に加えて，あるいは，その代わりに心理的な距離(勢力範囲，縄張り)などとしても，特徴付けの本質は変わらない。これに対して，ア系列の指示詞が話し手，聞き手の知識に関係するとしたのは松下(1930)である。

(2)　共有知識
　　　遠称は遠いものをさすのであるが，其れは自他共に知って居る事物に限るのである。自他の一方が知らない事物は遠方に在っても，遠称を用ゐない。必ず假に其のものを対者あるいは自己の面前へ運搬してきたものとして第二近称又は第一近称で指す[2]。　　松下(1930: 234)

松下は指示詞の用法に関し，話し手，聞き手と指示対象との距離に関わる記述に加えて，「話し手も聞き手も知っており，双方の頭に存したもの」という記述を追加したものということができる。

(3)　コ系列：話し手に近いものを指す。

---

[1] 本章は，指示詞の研究史全般を扱ったものではなく，Hoji et al.(2000b)に関わる限りで，関連する論文を扱っている。指示詞全般の研究史は，金水・田窪(1992)を参照されたい。

[2] (4)を参照。

　　　　ソ系列：聞き手に近いものを指す。
　　　　ア系列：話し手からも聞き手からも遠いものを指す。
　　　　　　　　話し手も聞き手も知っているものでなければならない。
　　　　　　　　双方の頭に存したもの。
松下はア系列に関する「話し手も聞き手も知っている」という記述は単にア系列に対する制約として述べているが，「自他の一方が知らない事物は遠方に在っても遠称は用いない」とあるので，当然のことながら(3)のように述べることはできず，正確には(4)のように述べなければならない。
　(4)　　第一近称(コ系列)：話し手に近いものを指す。自他の一方が知らない
　　　　　　　　　　　　　遠方のものも指す。
　　　　第二近称(ソ系列)：聞き手に近いものを指す。自他の一方が知らない
　　　　　　　　　　　　　遠方のものも指す。
　　　　遠称(ア系列)：　　話し手からも聞き手からも遠いものを指す。話し
　　　　　　　　　　　　　手も聞き手も知っているものでなければならな
　　　　　　　　　　　　　い。双方の頭に存したもの。
(4)の記述では，近称，遠称は単に形式の名前となり，特に近称が近いものを指すとはいえなくなってしまう。少なくとも，松下の記述を文字どおり取る限り，松下はこの問題を意識しているとはいえないようである。
　松下の問題点は，いわゆる指示詞が眼前のものを指すのか，眼前にないものを指すのかの区別を導入することで解消される。この区別を導入して指示詞の記述を行ったのが久野(1973)である。久野は，眼前指示に関しては，(1)を採用し，これとは独立に非眼前指示用法(これを久野は文脈指示用法と呼ぶ)をたて，以下のように記述する。
　(5)　　ア系列：その代名詞の実世界における指示対象を，話し手，聞き手と
　　　　　　　　もによく知っている場合にのみ用いられる。
　　　　ソ系列：話し手自身は指示対象をよく知っているが，聞き手が指示対
　　　　　　　　象をよく知ってないだろうと想定した場合，あるいは，話し
　　　　　　　　手自身が指示対象をよく知らない場合に用いられる。
　　　　　　　　　　　　　　　　　　　　　　　　　(久野 1973: 185)

すなわち，久野においては近称，遠称という話し手，聞き手からの距離という特徴付けは眼前指示の用法のみに適用され，話し手，聞き手が知っているか否かという指示対象の知識に関する特徴付けは，非眼前指示の用法に適用するのである。

　久野は特に松下を意識していたわけではないと思われるが，結果的に眼前指示と非眼前指示を区別することによって松下の共有知識に関する問題点を回避することに成功している。久野が非眼前指示の例として挙げているものは次のようなものである。

(6)　話し手：昨日，山田さんに会いました。あの｜*その｜人，いつも元気ですね。

　　　聞き手：本当にそうですね。　　　　　（久野 1973: 185(2)）

(7)　話し手：昨日，山田さんに初めて会いました。あの｜*その｜人随分変わった人ですね。

　　　聞き手：あの｜*その｜人は変人ですよ。　　（久野 1973: 186(3)）

(6), (7)では話し手は山田さんをよく知っており，聞き手もよく知っていると思っているため，「あの人」が使われ，「その人」は不適切である。これに対し(8)では，話し手は聞き手が山田さんを知らないと思っているため，「あの人」は不自然であり，「その人」が使われている。聞き手は，話し手が述べた「山田さん」という人を「道に迷っていて，話し手が助けてあげた人」としては知っているが，この知識は間接的であり，聞き手がよく知っている「ひげを生やした中年の人である山田さん」であるかどうかはまた確認できていいないため，「あの人」は使えず，「その人」が使われている。確認が済んだ後では，「その人」も「あの人」も可能となる。

(8)　話し手：昨日山田さんという人に会いました。その｜*あの｜人，道に迷ってたので助けてあげました。

　　　聞き手：その｜*あの｜人，ひげをはやした中年のひとでしょう。

　　　話し手：はい，そうです。

　　　聞き手：｜その，あの｜人なら，私も知っています。私も｜その，あの｜人を助けてあげたことがあります。（久野 1973: 186(4)）

ここで「よく知っている」というのは直接的な知識に関わるもので「聞き手が，その山田という人を全く知らない場合には，すでに話し手の話を通じて間接的に彼のことを知ったわけではあるが，（中略），ある人物に関する間接的な知識は「彼をよく知っている」という範疇に属さない（久野 1973: 186–187）」。

さらに久野はコ系列については「目に見えないものを指すのに用いられる場合があるが，これはあたかも，その事物が，目前にあるかのように，生き生きと叙述するときに用いられるようで，依然として，眼前指示代名詞的色彩が強い。（久野 1973: 188）」と述べ，(9)の例を挙げている。

(9) 僕の友達に山田という人がいるんですが，この男はなかなかの理論家で。　　　　　　　　　　　　　　　　　　（久野 1973: 188(14)）

さらに「目に見えないものを指すコ系列は話し手だけがその指示対象をよく知っている場合にしか用いられない。」として(10)の例を挙げる。

(10) ああ，その ¦あの，*この¦ 人なら，僕も知っていますよ。あの ¦*その，*この¦ 人は随分議論好きですね。　　（久野 1973: 189(15)）

久野は眼前指示における話し手，聞き手からの距離区分と非眼前指示における話し手，聞き手における対象に関する知識の所在とを分けることで松下が指摘した問題点を解決している。しかし，このアプローチは，田窪・金水(1996a, b)，Takubo and Kinsui (1997)が指摘したようにいくつかの問題がある。まず，次節の黒田(1979)の解説で述べるように距離区分と人称区分とは単純な写像関係にはないため，久野の記述は眼前指示用法と文脈指示用法とをまったく別のものとしなければ成立しない。さらに，久野の日本語版の記述では，ソを「話し手自身は指示対象をよく知っているが，聞き手が指示対象をよく知ってないだろうと想定した場合」，あるいは，「話し手自身が指示対象をよく知らない場合に用いられる」というように，離接的(disjunctive)な表現を使っているため，十分な一般化となっていない。さらに，この記述を独り言などの聞き手を想定しない場合に適用し，聞き手に関する言及をはずすと，アは「話し手が対象をよく知っている場合」に使われ，ソは「話し手自身が対象をよく知っている場合」か，「話し手が対象を知らない場合」に使われるという記述となり，ソの記述は矛盾した性質を示してしまう。久野の英語版の記述では，アは

話し手と聞き手の共有知識の対象をさし、ソは話し手と聞き手との非共有知識の対象を指すとして、ソに対する記述がアの記述の否定となっているため、この問題は生じない[3]。しかし、実は対話の場合、話し手が知っており、聞き手も知っていると話し手が知っているだけでは不十分で、その対象を聞き手が知っていることを話し手も知っているという想定を聞き手が知っていると話し手が想定しなければ知識の共有は生じない。このような共有知識を仮定した場合、共有知識のパラドクスが生じるため、これを回避する必要が生じる。田窪・金水(1996a)、Takubo and Kinsui (1997)では、田窪(1984)、黒田(1979)を元に直接体験知識を知識共有の前提とすることで共有知識のパラドクスを回避することを提案している[4]。黒田(1979)は非常に密度が濃く書かれているため、簡単には理解できない。次節で、黒田論文を解説する[5]。

3. 黒田(1979)──意味論的アプローチ

久野をはじめ多くの研究者は、指示詞の意味用法の記述に言語場の要素である話し手、聞き手を基準とした距離的遠近、情報の親疎に言及しており、いわば語用論的記述であるのに対し、黒田は指示詞に対する意味論的アプローチを提案する。

黒田は、指示詞の用法に関して用語の整理をまず行う。久野の文脈用法、眼

---

[3] 「話し手が知っており、聞き手も知っている」という連言の否定は、「話し手が知らない」か、「聞き手が知らないか」という選言となり、これらは「話し手が知っていて、聞き手が知らない」「話し手が知らなくて、聞き手が知っている」、「話し手も聞き手も知らない」の三つのケースになる。これらが、どちらも話し手の想定、あるいは知識の内容であるとすると、「話し手が「話し手が知っており、聞き手も知っていると」知っている」というのがア系列の記述となり、その知識の内容の否定が、ソ系列の記述となる。これの記述から聞き手をはずすと、アは「話し手が知っている」となるので、これを否定すると「話し手が知らない」となり、問題はなくなる。以下黒田の説明は、久野の記述をこのように再解釈しなおしている。

[4] 共有知識回避の方法に関する一般向けの解説に関しては田窪・金水(1996b)参照。

[5] 黒田の論文には例文番号が付けておらず、多くの例文、一般化も本文中に埋め込まれている。例文に番号を付け、一般化を取り出して番号を付したのは筆者であり、筆者の解釈を含む。例文、一般化を取り出した箇所は当該のページの数を付けた。

前指示用法に対し，以下のように先行文脈の他の語句に照応するか否かで二つの用法を区別する．

　　照応用法　：文脈中の他の語句に照応する
　　独立用法　：文脈中の他の語句に照応することなく，直接に意図された対
　　　　　　　　象を指示する．

　基本的には「照応用法」は「文脈用法」，「独立的用法」は「眼前指示用法」にほぼ対応するが，両者は厳密には異なる．すなわち，眼前指示でない場合に，文脈中の他の語句に照応する必要はないため，黒田の用語によれば，非眼前指示の独立用法がありえることになる．

　久野(1973)を含め従来の研究は「独立的用法においても照応的用法においても，指示詞の意味機能が話し手及び聞き手という言語使用場面における役割に関連させて説明せられる」(黒田 1979: 43)という意味で語用論的なものといえるであろう．

　三上(1970)は「アレはいつも deictic であって，眼前指示も文脈指示も同じ働きのように思われる．両者(話手・相手)に共通の遠方(時間的・空間的)の事物を指す，と言えばすむのではあるまいか」と述べるが，これでは久野が明らかにしたアの照応的用法の機能の特質を説明できない．問題は独立的用法と照応的用法が単純な写像関係にないことである．ここで，親：近，疎：遠という対応を仮定して，黒田の説明を表にすると以下のようになる．照応用法と独立用法とは対応せず，単純に「知っている」ことを「近い」，「知らない」ことを「遠い」という対応関係を仮定することはできないことが分かる．

		話し手	聞き手	選ばれる指示詞
A.	照応	疎	親	ソ
	独立	遠	近	ソ
B.	照応	疎	疎	ソ
	独立	遠	遠	ア
C.	照応	親	疎	ソ
	独立	近	遠	コ

Aのように，話し手が知らず，聞き手が知っている場合というのは，確かに，独立用法(眼前指示)の場合と平行して，話し手から遠く，聞き手から近いと考えることができる。しかし，Bのようにどちらも知らない場合は，照応用法ではソが用いられ，独立用法(眼前指示)ではアが使われるわけで，両者は平行しない。また，Cのように話し手が知っており，聞き手が知らない場合も，ソが用いられるが，独立用法(眼前指示)ではコが用いられるのが普通で平行しない。黒田は，この問題を回避し，独立的用法と照応的用法を統一する原理を考える。

次に黒田は方法の問題を考える。黒田は，以下のように考えて，独り言での指示詞の使用を思考実験として考える。「話し手・聞き手ということは言語使用論上の概念であって，もしそのような概念が指示詞の意味の決定にその本質的要因として関係しているのだとすると，言語使用論の基礎に立戻って，それを考慮に入れて，指示詞の用法の特徴を慎重に検討し直す必要がある」(黒田 1979: 44)が，それに準じるものとして，独り言における指示詞を取り上げる。「独り言では，話し手は依然として具体的な存在として残り，聞き手のみただ消失する。」ため，思考実験として使えるからである。さらに黒田は自分で自分に話しかける「擬似の会話」を避けるため，文末に「だろうか」などの言語表現として表れる疑念行為における独り言においての指示詞の用法を見る。独り言では聞き手が存在しないため，(1)と(5)の久野の規定から，「聞き手」を消去すれば(11)のようになる[6]。原則として，ソは独り言では消えてなくなる。

(11) 独り言における指示詞の用法
    照応的用法：「自分がよく知っている対象にはアを，よく知らない対象にはソを用いる」
    独立的用法：「話し手に近いものはコ，遠いものはア」：文字通りの眼前指示にはなりたつ。　　　　　　　　(黒田 1979: 47)

---

[6] 注3を参照。英語版の定義を注3のように解釈しなければ，この記述は成立しない。また，黒田はコの用法についてはここで言及していない。

確かに，独り言ではほぼこの記述が成り立ちそうである．さて，このとき，久野の規定ではありえなかった独り言における非眼前の独立用法が問題となる．黒田は次のような場合には，非眼前指示の独立用法が可能であるとする（黒田 1979: 47-49）[7]．

(12) 潰瘍文
文脈：精密検査で潰瘍が発見され，知識として（概念として）自分の胃に異常があることをしっているが，見たことはない．ある日，朝起きてつぎのように一人ごちる．
「いったいそれはどんな色をしているのだろうか．」

(13) ガロア文
文脈：不慮の死を遂げた友人が研究していたと聞いている方程式論に思いをはせる．話し手は彼の研究内容は知らない．
「もしせめてそれの概要が発表されていたら学会の状況は一変していたのではないだろうか．」

(14) 随筆文
文脈：なにか執筆することを頼まれて，それに応じようか応じまいかと迷っているときに，あることが心に浮かんで，いまだそれがどのようなことかよく分からない．
「うん，まあ，そのことでも書いてみようか．」

上の例は，先行文脈に特に明示的な言語表現は必要ない．それぞれ，なんらかの形で対象に関する体験的知識があれば，アあるいはコを使って表現するかもしれないが，上の文脈であればソが可能であると黒田は考える．ここで独り言での独立的用法のソとアの使用規則を規定するのは，久野が付加的に記述に取り入れた「よく知っている」か否かである．

独り言の独立的用法の規定は，久野の(5)の照応的用法規定における「よく知っている」という要因につながると見て，黒田は「よく知っている」を以下

---

[7] (12)-(14)の例文の容認性は話者によって異なる．Hoji et al. (2003)では，appendix でこれらの例文を議論し，言語的先行詞がない限り，これらの例文の容認性は非常に低いか，非文であるとしている．

のように規定し直す(黒田 1979: 50)。
(15) a. ア系の指示詞に対する直接的な知識：直接体験に基づく知識
b. ソ系の指示詞に対する間接的な知識：概念的知識
直接的知識・体験的知識：知識の主体はその対象について，
原則上は，無限の知識を持っている。
概念的知識：知識の主体はその概念に限定されている。

このようにして独り言での独立用法という思考実験により得られた一般化を独り言の照応的用法に適用し，さらに対話における用法にと拡張していく。対話では，(16)が成り立つ(黒田 1979: 52-53)。
(16) ア系列：対象が直接的知識として話し手・聞き手に共有されている。
(17) 山田さんを待っているのです。あの人のことだからきっと遅れてくるでしょう。
(18) ??山田さんという人を待っているのです。その人のことだからきっと遅れてくるでしょう[8]。
(19) 山田さんという人を待っているのです。その人はきっと遅れてくるでしょう。

(17)では，「「あの人」ということで，聞き手も山田さんを「よく知っている」ことを話し手が承知していることが示されている」が「聞き手が話し手の推論の根拠を，概念的に表示されないでも，山田さんについての直接的知識の中に持っていることが話し手に了解されている」(黒田 1979: 53)。(18)は，そのような了解はなく推論の根拠が提示されていないため不可である。そのような根拠を概念的に明示するか(例えば「その人はだらしないので」)，(19)のように「断定的に情報を与えればよい(より仕方がない)」(黒田 1979: 53)。したがって，黒田によればソ系列が使われる場合，次のことがいえる。
(20) ソ系列：話し手が対象をよく知らない場合，対象を概念的にしか知らない。
(黒田 1979: 53-54)

---

[8] ?? は付いた文が不自然であるが，非文法的とまではいえないことを表す。？の数が多いほど不自然度は増す。

(21)では，話し手は，「山田太郎」という先生とは面識がなく，「山田太郎という名前である」「聞き手が大阪で教わった」という概念的な知識しか持っていない。このとき「あの先生」と言うことはできず，「その先生」と言わなければならない(黒田 1979: 53)。

(21)　君は大阪で山田太郎という先生に教わったそうだけど，その先生は講義が上手かい。

「その先生」＝「山田太郎という先生，聞き手が大阪で教わった先生」

これは，独り言の場合でも同じである。

(22)　独り言の場合

田中は大阪で山田太郎という先生に教わったそうだけど，その先生は講義が上手なのだろうか。

しかし，対象を話し手は「よく知っている」が，聞き手は「よく知っていない」場合，対話と独り言で，指示詞の用法の平行性がくずれる。(23)では，話し手が対象を直接経験し，聞き手がそれを聞いていない場合である。このとき，話し手は相手が対象を知らないと認識しているとき「その火事」と言わねばならず，「あの火事」は不自然である(黒田 1979: 53-54)。

(23)　文脈　：話し手が火事を直接目撃し，直接体験として知っているが，聞き手はそうでない場合

話し手：先週神田で火事がありました。その火事で学生が二人死にました。

聞き手：その火事のことは新聞で読みました。

しかし，話し手は同じ火事のことを指すのに，独り言では，(24)のようにア系列の指示詞を使わなければならない(黒田 1979: 54)。

(24)　独り言：先週神田で火事があったが，あの火事で学生が二人死んだのか。

話し手は直接体験により火事を知っているが，「聞き手は「先週神田であった火事」という概念で理解するより他なく」，それを話し手は知っているため，「話し手としては聞き手と共通の場に立って，「先週神田であった火事」という概念だけで規定される対象としてその火事を「その火事」と指示するものと考

えられる。これに対して，独り言においては，話し手はそのように聞き手と共通の水準まで降りていく必要はなく，概念化されないままの対象を「あの火事」と指示するのであろう」(黒田 1979: 54)。聞き手が対象を「よく知らない」場合には，ソ系列の指示詞を用いる，といっただけでは，単に直接的な記述に留まり，特に話し手が「よく知って」いるが聞き手は「よく知らない」場合に，何故ソが用いられるかに対して説明が与えられないが，ソ系列の指示詞は対象を概念的に志向するとすることで，一応の説明が与えられると黒田は主張する。

　以上の黒田の説明は，用語上の整理はあったものの，久野の説明とほぼ経験的に同じであった。しかし，黒田はさらに，久野の(4)では，説明できない(25)のようなデータがあることを指摘する(黒田 1979: 55)。

(25)　今日神田で火事があったよ。あの ¦*その¦ 火事のことだから人が何人も死んだと思うよ。(黒田の例文をソの認容性判断を加えて示した)

(25)は，話し手は自分が見た火事を聞き手が知らないものとして導入している。したがって，久野の説明によれば「あの火事」とは言えないはずであり，(5)の規定では説明できない。黒田は，この例に関して「話し手が「あの火事のことだから」という言外には「神田の火事」という概念だけからでは知り得ない話し手の直接的知識に基づいて，話し手が「人が死んだだろう」という推定を下しているという意が含まれていると見られよう」(黒田 1979: 55)と述べ，ソ・アの意味論的規定として以下のものを結論として提出する(黒田 1979: 58-59)。

(26)　ソ・アの意味論的規定
　　　ア：対象を直接的知識・体験的知識の対象として指向する。
　　　ソ：対象を概念的知識の対象として指向する。

しかし，(26)によっても対話における眼前用法のソは説明できない。独り言では独立用法は，「概念的な知識の対象として指向する」として記述できた。対話ではなぜ，そうではないのか。黒田によれば，独り言と違い，対話では以下の違いがあるという。「会話中に指示詞を使用するには，あらかじめ言葉に頼って文脈中において指示対象が話し手・聞き手両者の意識中に対象として確

立されているか，さもなければ，言語機能とは別の心理機能——とりたてと視覚——に基づいて指示対象が話し手・聞き手共有のものとして確定されていなければならない。(中略)しかして，眼前用法においては(中略)物体的な対象のみが指示詞の指示対象となり，先にみたような独り言における指示詞の独立的用例の如くに抽象的な対象を指示対象とする用例は成立し難いことになる。」(黒田 1979: 57)。

そこで，眼前のソに関しては，話し手・聞き手ともに直接的知識を持つが，「対象が聞き手のそばにあれば，話し手は聞き手はその対象の認識について自分よりも有利な立場にあり，(中略)話し手が「それ」ということの裏には，自分には到達しえない直接的知識の対象の存在を認めるという意義が隠されているのではないかということになる。」とする。以上から，対話における眼前用法を含めたソ系列の指示詞の特徴付けは以下のようになる(黒田 1979: 58)。

ソ
・非眼前(独り言，対話における照応的用法)：対象を概念的知識の対象として把握する。
・対話における眼前用法：他者の直接的知識を，自己(意識)の直接的知識ではないもの(自己の直接的意識と対立するもの)として把握する。

4. 統語的アプローチ：コソアと構造的特性

黒田のアプローチは意味論的，認知的なアプローチということができる。Ueyama (1998)は，黒田の照応的用法は，必ずしも言語的先行詞との照応関係を表しているとは限らないことを示した。例えば，単に非言語文脈にある対象をある言語表現が指示し，それと同じ対象を指示詞が指示した場合，それらは同じ指示対象を持つ。この場合，厳密にはどちらも独立的に指示をしているのであって，指示詞は照応的に使われているわけではない。Ueyama (1998)の理論を一般向けに解説した上山(2000)では，アとソの使用制約を純統語的に先行文脈中に言語的先行詞があるかないかで記述するべきであるとして，以下のよ

うに一般化する(上山 2000: 173)[9]。

(27) (i) ア-NP は，先行詞が要らない。直示(＝眼前指示)の場合を除いて，ソ-NP は言語的先行詞が要る。

(ii) ア-NP は構造と独立的に指示が決まる。ソ-NP は言語的先行詞と連繋を結んではじめて指示が決まる。

まず，(i)から見てみよう。言語的先行詞がある場合はア，ソどちらも可能である。

(28) A：昨日山田に会ったよ。
B：そう。あいつ元気だった？
C：その人，B くんの同級生？

(29) A：昨日も学生さんが待ってましたよ。
B：あの学生，今日も来ると思う？
C：その学生なら，さっき見かけたよ。

これに対し言語的先行詞がない場合，アは使えるがソは使えない(上山 2000)。

(30) (状況：一人の刑事が犯人を追って，あるアパートの部屋の前に来る。タイミングを見て一気に踏み込むが，そこには犯人は見当たらず，単に男達がマージャンをしている。刑事は，この男達が犯人をかくまっているに違いないと思って叫ぶ。)

刑事：｛あいつ／#そいつ｝はどこだ!?[10]

(31) (状況：昨日，陽子は正男に手作りのケーキをあげた。陽子は，正男の反応が気になるので，電話をかけて，開口一番に聞く。)

陽子：ねえねえ，｛あれ／#それ｝，食べた？

(32) (状況：昨日面会に来た学生の名前が思い出せない教授が秘書に内線

---

[9] Ueyama(1998)及び上山(2000)は，名詞の照応関係の研究であり，指示詞の用法のうち，名詞句に付くもののみを扱っている。すなわち「このNP，そのNP，あのNP」「こいつ，そいつ，あいつ」，「これ，それ，あれ」などである。「こう，そう，ああ」のような副詞類は扱っていない。以下では表記の単純化のため，「コ」，「ソ」，「ア」で，これらの指示詞付きの名詞句を指すことにする。

[10] #はそれが付いた文が単独では非文法的，認容度が低いとはいえないが，問題となる文脈を考慮すると不自然であることを表す。

　　　　電話をかけ尋ねる。)
　　　　教授：昨日来た |あの／#その| 学生，名前何だった？
さらに，ア-NP は言語的先行詞があっても，それが直接的経験のある対象でなければ使えない。直接経験がない場合は，ソが使われる。
(33)　刑事1：今さっき警官があの封筒を届けると言って持っていきましたよ。(刑事2は，それが誰なのか見当がつかないが，あわてて。)

　　　刑事2：|そいつ／#あいつ| はどこだ！
(34)　正男　：この前，高校生からチョコレートもらっちゃったよ。(陽子は，そのチョコレートを見ていない。)

　　　陽子　：ねえねえ，|それ／#あれ|，食べた？
(35)　秘書　：昨日，学生さんが1時間以上，お帰りを待っていたようでした。(教授は，その学生が誰なのか分からない。)

　　　教授　：昨日来た |その／#あの| 学生，名前何だった？
上山(2000)はア，ソの使用，解釈制約を以下のようにまとめる。
(35) a.　ソ-NP は，その場に対象物がない場合には，他のことばと言語的関係を持つことによってはじめて解釈可能になる。
　　 b.　ア-NP は，話し手がその対象物を直接体験を通じて知っているときにのみ使うことができる。

さて，(28)，(29)の例では言語表現がその場に対象物を持っておりア系列も使えるため，ソ系列とのア系列の分布の差は，「対象物を直接体験を通じて知っているか否か」という意味論的・語用論的特徴付けによらざるを得ない。その場に原理的に指示対象物を持たない言語表現を先行詞とした場合を考えれば純統語的な特徴を調べることができる可能性が開ける。Hoji(1991a)は数量詞が先行詞となる場合，ソ系列しか使えないことを指摘している。数量表現は言語場に指示対象物を持たないため，先行詞として数量詞がくる文を考察すれば，ソ系列とア系列の本質的な違いを調べることができる。

4.1 連動読みとソ系列，ア系列の性格付け

上山(2000)は数量詞を先行詞として指示詞を束縛変項として解釈できるような数量詞，指示詞の解釈を連動読みと呼び，ソ系列指示詞とア系列指示詞の連動読みの可能性を見ている．(37), (38)の例で分かるように，連動読みの解釈では，ソ系列指示詞は可能であるがア系列指示詞はできない．(37)では，「そこ」「その県」は，先行詞と連動した解釈が可能であるのに対し，(38)では「あそこ」「あの県」は連動読みの解釈は不可能である．

(37) 連動読み：
  a. どの政党の党員もそこが一番だと思って党員になっているに違いない．
  b. 甲子園も東京ドームも，そこを本拠地とする球団がある．
  c. どの県の職員がその県の条例に一番通じているか，競い合ってみましょう．

(38) a. *どの政党の党員もあそこが一番だと思って党員になっているに違いない．
  b. *甲子園も東京ドームも，あそこを本拠地とする球団がある．
  c. *どの県の職員があの県の条例に一番通じているか，競い合ってみましょう．

Ueyama (1998)によれば，ア系列は言語的な先行詞があったとしても，解釈に関し，その先行名詞に依存するわけではなく，独立的に指示解釈ができるのに対し，ソ系列の指示詞は解釈のためには言語的先行詞を必要とし，言語的先行詞と連繋を結んではじめて使用が可能になる．

Ueyama (1998)は，黒田，田窪・金水の研究を取り入れ，他のことばと関係なく対象を指示できるという性質を名詞句がD-indexというインデックスを持つか否かで示し，D-indexを持つ名詞句をD-indexed NPと呼ぶ．これに対し，他のことばに依存してはじめて解釈が可能であるという性質には，I-indexed NP（先行詞がPF構造で先行しなければならない），0-indexed NP（先行詞がLF構造でc-統御しなければならない）という二つの種類があるとしている[11]．

---

[11] ここでは紙面の都合でこの二つの種類のNon-D-indexed NPの連繋が成立するための

(39) a. D-indexed NP：他のことばとは関係なく，対象を指示できる。
　　 b. Non-D-indexed NP：I-indexed NP，0-indexed NP：
　　　　他のことばに依存してはじめて対象を指示できる。
また，黒田，田窪・金水のア系列，ソ系列の特徴付けを(40)の制約により表し，そこから(41)の性質を導き出す。
(40) a. ア-NP は D-index を持たなければならない。
　　 b. ソ-NP は D-index を持たない。
(39a)から(41a)が，(39b)から(41b)がいえる。また，(39a)，(40a)と，先行詞に依存して指示が決まるという連動語の定義から，(41c)がいえる。
(41) a. D-indexed NP には先行詞が不要である。
　　 b. D-indexed NP ならば，「先行詞」が連動語と c-統御関係になくても，先行詞が先行していなくてもよい。
　　 c. D-indexed NP は連動語にはなれない。
ア-NP は，同一指示名詞句に対し PF での先行，LF での c-統御という条件が満たされていなくてもよいため，(42a)のように，言語的先行詞が談話になくても，また，(42b)のように同一指示する要素が指示詞の後方にあっても，また，指示詞を c-統御していなくても使用可能でありえるのに対し，(42c)のごとく，ソ系列の指示詞は PF での先行，あるいは LF での c-統御が満たす言語的先行詞がなければ使用不可能となる。
(42) a. あいつは，どこだ！
　　 b. ［去年［あそこ］が解雇した人］が［巨人］を訴えたらしい。
　　　　　(Ueyama 1998: 189, chapter 4(38c)を漢字仮名に変えたもの)
　　 c. どの政党の党員もそこが一番だと思って党員になっているに違いない。

構造条件の違いは議論しない。これら二つの種類の Non-D-indexed NP が言語的先行詞を必要とすることさえ確定できればよい。詳しくは，Ueyama(1998)，上山(2000)，Hoji (2003)を見られたい。

4.2 コ- NP

これまでコ系列の指示詞に関しては述べてこなかった。久野(1973)はコ系列の指示詞を現場指示の性質を残しているとし，黒田(1979)もなんらかの形でア系列に近く，直接経験を志向していると扱っているが，その特徴は必ずしも明らかではない。Hoji et al.(2003)は，上山の統語的なアプローチを援用して，コ-NPの特徴を考察している。まず，(43)に見られるようにコ-NPは言語的先行詞を必要としない。

(43) 会社の幹部会で社長が会議の冒頭に：

　　　ブラウン君，[｜この／#その｜プロジェクト]は，いつ始まるのかね？

さらに(44)に見られるように，コ-NPはソ-NPと異なり，同一文中の言語要素と同一の対象を指示するために，先行関係もc-統御も必要ない。

(44) 反政府ゲリラが大使館爆破計画の失敗のあとアジトに戻ってくる。だれも口を開かない。リーダーがまず話しはじめる。

　　　[｜この／*その｜計画を最初に考え出したもの]が大使館爆破計画の実行責任者になるべきだった。

以上からコ-NPは，D-indexを持つことができることが分かる。さらに，(45)に見られるように連動解釈が不可能であることから，I-index, O-indexは持つことができない。

(45) a. どの自動車会社も｜その／*この自動車会社｜の子会社を推薦した。
   b. かなりの数の自動車会社が｜その/*この｜自動車会社の子会社を推薦した。

名詞句は必ず，三つのインデクスのうち一つを持つという前提から(46)がいえる。

(46) コ-NPはD-indexを持たなければいけない。

したがって，コ-NPは統語的にはア-NPと同じ性質を持つことになる。それではコ-NPとア-NPの違いは何であろうか。(47)は，いわゆる現場指示でなく，文内指示であるが，コ-NPとア-NPとで容認性に差がある。ここでは距離的な概念が導入される。非眼前指示の用法であってもコ-NPは時間的に近い場合は適切であるが遠い場合は不適切になる。

(47) 遠近関係
  a. [｛この／#あの／*その｝計画を最初に考え出したもの]を大使館爆破計画の実行責任者にしよう。
  b. [｛#この／あの／*その｝計画を最初に考え出したもの]が10年前の大使館爆破計画の実行責任者になるべきだった。

つまり，コ-NPとア-NPはどちらもD-indexを持ち，話し手と対象との距離によりどちらを使うかが決まっているといえる[12]。

4.3 結論非眼前指示のコソア

以上をまとめると(48)のようになる。まず，独立した指示対象を持ち，言語的先行詞が不必要であるならば[+D]，独立した指示対象を持たず，言語的先行詞が必要なら[−D]という特徴を持つことになる。[+D]ならば距離区分を持ち，対象が近ければ[+Proximal]でコとなり，遠ければ[−Proximal]でアになる。[−D]は，距離区分を持たない。

---

[12] 「目に見えないものを指すコ-NPは話し手だけがその指示対象をよく知っている場合にしか用いられない。」として挙げた(10)の例((i)として再掲)は，このアとコの距離の違いに還元することができるであろう。
　(i) ああ，その(あの，*この)人なら，僕もよく知っていますよ。あの(*その，*この)人は随分議論好きですね。
「その人」は，聞き手が「自分の友達，なかなか理論家」として導入・提示した対象を話し手が「その理論家の友達」と概念的に捉えて自分が直接知っている対象であることは指示詞の選択には関与させず，「あの人」は話し手が直接知っている対象として捉えて指示するものである。これに対し「この人」は直接経験として捉えた対象であるが距離が近いものとして扱っている。対話における直接経験は，相手の知識を問題にせず独り言的に述べるのでなければ，通常対話的に相手との共有体験を問題にしなければならない。共通経験は現場になければ基本的に過去のものである。もし，近過去であれば，共通経験に属するものである。例えば，対話相手が直前に話題にした対象であれば，対立的な視点を取らず，コ-NPで指すことも可能である。しかし，対話相手が対立的な視点を取り，近過去で対話の場面に持ち出された話題とは異なるとき，対話相手と聞き手とは対象の距離に絶対的な差異が生じる。そのため対話相手が対立的に持ち出した話題では，コ系列の指示詞は使えないのだと考えられる。

(48) 非眼前指示のコソア

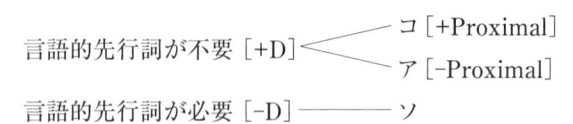

言語的先行詞が不要 [+D] ─── コ [+Proximal]
　　　　　　　　　　　　　　ア [−Proximal]

言語的先行詞が必要 [−D] ─── ソ

(48)の非眼前指示のコ，アの特徴付けは，眼前指示特徴付けと並行する。つまり，眼前指示と同じく，直接経験的対象を指示する。違いは，眼前にあるのか，眼前にはなく過去の体験の対象であったか否かだけである。したがって(48)は，眼前指示のコ，アにも当てはまるとする。眼前指示の用法でもコ，アが使える場合，話し手と聞き手は対立しておらず，いわば包括的二人称(inclusive *we*)的立場からの距離であり，話し手が独り言で話す場合と基本的には同じである。また，問題となる知識は直接知識なので，話し手も聞き手も直接経験した共有体験を前提とするため共有知識のパラドクスも生じない。ソは，距離区分がなく，独立した指示対象がなく，構造的先行詞を必要とするため連動読みに関わる指示詞に関するデータが説明できる。

しかし，黒田の場合と同じく，眼前指示のソだけは，説明できないように見える。そこで，次節では眼前指示のソをこのシステムでどのように捉えられるかを考える[13]。

5. 指示詞の認知的特性といわゆる眼前指示のソ

われわれのアプローチでは，コとアは言語的先行詞を必要とせず，直接経験要素を直接指示する。両者は [+/−Proximal] という言語的特性によって区別され，以下のような解釈を受ける。

(49) コは [+Proximal] : **近**と見なされる要素と結び付く。
　　　アは [−Proximal] : **遠**と見なされる要素と結び付く。

ここで [+/−Proximal] は言語形式上の特性であり，**近・遠**は認知上の特性である。語彙的性質としてコは必ず [+Proximal]，アは [−Proximal] という言

---

[13] 第5節は Hoji et al.(2003) の議論に基づき，郡司隆男氏のアドバイスを入れて，改めて筆者が書き直したものである。このため，この部分の形式化の議論は筆者に全面的に責任がある。

語形式特性を付与されないといけないが，ある要素を認知上**近**と見なすか否かは，認知主体がある程度主観的に決定できる。つまり，話し手にとって物理的に同じ位置にあったとしても，ある場合には**近**という特性を付与し，[+Proximal] という言語特性を持つコ系列の指示詞を使って指示することもできるし，**遠**という特性を付与し，[−Proximal] という言語特性を持つア系列の指示を使って指示してもよいということである。

　Hoji et al.(2000b) に基づいて，認知主体がある対象を**近**と見なすのか**遠**と見なすかの判断要因を見てみよう。まず (50) のように物理的距離が近ければ**近**，(51) のように遠ければ**遠**と見なすことができ，それぞれ [+Proximal]，[−Proximal] の指示詞で表すことができる。しかし，(52) の殿様と家臣のように話し手が聞き手に対して社会的，心理的に優位で，対象を近く感じれば，対象が多少遠くとも [+Proximal] の指示詞を使うことは可能である。

(50)　［手をつないでいる人を指して］
　　　｛# あの／この｝人はアメリカ人です。
(51)　［となりにいる人に 10 メートル先の男の人を指して］
　　　｛あの／?この｝人はアメリカ人です。
(52)　［10 メートル先に男を立たせて］
　　　｛あの／この｝男はこんどわしがアメリカから連れてきたアメリカ人じゃ。

さらに物理的距離が同じであっても，話し手に対象に対する知識があれば**近**，知識がなければ**遠**と取りやすくなる。

(53)　［10 メートル先の犬を指して］｛あの／# この｝犬はハスキーですか。
　　　｛あの／?この｝犬はハスキーですよ。

また，対象が他のものと離れて卓立している場合は，同じ物理的距離にある対象でも近くと見なしやすくなる。

(54)　［ポツンと立っている 20 メートル先の木を指して］｛あの／この｝木は樫の木です。｛あの／この｝木は樫の木ですか。
(55)　［いろんな木に囲まれている 20 メートル先の木を指して］
　　　｛あの／?この｝太い木は樫の木です。

　　　　［上空を覆う巨大な円盤を指して］
　　　　|これ /# あれ| はどこから来たんだ。
　すなわち，遠くにあるものを認知的理由で近くと解釈する要因として，ここで問題となる制約は「遠くにあるものを認知的に引き寄せて解釈し，**近**と解釈することは可能であるが，近くにあるものを認知的に押し戻して遠くと解釈することは困難」といったものであろう。
　しかし，指示詞の選択に際し，このように認知的な自由度がない場合がある。それはまさに眼前指示のソが使われる場合である。以下でその使用制限を見てみよう。

5.1　眼前指示のソ

　独り言の場合でもコとアは同じ状況で認知的判断の違いにより使い分けられる。以下の例では，同じ距離にある椅子を見ながら，コ系列，ア系列どちらの指示詞も使用可能である。

(57) a.　この椅子はたしか北京から持ってきたんだ。
　　 b.　あの椅子はたしか北京から持ってきたんだ。

しかし，この状況で聞き手が登場してきて椅子に座ったとする。この場合，話し手が殿様で，聞き手がその家臣であったとしても，ア系列の指示詞は使えなくなる。

(58)　椅子に座った家来に向かって殿様が：
　　　よく聞け。|この / その /# あの| 椅子は 3 年前に北京から持ってきたのじゃ。

つまり，独り言でコもアも使える対象に対し，聞き手が登場してその近くに位置すると，聞き手に話しかける文脈ではア系列の指示詞が使えなくなるのである。このソの性質が我々の指示詞の特徴付けによってどのように説明できるかを次節で見る。

5.2 眼前指示のソの説明

　眼前指示(直示)のソに対する説明を試みよう。従来の記述では，眼前指示のソ系列は聞き手の近くにある対象を指すのに使用されるとされるが，我々のソ系列の特徴付けではこの記述が使えない。(48)によれば，[+/-Proximal]の区別は[+D]という特徴を持つ言語要素しか持てない。ソは[-D]であるので，言語的先行詞を必要とし，**遠・近**という特徴付けを持たないとしているからである。眼前指示のソは明らかに，言語的先行詞は存在しない。したがって，言語的先行詞を必要とするという特徴付けは緩めなければならない。そこで(59)のように考える。

(59)　ソは，それが指示する対象に対し**遠・近**という認知的特徴付けができない場合，すなわち，ア[-Proximal]でもコ[+Proximal]でも表せない対象を表すときに使われる。

　ある対象が**遠・近**のどちらの特徴付けもできない場合，[+/-Proximal]という語彙特徴を持つ指示詞は使えない。(49)により，これらの語彙は**遠・近**のどちらかの認知的特徴があるものを指示するからである。したがって[+D]の特徴を持つ指示詞は**遠・近**どちらかの性質を持つ対象しか指示できない。そこで，**遠・近**が決定できない場合，いわば最後の手段として[-D]の要素を用いるとするわけである[14]。

　この議論と眼前指示のソの用法とが結び付くためには，(60)が示せればよい。

(60)　対象が話し手から遠く，聞き手から近い場合，**遠・近**という特徴付けができない。

　次節では，(60)が成り立つことを示す。

---

[14] この特徴付けは，いわゆる中距離のソと呼ばれるソの用法にも適用できると思われる。対立的な二人称でなく，包括的二人称のような同方向を向いている場合でも使える(タクシーの運転手に:「そこらへんにとめてください。」)。また，独り言でも不確定な所在を問題にする場合は，ソを使う(「どこかそこらへんにあるはずだか」)。これらは，いわば距離が指定できないためアもコも使えない場合に「埋め草的」に使われているのだと考えられる。「中距離のソ」，「埋め草的なソ」に関しては，金水・田窪(1992)及びそこに引用された文献を参照のこと。

5.3 遠近という特徴付けがない場合に使われるソ

まず，対象の距離の遠近がどのように決められるかを明示化しよう。コトアが使われるための条件である，指示対象の**近**・**遠**という認知的特徴は，話し手が自分の身体と聞き手の身体とを合わせた共同身体からの距離を計算して，決められている。ここで注意すべきは，話し手のみが認知主体となり，聞き手は身体のみの存在が問題となることである。話し手は，認知的主体(EGO=cognitive agent)として，対象と話し手の距離を測るが，その際，自分の身体(VE=vehicle of EGO)との距離を測る。話し手は聞き手を聞き手と認めた段階で，聞き手の身体と自分の身体とを合わせた拡張身体をつくりそれからの距離を測ると考えられる。ここで話し手が聞き手と同じ立ち位置にあると認めれば，つまり包括的二人称(inclusive *we*)視点をとると考えた場合は，いわば中心点は一つで，距離は話し手からも聞き手からも同じであるので，認知主体が話し手だけでも，聞き手を加えても変わりはない。しかし，聞き手との距離が異なると話し手が認識した場合，聞き手を認知対象として認めるかどうかは選択しなければならない。ここでは，(61)のように考え，指示詞の距離計算に対し聞き手を認知主体として認めない立場をとる。

(61) ・認知主体は話し手のみであり，認知主体としての聞き手は無視。
・距離は心理的，認知的に決まるが，距離の基準は身体で決める。
・「聞き手の存在」を距離の決定に関与させる：王様でも殿様でも聞き手は無視できない。

(61)の動機は(62)である。

(62) ・聞き手を主体としてしまうと，共有知識のパラドクスに陥る。
・聞き手から遠くて，話し手から近いものをソで呼べることを避ける：話し手中心

(61)を前提として(48)で示したコ，ソ，アの特徴付けから，ソの眼前指示用法がどのように導き出されるかを以下で見る。まず，(63)を仮定する。

(63) ある物体が同時に同じ VE に**近**であり，かつ**遠**であることはない。

(63)から(64)がいえる。ここで，B は指示詞で指すべき対象，VE_i は任意の身体である。

(64) ¬近(B, VEi) = 遠(B, VEi) 及び

　　　近(B, VEi) = ¬遠(B, VEi) である

まず，話し手が距離を測るときの自分の身体をVE1と呼ぶとすると，これは単に自分の物理的身体(ps)と一致する。次に，話し手が聞き手の存在を認め，聞き手の物理的身体(ph)を考慮して，拡張身体VE2を作るとするとこれは話し手の物理的身体と聞き手の物理的身体を合わせたものと定義できる。

(65) $VE1 =_{def} ps$　$VE2 =_{def} ps+ph$

VE1からある物体Bの遠・近の値は(66)のように定義できる。

(66) 近(B, VE1) $=_{def}$ 近(B, ps)

　　　遠(B, VE1) = ¬近(B, ps)

次にVE2からBへの距離はどのように定義できるだろう。VE2はpsとphの両方の身体を含み，これら二つの身体からの距離を考慮する必要がある。どちらからも遠い場合は単純で，(67)のように定義できる。

(67) 遠(B, VE2) $=_{def}$ 遠(B, ps) ∧ 遠(B, ph)

さて，(67)と(64)から，近(B, VE2)が定義できる。

(68) 近(B, VE2) $=_{def}$ ¬遠(B, VE2)

　　　= ¬[遠(B, ps) ∧ 遠(B, ph)]

　　　= ¬遠(B, ps) ∨ ¬遠(B, ph)

　　　= 近(B, ps) ∨ 近(B, ph)

つまり，Bが拡張身体VE2に近いとは，BがVE2から遠い場合の反対で，これはド・モルガンの法則により，Bが話し手の身体に近い場合か聞き手に近い場合，あるいはその両方の場合となる。

ここで，ある物体Bが任意の身体VEiに対して近なのか遠なのかをBの遠近値と呼ぶことにすると指示詞の使用に関して(69)が成り立つ。

(69) 指示詞の解釈制約：

 a. [+/-Proximal]の指定のある名詞句は，解釈において遠近値を持つ要素に対応しなければならない。

 b. [+/-Proximal]という言語的特徴はBのVEiに対する遠近値とマッチしなければならない。

(69a)は，[+D]の指定がある名詞句はそれが指す対象Bが**近**か**遠**かを決められないということである。(69b)は，言語特徴の指定が対応する認知特徴と一致することを指定している。

さて，VE1は話し手の身体のみでBの距離を測るのであるが，VE2は聞き手の身体をも入れて測る。この際，独り言で距離を測ったときの認知的距離と聞き手をもいれて拡張身体を作ったときの距離は同じ性質を持つと考えよう。そこで次の制約を提唱する。

(70) VE1とVE2との拡張制約：VE1とVE2でBの遠近値が異なる場合，Bは遠近値を持てない。

Bが話し手に**近**と話し手が判断した場合，聞き手の登場により身体を拡張しても，**近**と判断できる。拡張身体では，話し手，聞き手の身体の一方から近ければよいからである。Bが話し手から**遠**で，聞き手からも**遠**である場合，話し手だけからも，拡張身体でも**遠**である。

VE1とVE2とでBの遠近値の値が異なる場合，まず次の場合がある。

(71) **近**(B, VE1)
遠(B, VE2)

(71)の場合，遠近値は異なるが，**近**(B, VE2)の定義から，**近**(B, VE1)であれば，どんな場合でも**近**(B, VE2)でなければならず，定義上この事態はありえない。

(72) **近**(B, VE1)∧**遠**(B, VE2)
= **近**(B, ps)∧¬(**近**(B, ps)∨**近**(B, ph))
= **近**(B, ps)∧((**遠**(B, ps)∧**遠**(B, ph))
=[**近**(B, ps)∧**遠**(B, ps)]∧[(**近**(B, ps)∧**遠**(B, ph)]
恒に偽

つまり，この事態はBとVE2の関係を**遠**と見る限り論理的にありえないのであり，考慮する必要はない。

次にVE1とVE2でBの遠近値が異なるのは次の場合である。

(73) **遠**(B, VE1)
近(B, VE2)

この場合は両者の値が異なり，定義と矛盾しない。実際の実現形態は遠(B, ps)∧近(B, ph)の場合，すなわち，話し手の身体から遠く，聞き手の身体に近い場合である。

(74)　遠(B, VE1) = 遠(B, ps)
　　　近(B, VE2) = 近(B, ps)∨近(B, ph)
　　　遠(B, VE1)∧近(B, VE2) = 遠(B, ps)∧近(B, ph)

この場合から，BのVE2に対する遠近値に関する指定ができないので，[+/-Proximal]の指定がある言語形式では指示することができないことになる。したがって，この指定がない表現，すなわちソを使うことになる。つまり，三上(1955)が述べるように「ソは，聞き手がいるときの遠称である」といえる。ここで，ソ系列の指示詞は距離指定を持たない場合にいわば最後の手段的に使われるのだと見ることができる。このように考えることで，(48)のソ系列が[−D]という特徴を持ち，距離指定を持たない指示詞であるという特徴付けを維持できる。

6．結論

以上をまとめると次のようになる。
- コ・アは，ダイクシスで言語場において話し手(＝認知主体)からの距離に基づいて指示対象が決められる。ソは言語的先行詞により，言語場と独立して指示対象が決められる。
- ソは，[+/-Proximal]の指定がない。
- コ・アは，**近・遠**の指定がない対象は指示できない。眼前の対象が**近・遠**のどちらとも指定できない場合は，ソを使わなければならない。

付　記

本章は，傍士元氏，上山あゆみ氏，金水敏氏との指示詞に関する一連の共同研究の成果の一部を著者の責任でまとめたものである。原稿をまとめるに際し，傍士，上山両氏及び向井絵美氏，片岡喜代子氏に読んでいただき，内容，スタイルに関してさまざまなアドバイスをしていただいたが，時間的に細部に

わたっての調整は行っておらず，内容，提示の仕方に関しては筆者に全面的に責任がある。

第6章
談話における名詞の使用

1. 談話とは
1.1 談話の構造と構成要素

　本章では，日本語における談話の構造と構成要素を名詞の使用法を中心に考察する。言語表現には必ず，それを発する話者や書き手と表現される対象が存在する。しかし，聞き手や読み手の存在がどの程度言語表現の使用制約に影響するかは，対話のように聞き手の発話場面における存在を前提として言語が使われる場合，講演のように不特定多数の聞き手を対象とする場合，文章のように具体的な聞き手を前提としない場合とでは異なる。それにより談話の構成は異なってくる可能性がある。談話の構造や構成要素が異なれば，構成要素を表す名詞は異なり，また，名詞の使用制約も異なるであろう。そこで，まずさまざまなタイプの談話の例を挙げ，その談話構造とその構成要素を考える。

　どのような談話でも談話の発し手と受け手，その間に交わされる談話の情報内容がある。対話的談話では発し手は話し手，受け手は聞き手となる。そして，話し手と聞き手の間での情報内容の交換には基本的に時間のずれはなく，発した時間と受けた時間は同じになる。話し手と聞き手は同じ場所にいることが原則で，発話の場は共有される。電話での対話では時間はずれないが場の共有はそれほど自明ではなく，留守番電話での録音や，ビデオレターなどは，場も共有せず，時間のずれもある。特定の対話相手を想定しない独り言では聞き手は原則としていない。自分を仮想の対話相手として話す「独り言」は対話の一種と見るべきである。講演は対話と同じく実時間で内容が伝えられ，場も共

有している．これら話し言葉による談話の構成ではなく，書き言葉による構成であれば，発し手は書き手となり，受け手は読み手である．情報内容が書かれた場所とそれが受け取られる場所は基本的には異なるから，場の共有性はなく，実時間による内容の伝達もない．情報内容を書いた時間とそれが受け取られる時間はずれるのが基本である．

最近は，インターネットのチャットのように，書いた文章が実時間に読まれることを前提とする談話が現れている．チャットは文字電話のようなもので，上の性格付けから電話と手紙の中間に位置する．

以上を，場と時間の共有から表にすると以下のようになる．

	対面対話	?	電話チャット	手紙
談話空間の共有	+	+	−	−
談話時間の共有	+	−	+	−

このような談話の分類と名詞の使用規則の間に関係があるかどうかは，これまでそれほどはっきりと意識して研究されてこなかったと思われる．以下では，主として運用論的観点からこれらの談話環境と名詞の使用規則の相関について考察する．意味論的考察については，黒田(1979)を参照されたい．

1.2 対話的談話の例と構成要素

まず対話的談話の場合を考えてみよう．対話的談話の大きな特徴は，特定の聞き手が前提とされ，話し手と聞き手との間で立場が入れ替わることである．つまり，話し手はある時点で話し手であることをやめ聞き手となるということが対話の特徴である．話し手は話を始めるに当たり，誰を聞き手とするのかを宣言しなければならないし，話の最中にも話を続けるのか，相手に話の権利を渡すのかを話し相手と交渉しながらすすめなければならない．聞き手も話し手から話を引き取り，話し手となるためには一定の手続きが必要となる．

(1) A：田中君，ちょっとこれ見てくれないか．さっき君が作ってくれた書類だけどね．

　　B：はあ．

A：2ページ目の最初の数値が間違っているんじゃない。
　　B：課長が指示されたとおりに書いたんですが。
　　A：僕が指示したのは，山田部長が提出した書類に基づいて数値を計算
　　　　しろということだろ。これは，そうなってないじゃないか。

　対話的談話では，まず話し手は話を伝えたい相手を聞き手として特定し，なんらかの手段でそのことを相手に伝えなければならない。非言語的手段としては，視線や手を上げるなどの身振りを発して，相手にそれを認識させるというものがある。言語的手段としては，呼びかけがある。呼びかけは，「ねえ」「もし」「あの」「おい」など単に相手の注意を引く感動詞と分類されるものと，相手の名前を呼ぶものとがある。後者は，名詞類によって行われるわけであるが，非言語的手段を伴ってはじめて呼びかけが成立するものと，名詞のみで呼びかけができるものとが区別される。

　例えば，広く知られているように，親族名称のうち，話者より同等以下のものは，単独では呼びかけには使えない（鈴木 1973, 1985；田窪 1997 参照）。日本語における呼びかけ語の構成は「田中」「次郎」などの単独で名前となるものに加えて，「お父さん」「お母さん」「おじさん」などの親族名称や，「先生」「課長」などの社会的タイトルなどがあり，「次郎おじちゃん」や「田中課長」などのようなこれらの組み合わせとなるものもある。「田中」「次郎」のような固有名詞は単独で呼びかけ語となれるが，「兄」「父」「おじ」などは「さん」「ちゃん」などを付けて敬称としなければ，呼びかけ語とはならない。通常日本語の「兄」「父」は，親族の名称を表すと同時に自分の兄，父を表す。

　しかし，同等以下の関係にある親族名称でも，「弟」「妹」「息子」「娘」「甥」「姪」「いとこ」などを日本語において単独で呼びかけに使うことは困難である。「弟」「妹」「息子」「娘」などは，「おい」「こら」などを伴うか，「よ」などの呼びかけの終助詞を使えば，詩などの特殊な文脈では呼びかけが不可能とは言えないが，「甥」「姪」などはこのような手段を使っても呼びかけ語とするのはほとんど不可能である。

　(2)　*おい，姪よ，ここへ来い。

　単独の呼びかけ語に使えるか否かにより，文内で聞き手を指すものが使用

可能であるか否かが決まる。「太郎ちゃん，これ太郎ちゃんにあげる。」や，「田中課長，これ田中課長に差し上げます。」のような例では，二つめの「太郎ちゃん」「田中課長」は，聞き手を指して使われている。このような呼称に当たる名詞を文内で聞き手を表す語（対称詞）として使うのは，西欧語にはあまりない日本語の特徴の一つである。

　親族名称やタイトルを表す語が，文内対称詞に使えるかどうかは，それらが呼びかけに使えるかどうかにより決まる。したがって，「姪」や「甥」を文内対称詞として使うのは不自然であり，固有名詞などを使う必要がある。

　(3)　＊これを姪にやろう。（姪＝聞き手を表す解釈）
　(4)　これをみっちゃんにやろう。

　もう一つの対話の特徴は，話し手，聞き手という立場の交替である。この交代により，話し手を表す語（自称詞）と聞き手を表す語は指示対象を取り替える。

　(5)　A：私はばかです。
　　　 B：いや，私がばかです。
　(6)　A：君がばかだ。
　　　 B：いや，お前がばかだ。

「私」は話し手を表すので，話し手が交替すれば，それに伴って指示対象が変わる。そして，「話し手」であった人が聞き手になれば，その指示対象が「あなた」によって表される。これに対し，先に見た「先生」とか「田中課長」などは，話し手，聞き手を表すのが本務でなく，話し手，聞き手の交替によって指示対象が変わるわけではない。

　手紙や電子メールの場合も同じで，呼びかけ，書き手・読み手の交替が見られる。対話の場合はこれらが実時間に起こるのに対し，手紙の場合には時間のラグがあり，それに伴って違いができる。

　(7)　田中様
　　　　先日，お送りいただいた書類の件ですが，私どもの方で調査いたしました結果，3点ほど，訂正が必要ではないかと思われる箇所が発見されました。施工を担当いたしました山田工務店の計算ミスではなかろ

うかと存じます．再度，山田工務店に連絡し，確認いたしますが，田中様の方で以下の修正案を確認され，了承されましたら，恐れ入りますが，担当の山田の方までメール，あるいはファクスでお知らせください．ますようお願い申し上げます．なお，書類提出締め切りは来週水曜日ですので，メールあるいはファクスをご送付の際には，田中様の向こう3日間の連絡先をお知らせください．

作田弁護士事務所　山田はじめ拝

　上の電子メールでは，「田中様」は，呼びかけとなり，以下「田中様」は，読み手に対する対称詞として使用されている．例えば，英語であれば，最初の呼びかけは，Mr. Tanaka などとなり，本文における「田中様」は二人称の代名詞 you が使われるだろう．また，「山田」は自称詞として使われている．この場合も，英語であれば，固有名を自称詞として使うことは通常はない．手紙や電子メールでは対面した対話とは異なり，発話権を維持するための手段を講じる必要はない．「ねえ」「おい」など注意を引くための手段も必要なければ，「あの」「ええと」などの言い淀みの要素も出てこない．しかし，このことは書記言語と音声対話との違いと考える必要はない．電子メールでチャットをしているときには，このような注意喚起の呼びかけ語や言い淀みの必要性を感じた読者は多いであろう．したがって，これは対話が実時間で行われるのか，時間差を持つのかから来る違いであると考えたほうがよい．

　さらに，対面した対話的談話では空間の共有が見られる．話し手と聞き手は特定の対話空間を共有し，その空間を特定の仕方で分割することで指示を行う．発話現場に存在する対象の直接の指示が可能なのは共有される対話的空間があるときのみである．

　対話的談話では，ある種の共有体験，あるいは共有知識の存在も前提となる．通常の対話では，前もって対話相手との共有的知識が算定され，それに言及しながら談話が構成される．

1.3　非対話的談話の例と構成要素

　次に特定の聞き手や読み手を前提としない，独り言の場合を考えてみよう．

独り言には聞き手が存在しない。したがって，聞き手の存在を前提とする表現は生じず，聞き手に対して発話権を保持するための表現は生じない。言い淀みの多くは，発話権の保持のために音声化されているため，独り言では生じない。例えば，「あのー」などの，対象が固定されているがそれに対する適切な言語形式が思い浮かばないときに発せられる言い淀みは，独り言では必要ない。これに対し，「あれ，なんだっけ」や「ええと，ううん」などの対象そのものを思い出せない場合や，内容の整理，計算などがうまくいかない場合に発せられる言い淀みは独り言でも出てくるだろう。

また，同一の対象が，聞き手が存在する場合と独り言の場合とで異なる言語表現によって同定される。広く知られているように，聞き手の近傍にある対象は，独り言と対話とでは異なった指示詞が用いられる場合がある。

(8) あの黒い布はなんだろう？
(9) その黒い布はなんですか。

この交替は指示対象が話し手から遠方に現れる場合にのみ現れる。すなわち，話し手からよりも聞き手からのほうが近いと話し手が判断した場合にその対象を指すわけである。

聞き手がいる場合に必要となる配慮は独り言では存在せず，共有空間の算定に基づく対話的談話における言語現象は独り言では現れないことになる。これは，共有知識の場合も同じである。対話の最中であっても，話し手は聞き手への配慮を中断することができる。その場合は，言語形式は独り言の場合と同じ制約に従う。

1.4 談話の場と談話内容

通常，談話の構成を問題とするときは，話の場として，「話し手」「聞き手」と「談話の登場人物・事物」の三つを区別する。さて，ここで談話構造と言語表現の関連を考える場合，単に登場事物・人物に関する言及を三人称として，一，二人称と区別するだけでは十分ではない。談話は知識の交換として考えられ，単なる定型の挨拶の交換だけに終わる場合は別にして，通常，対話者が話を始めて談話を構成し，コミュニケーション行為が成功した場合には，知識情

報が増えていることが原則である。この知識の交換としてのコミュニケーションの性質が言語表現の形式に影響を与える。ここで談話によるコミュニケーション行為の一般的な構成をみることにする。

　コミュニケーションは，通信の比喩で語られることが多い。すなわち，発信者と受信者による発信情報の交換として考えるわけである。実際のコミュニケーションは，このような単純なものではなく，言語表現のみにより決まる情報以外のさまざまな推論が関わる。しかし，本章は名詞の用法を中心に談話の構成をみることを主たる目的とするので，単純な通信モデルを仮定し，必要な場合に推論過程に言及するだけで，それほど不都合はないであろう。

　言語は，基本的に，転移性を持つから，談話の場に存在しない物事について語ることが可能であるが，同時に，場に存在する要素に言及することも可能である。これらの談話の場(話し手と聞き手が物理的に存在する場所)に関わる表現は直示語と呼ばれる。直示語は定義上，場面に存在し，直示行為が成立すれば，直示語は必ず指示が成功する。

　また，話し手と聞き手が対面して空間を占めている場合と電話のように空間を隔てている場合とでは，両者の共有空間の要素の指示に関しては制約が異なる可能性がある。手紙のように発信の時間と受信の時間がずれる場合では，共有空間の概念が存在するか否かも不明である。さらに，共有空間の概念を共有知識に拡張した場合は，知識の空間と対話空間とでは大きく制約が異なる。

2. 談話における名詞の使用

　前節の考察に基づいて，談話における名詞の使用について考える。ここで重要なのは，言語表現の意味とその談話での使用の区別である。前節で，さまざまな談話の形態を分類した。言語表現の語彙的，統語的性質によって構成される文の意味，さらに，複数の文によって構成される談話の意味と，それらの性質を利用して，言語表現を使用することを分けて考える必要がある。ここでは説明の便宜上，使用制約の分類を行い，そこで用いられる言語表現を挙げる。

　まず，言語的な導入なしで，言語場に存在するものを指示する用法(直示に属する用法)を観察し，それから明示的な導入を伴う表現に関する制約を述べ

る。しかるのちに，導入された対象を指示する照応的な表現に関する制約に関して述べる。

2.1 非照応的用法
2.1.1 名詞による現場要素の直示

　発話現場にあるものを話し手が認識していれば，それを言語的な導入なしで指示することができる。発話現場にあり，既にその存在が知覚，認識されていることが前提となる対象は，改めて存在を宣言して導入する言語行為は必要ない。この際，相手がそれを認識していると話し手が信じていれば，特に言語表現によって対象を同定する必要もなく，(10), (11)のようにゼロの形式をとることもできる。また，(12), (13), (14)のように，指示詞を用いて直接同定することもできる。

(10)　［φ］取って。
(11)　［φ］あげる。
(12)　あれ取って。
(13)　これあげる。
(14)　それ取って。

　指示詞による発話現場の物事の同定は，聞き手がいる場合とそうでない場合には，異なることが広く知られている。聞き手の近傍にあるものはソ系列の指示詞により同定するが，同じものが，聞き手を想定しない場合には，ア系列の指示詞により同定される。

(15)　（自分自身に）あのバッグは誰のかな。
(16)　（同じバッグを指して聞き手に）田中君，そのバッグは誰の。

　ソ系列は，聞き手のいる場合の遠称であると考えることができる。現場にある対象を近くにあると見てコ系列の指示詞を使うか，遠くにあると見てア系列の指示詞を使うかは，話し手の認知に関わるさまざまな要因による。この場合，基本的に遠くにある対象を心理的な操作により近くに捉え直すことはいつでも可能である。これに対し，近くにあるものを遠くに捉え直すことはかなり難しい。また，自分の手に持っているものを指すとか，自分が直接稼動できる

身体部位などを指して同定する場合は，コ系列を使うのが原則である。

このようにコが義務的である状況を Hoji et al.(2003)にしたがい「近称制約（condition on proximal construal）」と名付けよう。この場合でも，同じ物を遠方に見立ててア系列を使用するのは困難である。つまり，引き寄せの見立ては容易だが，押し戻しの見立ては難しいということができる。これらは，話し手が独り言を言う場合や，聞き手と同じ目線に立ち，指示される対象との距離が話し手と聞き手で同じと見なしてよい場合にいえる。対話的談話でのこの目線の持ち方は「融合的視点」（金水・田窪(1990)，田窪(1997)及びそこに挙げられた文献参照）などと呼ばれる。しかし，この場合，話し手と聞き手が同じ資格で融合するわけではなく，話し手が聞き手の視点を自分の視点に取り入れているだけなので，木村(1992)では，この目線の持ち方を「抱合的視点」と名付けている。

これに対し，対話的談話において，話し手と聞き手とで対象までの距離が異なると話し手が認識している場合，すなわち，「対立的視点」の場合を考えてみよう。話し手に近く，聞き手から遠い場合は，コ系列が用いられ，基本的に聞き手からの距離は関与していないと考えることができる。また，客観的には聞き手のほうに近く，話し手から遠いと見なされる場合でも，先に述べた引き寄せが可能なら，コ系列が可能である。この場合，独り言であれば，コ系列を使用できる場合もあるので，抱合的視点を用いているということができる。しかしいつでも抱合的視点が可能なわけではなく，対立的視点が義務的になる場合が存在する。それは先ほど見た，話し手にとっての近称制約が成り立つ場合に他ならない。すなわち，聞き手がその対象を手に持っているとか，聞き手が直接稼動できる身体部位を指示する場合など，話し手が聞き手の立場で判断すれば近称制約をうけるものは，引き寄せが不可能になり，コ系列の指示詞を使うのは困難である。

(17) （聞き手が手に持って動かしているものを指して）
　　　#これ君の。
　　　　それ君の。

これまでは，主に発話現場に存在するものの同定について述べてきたが，発

話現場には空間も存在する。対話における可視的な共有空間(話し手が話し手と聞き手が見ていると想定している空間)を表す表現は，基本的にものを表す場合と同じ原理が働き，話し手に近い空間はコ系列，話し手から遠く聞き手に近い空間はソ系列，両方から遠い空間はア系列で表される。

　しかし，空間の場合は，話し手や聞き手自身が含まれている場合とその空間から外に出ている場合とでは多少の違いがある。例えば話し手が部屋の中に入っていて，その部屋を示す場合には「この部屋」であり，それ以外の表現は不可能である。この意味で空間に入っている場合は近称制約を受けることになる。聞き手が存在する場合も，聞き手の存在している空間に話し手が存在していないと認識される場合は，その聞き手が存在している空間は近称制約をうけ，ソ系列の指示詞しか使えない。電話で話している場合がその典型である。

(18)（電話で）
　　A：田中君，そこどこ。
　　B：ここは東京ドームの入り口。

　時間は，場所やものと異なり，独り言と対話的談話とで表現が異なることはない。聞き手や読み手が時間を共有していれば，必ず共有されている時間は同じであり，「今」という発話時現在を表す時間がそれを表し，いわゆるダイクティックな時間は，この「今」を基準点として定義される。「今日」「昨日」「明日」「今年」などの単語は，それぞれ，「「今」を含む日」「「今」を含む日の前の日」「「今」を含む日の次の日」「「今」を含む年」などと定義することができ，発話時間がいつかによって，その値が異なってくる。対話的談話では，話し手と聞き手とでこのような発話時現在の値が異なるわけではない。これが異なるのは手紙などで，書いている時間と受け取る時間とが異なる場合である。また，中継録画などで，擬似的な対話を行う場合も，発信時間と受信時間が異なることになる。この場合，発話の場は時間面では共有されないことになる。発話時現在は当然，話し手だけが決定できるため，受け取り手は時間の差を計算に入れながら「今」という言葉がいつを表しているのか理解しないといけなくなる。

　この点に関連して，日本語では面白い表現がある。「今」に対して「今ごろ」

という表現は，「今」を基準としてその意味解釈が決まるが，発話時現在の時間と場所から離れた状況を表すことができる。例えば，「明日の今ごろ」「去年の今ごろ」のごとくである。これらは，それぞれ「明日」において「今日の発話時現在に対応する時間」，「去年」において「今年の発話時現在に対応する時間」を表す。「今」が午後3時であれば，明日の午後3時ごろを示し，3月10日であれば，去年の3月10日ごろを示すわけである。

この表現を以下のように現在に関して使うこともできる。

(19)　今ごろ彼はニューヨークについているだろう。

この場合，「今ごろ」は，明日や去年のような未来や過去の時間ではなく，現在時を表しているのだが，「今」とは，ニュアンスが異なる。「今ごろ」を使って現在時を表した場合は，話し手が直接関与できる空間とは離れた空間に関する記述と解釈される。つまり，想像や推論により到達できる状況を述べているというニュアンスが出るわけである。話し手の認識している発話現場は，「今」を用いて指示される現場の状況と，「今ごろ」を用いて指示される想像，推論の空間を分割していると見なすことが可能なわけである（詳しくは田窪・笹栗 2001，田窪 2001 参照）。

現場の要素は普通名詞で同定することも可能である。この際，(20)のように，特定の修飾要素によって同定を容易にする限定をする場合もあるし，(21)のように単に名詞を述べるだけでも現場の要素の指示が可能である。

(20)　机の上にある本取って。

(21)　本取って。

さて，このとき，指示行為が直示により行われているか，「机の上にある本」「本」などの，普通名詞の持つ属性により行われているかはにわかには決めがたいが，基本的には，属性により特定の要素が場面で選択され，その選択により指示が行われていると考えてよいだろう。つまり，発話現場ではその属性により選ばれるものが唯一に決まる場合に，あたかも，現場の要素を直示しているように指示することが可能となっているのである。

したがって，唯一に決まらないような文脈では，普通名詞のこのような使用は多少不自然となる。普通，対話的談話において二つの普通名詞を，指示詞を

付けずに裸のままつらねて発話現場にある同一の対象を指示するのは難しい。以下の(22)の応対では，Aが使った裸の名詞「本」を続けて使うことにより同じ指示対象を指示することはできない。ゼロ(ϕ)にするか，「あの」のような指示詞を付ける必要がある。

(22) A：あそこに本が置いてあるね。
　　 B：うん。
　　 A：a. ??本取って。
　　　　 b. ϕ取って。
　　　　 c. あの本取って。

ただし，場合によっては，対照的な「～の方」という意味では，裸の普通名詞により，先行する普通名詞を指すことが可能かもしれない。

(23) A：あそこに本とボールが置いてあるね。
　　 B：うん。
　　 A：本取って。

この場合，ゼロは本だけを指す場合は対象を同定できないため不適切であり，したがって，不自然となる。また，「あの本」もそれほど自然ではないだろう。これに対し，(24)では，ゼロや「あの子」が自然であり，「子供」では多少不自然になる。

(24) A：　あそこで子供が遊んでいるね。
　　 B：　うん。
　　 A：　?子供を連れてきて。

一方，対話以外では基本的には普通名詞によって導入された対象を同じ名詞で指示することが可能である。

(25)　背の高い男が入ってきた。男が叫んだ。
(26)　男が入ってきた。女が立ち上がった。男が叫んだ。
(27)　機関車が入ってきた。汽笛がなった。機関車がとまった。
(28)　機関車が客車を引っ張っていた。連結器がはずれた。客車が離れた。
(29)　公園で子供が遊んでいた。男が三人やってきて子供を連れて行った。
(30)　公園に自転車が置いてあった。男が三人やってきて自転車を持って

いった.

これらの例において，指示語を伴わない普通名詞は，既に述べられた(複数の)名詞句(のうちの一つ)を同定するのに使われている.ここでは同定は普通名詞の表す属性により行われており，ゼロ名詞，指示詞のように，対象自体を指示するという機能により行っているのではないと見ることができる.したがって，先述の名詞が後述の名詞より広い属性を表す場合には，指示は不可能になる.(31)では，「男」と「背の高い男」は別人としか解釈できない.

(31) 男が入ってきた.背の高い男が叫んだ.

これに対して，対話において現場にあるものを指示する場合でも，二つのものの一方を選ぶ場合は，普通名詞が表している属性が関与している.

すなわち，対話においても文章においても裸の普通名詞「本」は「本であるもの」という意味を表していると見なすことができるのである.「本であるもの」という属性が現場にあるものを指示できるのは，属性により発話現場にある対象を同定することが，日本語では語用論的な操作として可能であるからであると考えたい.英語などのように不定冠詞と定冠詞を区別する言語では，この機能は明確に分離している.しかし，日本語では冠詞がないため，普通名詞は属性を表す場合と，属性により既に同定されている対象を指示する場合とは区別できない.

2.1.2 記憶体験要素の指示

前項では発話現場に存在する対象を指示する場合を見たが，眼前に存在しない対象を指す場合を見てみよう.発話の場面に存在しないものは文字どおりの意味で「直示」することはできない.そのため，言語によっては眼前に存在する対象を指示する場合とそれ以外の場合を，言語表現上区別するものがある.例えば，韓国語では，眼前にあるものには話し手からの距離のみに基づく近称，遠称の区別と，話し手からの距離に聞き手からの距離を勘案した，近称，遠称，中称の三つの区別が存在するが，眼前にないものに関しては，この区別は基本的になくなり中称のみが現れる.すなわち，発話現場は眼前とそれ以外に二分されるのが基本となる.(眼前の対象を指す場合，中称は，話し手から

の距離と聞き手からの距離が異なる場合にのみ，しかも，話し手から遠く，聞き手から近い場合にのみ現れる。眼前にないものでは当然，話し手と聞き手の間の距離が決まらない。）

　これに対し，日本語では，少なくとも現代語においては，言語表現上は，眼前にあるものとそれ以外の区別は指示詞表現において截然としたものではない。このため発話場面の話し手（及び聞き手）からの距離に基づいた記述では，現場指示の指示詞の用法とそれ以外の用法の記述は統一的に記述できないことになる。ここでよく用いられる区別は，話し手と聞き手の対象に対する知識である。例えば，久野（1973）は次のような区別を導入する。

　ア系列　その代名詞の実世界における指示対象を，話し手，聞き手，ともによく知っている場合にのみ用いられる。

　ソ系列　話し手自身は指示対象をよく知っているが，聞き手が指示対象をよく知っていないだろうと想定した場合，あるいは，話し手自身が指示対象をよく知らない場合に用いられる。

　しかし，黒田（1979），田窪・金水（1996a）で明らかになっているように，この記述は指示詞に関する現場指示と非現場指示をまったく異なる原則により区別した点で問題がある。この問題の詳細については，Hoji et al.(2003)を見られたい。

　既存の要素を同定する名詞類として最も典型的なのは固有名詞である。固有名詞は通常，属性としてその名前を持つ既存の要素を指示する。対話的談話では，対話相手がその対象を同定できない場合は，使用が制約される。名前によって対象が同定できるのはその対象を前もって知っている場合に限られる。(32)は「田中」によって相手が単一の対象を同定できない場合の例である。

　(32) A：田中さんに会いました。
　　　 B：田中さんて，どの田中さんですか。

相手対象を知っている場合でも，その名前を同定できると信じている場合でない場合，すなわち，共通の経験が想定できない場合には使用が制約され，談話上不適当な使用と見なされる。例えば，次のような場合である。

　(33) A：きのう田中君と食事したよ。君のこと素敵な人だねって言ってた。

B：え，田中君て誰ですか。

　　　A：今度来たドイツ語の先生じゃないか。君も知っているだろう。

　　　B：ああ，あの人，田中っていうんですか。

　この場合，対象に関しては，共通体験があると正しく想定しているが，名前に関する知識に関して共有の想定が間違っているため最初同定は成功していない。また，例えば，Aという人がBという人と最近知り合い，田中さんという共通の友人があることが判明したとする。この場合，AさんとBさんはどちらも田中さんを知っていることになるが，AさんはBさんに対して，田中さんの名前を裸で用いた場合，談話上完全に自然とは言いがたい。

(34) #きのう田中さんに会いました。Bさんをよく知っていると言ってましたよ。

　これは，「田中さん」に関する共通体験が存在せず，かつ，導入も終わっていないからである。自然な談話にするためには，次のように「という人」を付けて普通名詞にし，明示的な導入をしなければならない。

(35)　きのう田中という人に会いました。Bさんをよく知っているといっていましたよ。

　(34)が不自然なのは，固有名詞が談話初頭で用いられ，本来ならば共有知識の調整をすべき文脈だからであろう。例えば，談話の最初でなく，田中さんに関連した談話の流れであれば，多少不自然でも使用できるだろう。

(36) A：ドイツ語のよくできる人を知らないかい。

　　　B：田中さんはどうですか。お知り合いでしょう。おとといパーティで会ったんですよ。

　この場合は，反対に「田中さんという人はどうですか」はそれほど落ち着かないと思う人もいるだろう。この文脈では，単に相手の知識の関係するデータを想起させるほどの役目しか固有名詞が果たしていないために，特に導入手続きをして，共有性の調整をする必要がないと考えられる。

　ここで固有名詞に準じて扱われるべきなのは，先に述べた呼びかけに使える名詞である。「課長」「お父さん」「先生」などがそれに当たる。これらは，特定の文脈では固有名詞と同じように使用され，特定の個人を指す。

(37)　きのう課長に会ったよ。

　もちろん，固有名詞の使用に関する共有性の前提は，固有名詞の談話における使用規則の一部ではあっても，語彙的な性質ではない。これは導入に関わるリチュアルであり，確認作業がすめば，話し手は固有名詞を使って特定の人物を指すことができるし，基本的に，話し手は聞き手が知らない人間を固有名詞で指すことも可能である。

(38)　僕の知り合いに酒好という男がいるんだけど，名前と違って一滴も酒が飲めない。おととい，妹が酒好と食事したんだが，うっかり，酒をズボンにこぼしてしまって，酒好のやつ，それで酔っ払ってしまった。

　つまり，固有名詞やそれに類する語の使用は，その対象に関して直接の知識があれば使えるのであり，対話相手に対しては「という男」などを使って導入するのは紹介の手続きをしているだけなのである。これに対し，紹介を受けた対話相手のほうは，当然，この対象について直接の知識があるわけではないので，固有名詞を使うことはできないのが原則である。すなわち，直接の知識があるか否かに関して，両者の間に非対称性があり，それを言語的な形で表現するのが日本語における原則である。

　これに対し，ア系列の指示詞を用いれば，より強く聞き手との知識の共有性が含意される。先述の久野(1973)では，ア系列の指示語で指された記憶体験の要素は，聞き手が存在する場合は，通常，聞き手と共通体験がある要素を指すとされる。一方ソ系列の指示語で指された要素は，そのような共通体験が想定できない要素を指すとされる。しかし，実際には，ソ系列とア系列の語は同平面では問題にはできない。Ueyama (1998)，上山(2000)が指摘しているように，ソ系列の指示詞とア系列の指示詞の最も大きな違いは，ソ系列が対話における発話現場の直示の場合を除いては，独立して用いられないことである。

(39)　（状況　：一人の刑事が犯人を追って，あるアパートの部屋の前に来る。タイミングを見て，一気に踏み込むが，そこには犯人は見当たらず単に男達がマージャンをしている。刑事は，この男達が犯人をかくまっているに違いないと思って叫ぶ。）

　　　　刑事　：（あいつ／#そいつ）はどこだ。　　　　　　　（上山 2000）
（40）　刑事1：今さっき警官があの封筒を届けると言って持っていきましたよ。
　　　（刑事2は，それが誰なのか見当がつかないが，あわてて）
　　　　刑事2：（そいつ／#あいつ）はどこだ！　　　　　　（上山 2000）

　Ueyama (1998)，上山 (2000) によれば，現場にいない対象を「そいつ」を使って言語的先行文脈なしで発するのは不可能である。これに対し，「あいつ」は，聞き手が何か非言語的文脈で「思い浮かべている」ことが想定できれば，談話初頭で使うこともできる。Hoji et al. (2003) では，コ系列の指示詞も同様であることが示されている。つまり，田窪 (1989a) のいう意味で，談話の初期状態に設定することができるのである。

2.2　新規要素の導入

　前項では，既に発話の現場や記憶体験に存在している対象を指示する場合を見た。本項では，発話場面にはじめて要素を導入する表現について見てみよう。発話場面に新規の要素を導入するには，属性を用いて，その要素の存在を宣言するのが普通である。この場合，普通名詞を用いる。存在動詞や出現に関わる動詞を使えば明示的な存在宣言ができる。

（41）　むかしむかしあるところにおじいさんとおばあさんがありました。
（42）　あそこに白い花がある。
（43）　変な男が入ってきた。

　固有名詞は，既存要素の同定に用いられるのが普通である。固有名詞を新規要素の導入に用いるときは，「田中という人」のように，「「という」＋普通名詞」などを使う。

（44）　僕の知り合いに酒好という人がいる。

　特に存在動詞や出現動詞はなくとも，普通名詞によって発話文脈への登場（あるいは登録）が可能である。

（45）　きのう田中という人に会いました。

　「田中」という名前で，私がきのう会った人の存在が発話文脈に登録される。

この発話への新規要素の導入の際，当然，導入を行った話し手のほうはこの対象に対して前もって知識を持っている．したがって，いったん導入が終われば，その対象を固有名詞で指示することができる．

このような登録は，明示的な導入がなくとも推論により行える場合がある．以下では，「被害者」「弁当」「その水溶液」は，先行文脈から推論により導入されている．

(46) 事故があった．被害者は無事だった．
(47) ピクニックに行った．弁当は持っていかなかった．
(48) 水1リットルに食塩を3グラム混ぜる．その水溶液を冷蔵庫に3日保管する．

2.3 定義

2.1，2.2では，既に知識にある要素の同定と新しい要素の導入法について述べたが，この他に，知識そのものの導入がある．共有性の想定がうまくいかない場合，固有名詞で特定の意図した対象を同定できなくなる．例えば，以下のように相手が知っていると間違って想定したか，名前が特定の対象を選び出すのに不十分な記述の場合がそれである．

(49) A：きのう田中君に会いました．
　　 B：田中って，どの田中ですか．

この場合，記述自体の精密化を要求する表現が「定義」である．「(っ)て」は引用を表す形式であるが，「田中」という表現を指示対象を一つだけ持つ固有名詞でなく，言語表現そのものとして扱うという役割を果たす．いわば，言語表現に引用符を付ける役割を果たすようなものである．このような固有名詞以外にも，日本語では，意味を知らない単語は引用形式を付けることが原則である．

(50) A：用度掛に行ってください．
　　 B：用度掛って何ですか．
　　 A：用度掛というのは物品の購入，管理をする掛です．

(49)は，このような意味の定義と同じものとして考えることができる．

また，これも導入に関わるリチュアルであるから，いったん固有名詞や普通名詞で，指示を行ったり導入を行い，注釈的に定義をすることも可能である。

(51) A：きのうはどちらにいらっしゃったんですか。
　　　B：田中君に会ってました。あ，田中というのは，娘の婚約者です。

普通名詞の場合は，必要な情報が与えられれば定義的な表現を使う必要はない。

(52) 　では，これを用度掛に持っていってください。用度掛はここを出て，すぐ右にあります。物品の購入，管理をするところです。

これに対して，固有名詞であれば，引用形式によって明示的な定義をするほうが自然になるだろう。

(53) 　田中君に会ってました。あ，{?田中，田中というの}は娘の婚約者です。

これまで，引用形式によって自分が知らない語に対する定義を求めたり，相手が知らない語を定義して導入する場合を見たが，引用形式は，対象自体は同定可能な場合にも用いられる(田窪 1989a；益岡・田窪 1992；丹羽 1994)。この場合引用形式は，「は」などの提題の形式とそれほど機能において違いがなくなる。ただ，「は」が偶有的性質・属性を述べることもできるのに対し，「(っ)て」などの引用形式を使うとより本質的な性質・属性を述べることになる。

(54) a. 　田中さんはさっきそこで本を読んでいました。
　　 b. ?田中さんてさっきそこで本を読んでいました。
(55) a. 　田中さんは変な人ですね。
　　 b. 　田中さんて変な人ですね。

田窪(1989a)はこれを「再定義」と呼び，丹羽(1994)は，「捉え直し」と呼んでいる(三上 1955；森重 1965 も参照)。

3. 照応的用法
3.1 特定読みの場合

次に，既に談話に導入されている要素を名詞によって指示する場合，すなわ

ち，名詞句の照応的用法について見てみよう。

例えば，普通名詞などにより明示的に導入が行われた場合，次にその同じ対象を指示する場合にはいくつかの方略が可能である。その導入を行った話し手Aはその対象に関する直接的な知識を持っている。したがって，相手にその対象の存在を知らせたのちは，直接的な知識に言及する形で再述することも可能である。

(56) 神田で火事があったよ。あの火事のことだから，人がたくさん死んだだろう。　　　　　　　　　　　　　　　　　　　　　　　　　　　（黒田 1979）

この場合は，導入された言語情報以外の情報に言及する場合に用いられる。例えば，上の例では，神田の火事がどのような規模であったかということは，まだ話の中には導入されていない。したがって，ここで「人がたくさん死んだ」という情報を引き出すための推論の根拠は，明示されていない話し手の目撃体験に属することがらである。この場合，「あの火事」という直接体験に属する対象を指示する言語表現が適切となり，「その火事」は不適切になる。この場合の「あの火事」は先行文脈に出てきた「(神田であった)火事」という言語表現を再述しているのではなく，話し手が体験した対象としての火事を指していると考えてよい。言語的照応ではなく，火事そのものを指示しているという意味で金水(1999)はこれを直示の一種として扱っている。

これに対して，自分の体験した「火事」について，性質を述べあげていく文脈では，「その火事」のほうが適切になる。

(57) 神田で火事があったよ。その火事はまたたくまに燃え広がって……。
　　　　　　　　　　　　　　　　　　　　　　　　　　　　　　　（黒田 1979）

ここでは，「その」は前述された記述の部分を代示すると見てよい。すなわち，「「神田であった」火事」である。「そ」が言語的に表現された属性を示すとすれば，「その火事」は，「神田であり，またたくまに燃え広がった，火事であるもの」を表す属性的表現となる。

3.2　条件文やモーダルの要素として現れる場合など

このようにソ系列の指示詞は，先述された言語表現によって構成された属性

をコピーし，それによって合成された複合属性を表す。このようにして合成された複合属性は，存在が主張される必要はない。したがって，(58)のように，条件文によって導入された要素と照応することも可能である。

(58) もし誰かいたら，その人に渡してください。

しかし，「そのN」は，非指示的な属性のみを表すこと，すなわち，述語としての解釈を与えることができない。次の例を見てみよう。

(59) 優勝者は香港に行けるのだが，彼は|その人，その優勝者|がアメリカに行けると思い込んでいる。

(60) 優勝者は香港に行けるのだが，彼は|φ，優勝者が| アメリカに行けると思い込んでいる。

上の例では，「その人，その優勝者」は，存在する特定の人物を指す解釈しかできない。これに対し，ゼロにするか，「優勝者」を繰り返せば，特定の解釈ではなく，「優勝者である人」という特定の人物を指さない解釈が可能になる。

4. 言語コミュニケーションと談話モデル

最後に，本章で想定している談話モデルを時間軸にそって説明することにしよう。まず，話し手(書き手)が，ある伝達内容を思いつき，それを聞き手(読み手)に伝えるとする。その際，まったく白紙の状態で伝達が行われるのはまれであり，多くの場合，前提とされる知識があり，それに言及しながら伝達が行われる。そこで，最初の一言を発する前に言語の場に存在するものを考えてみよう。まず，発話の現場には，話し手自身と話し手のいる場所，時間が存在し，話し手はそれを認識している。また，話し手のいる場所に存在し，話し手が存在を認識しているものが存在する。さらに，話し手は過去に経験した事柄に関する記憶があり，その記憶には同様に経験した出来事，時間，場所が存在し，それが認識されている。もちろん，話し手は，話し得る森羅万象のすべてを意識にのぼらせているわけでも，周りのすべての対象を知覚しているわけでもない。今までの経験のうち，記憶の特定の部分を活性化させ，身の回りにある特定の対象を知覚しているにすぎない。

聞き手がいるときには，多くの場合，共通の知覚空間が形成される。話し手

は知覚対象に関しては，聞き手が知覚しているものとそうでないものは区別できると信じている。また，記憶内容に関しても，聞き手と共有している体験とそうでない体験は区別できると信じている。これらにより，共通の体験として想定できる対象，及び，それに対する知識や属性と，それ以外の部分が区別できる。そこで，この共通部分と比較して自分のほうが知識・情報があると考えられる場合，相手のほうが知識・情報があると考えられる場合，どちらか分からない場合，という三つの場合が考えられる。コミュニケーションが成立している場合，すなわち，コミュニケーションが情報の交換を目的とする場合は，自分のほうがよく知っている場合は知識・情報を提供することになり，相手のほうがよく知っている場合は，知識・情報の提供を要求することになり，どちらか分からなければ，調整のために確認するということになる。もちろん，言語活動は知識・情報の提供のためだけに行われるのではないから，相手をだますなどの場合にはこのようにはいかない。

　さて，このような談話をはじめるに当たって具体的に想定する知識内容を，田窪(1989a)では「談話の初期状態」と名付けた。談話の初期状態は言語的導入なしで，言及できる対象の集合とその対象の持つ属性や対象間の関係からなる。定義上，この状態の要素は話し手が直接知っている対象であり，聞き手に関して想定している共通体験の要素が正しければ，聞き手も知っている対象である。

　実際のコミュニケーションを考えるときは，聞き手の知識を算定する過程が必要になる。その場合は，相手が何を知っていて何を知らないかだけでなく，自分が持つ相手の知識を相手がどの程度知っているかまで算定しなければならず，これが繰り返されれば，いわゆる共有知識のパラドクスに陥って，共有知識を算定することはできなくなる。つまり，この場合，碁や将棋で相手の手を読むような過程が関与して，実際に深読みをするなら実時間で計算が終わらないことになる。しかし，当然のことながら，そのような深読みが言語形式の使用規則に入っているはずはない。そこで，ここでは共有知識のパラドクスを避けるため，対話相手の知識を共通体験に限定することにする。このようにすれば，自分の体験に相手が参加していたか否かだけを算定すればよいことにな

り，共有知識のパラドクスが擬似的に回避される。これは，発話現場を対話相手と共有していたことを基礎にして，過去における現場の共有を想定するだけですむということである。

このような共通の知識をもとにして，共通体験や共通記憶の対象となっている人や物に対しても，当然それに対して新しく知識が加わる場合もある。まず，談話以前に対象が既に存在している場合と対象が導入される場合とを分けよう。ここで，コミュニケーションでの知識の交換を，対象を談話内に存在する要素とその要素に関する属性や関係の指定及び付け替えとして考えよう。非常に単純にいうと，ものの集合を仮定し，そのものが持つ属性やものの間の関係が知識だとすると，相手の言語表現のやり取りでその知識を新しく構成するか，既にある知識を変えるかがコミュニケーションであると考えるわけである。もちろん，実際はそれほど単純なものではないが，ここでは，名詞を中心として談話における指示の特性を考えることが目的であるため，このような単純なモデルでそれほど支障はない。

聞き手が存在する場合，名詞句が行うのは共通認識として想定されている対象の集まりの要素を指定するか，その集まり内に存在しない新規の要素を導入するかである。ここで，話を始める前から知識内に存在している対象を同定する場合と，話の中ではじめて導入される要素を区別しよう。まず，話を始める前は，対話候補者がいるだけで，話し手も聞き手もまだ存在しない。最初に話しはじめたものが話し手となるが，その際，定義上，「話のなかで導入される要素」は話し手の知識上には存在しない。例えば，「きのう部屋にいたら，突然二十歳ぐらいの見知らぬ女が入ってきた。」という発話で，「二十歳ぐらいの見知らぬ女」なる対象は，当然，話し手Ａの中では，話を始める前から知識内に存在しており，Ａはそれに対して直接の体験を持つ。この対象は，これを聞いた聞き手Ｂが話しはじめるときにはじめて，「話のなかで導入された要素」となるわけである。立場を変えて話し手となった「もと聞き手Ｂ」は，この対象を話の中に出てきた対象としてこれまでの知識対象とは区別して，「x：女，二十歳，時点tでＡが知らなかった」を加え，以後の会話を続ける。つまり，Ｂは，Ａの言語表現により，これだけの知識の増加があったわけである。

ここでの新規導入知識や既存知識という概念は，談話の構造を問題にするときに使われる「新情報・旧情報」という対立とはまったく別のものである。新情報・旧情報は前提・焦点と相通じるものであり，知識の導入や付け替え自体とは直接の関係を持たない。

また，冠詞を持つ(主として)西欧の言語で問題となる不定・定の区別とも異なる。冠詞が問題となるのは，言語によって新規に導入された要素か，導入された以降に言及された要素かという違いであり，文脈照応的か否かという区別に対応する。ここで問題にしている区別は，日常的な意味で「知っているか」「知らないか」という区別である。A は知っているが，B は A の話を聞くまでは知らなかった対象である。

新規導入知識と既存知識という区別のほかに，知識体系自体の組換えに関わる操作がある。既存知識の中の対象を同定して，それに新規の属性を付けたり，新規の対象を導入する場合に使われる概念自体は既存の知識である。これに対して，新規の概念を導入するのが，「定義」である。定義は，新規の概念を既存の概念の組み合わせで表現するという意味で言語表現による言語表現の説明である。これを「言語のメタ的使用」という。定義は，対話的談話においては対話相手との知識の調整に使用される。

以上，説明したモデルはかなり常識的なもので特に目新しいものではないが，特徴としては，談話の初期状態という概念の導入により，言語表現そのものによって形成される概念的知識と言語表現とは独立的に形成される直接的経験知識の区別を述べやすくしたことが挙げられる(これらの詳細については，黒田(1979)，田窪・金水(1996a)を見られたい)。

引用文献

Aissen, Judith (1974) Verb raising. *Linguistic Inquiry* 5(3): 325-366.
Akmajian, Adrian and Chisato Kitagawa (1976) A justification of the feature [+Aux] in Japanese. *Papers in Japanese Linguistics* 5: 1-25.
Brown, Gillian (1977) *Listening to spoken English*. New York: Longman.
Brown, Gillian and George Yule (1983) *Discourse analysis*. Cambridge: Cambridge University Press.
陳常好 (1987)「終助詞―話し手と聞き手の認識のギャップをうめるための文接辞―」『日本語学』6(10): 93-109.
Clark, Herbert H. (1993) Managing Problems in Speaking. *The Proceedings of ISSD-93*, 181-184. Waseda University.
Clark, Herbert H. and Catherine R. Marshall (1994) *Definite reference and mutual knowledge, in arenas of lauguage use*. Chicago: University of Chicago Press.
Dowty, David, Robert E. Wall and Stanley Peters (1981) *Introduction to montague semantics*. Dordrecht: Reidel.
Fauconnier, Gilles (1975a) Pragmatic scales and logical structures. *Linguistic Inquiry* 6: 353-375.
Fauconnier, Gilles (1975b) Polarity and the scale principle. *Chicago Linguistic Society* 11: 188-199.
Fauconnier, Gilles (1985) *Mental spaces: Aspects of meaning construction in natural language*. Cambridge, MA: Bradford/MIT Press. [坂原茂・水光雅則・田窪行則・三藤博(訳) (1987)『メンタル・スペース―自然言語理解の認知インターフェイス―』東京：白水社]
Fauconnier, Gilles (1994) *Mental spaces : Aspects of meaning construction in natural language*, 2nd editon. Cambridge, MA: Bradford/MIT Press. [坂原茂・水光雅則・田窪行則・三藤博(訳) (1996)『メンタル・スペース―自然言語理解の認知インターフェイス―新版』東京：白水社]
福井直樹 (1989)「日英比較統語論」井上和子(編)『日本文法小辞典』89-108. 東京：大

修館書店
Fukui, Naoki (1995) *Theory of projection in syntax*. Stanford, CA: CSLI.
Fukui, Naoki and Hiromu Sakai (2003) The visibility guideline for functional categories: Verb raising in Japanese and related issues. *Lingua* 113: 321-375.
Fukui, Naoki and Yuji Takano (1998) Symmetry in syntax: Merge and demerge. *Journal of East Asian Linguistics* 7: 27-86.
Greenbaum, Sidney (1969) *Studies in English adverbial usage*. Florida: University of Miami Press.
Hale, Kenneth L. (1982) Preliminary remarks on configurationality. *NELS* 12: 86-96.
浜田麻里 (1991)「「デハ」の機能―推論と接続語―」『阪大日本語研究』3: 25-44.
Harada, Shin-Ichi (1973) Counter Equi-NP deletion, Research Institute of Logopedics and Phoniatrics, University of Tokyo. *Annual Bulletin* 7: 113-148.
Harada, Shin-Ichi (1976) Honorifics. Shibatani, Masayoshi (ed.), *Syntax and semantics, volume 5: Japanese generative grammar*, 499-561. New York: Academic Press.
Harada, Shin-Ichi (1977) The derivation of unlike-subject desideratives in Japanese. *Descriptive and Applied Linguistics* 10: 131-146.
原田信一 (1977)「日本語に「変形」は必要だ」『言語』6(11): 88-95, 6(12): 96-103.
Hasegawa, Nobuko (1985) On the so-called "zero pronouns" in Japanese. *The Linguistic Review* 4: 289-341.
蓮沼昭子 (1988)「続日本語ワンポイントレッスン」『言語』17(6): 94-95.
服部四郎 (1968)「コレ・ソレ・アレと this, that」ELEC(編)『英語基礎語彙の研究』71-80. 東京：三省堂
日高水穂 (2003a)「「のこと」とコトの文法化の方向性―標準語と方言の文法化現象の対照研究―」『日本語文法』3(1): 67-82.
日高水穂 (2003b)「名詞＋ノコトの適格性」野田春美・日高水穂(編)『現代日本語の文法的バリエーションに関する基礎的研究』科学研究費補助金研究成果報告書　課題番号 12871049, 59-70.
福地肇 (1985)『談話の構造』東京：大修館書店
Hoji, Hajime (1990) Theories of anaphora and aspects of Japanese syntax. Ms., University of Sourthern California.
Hoji, Hajime (1991a) KARE. Carol Georgopoulos and Roberta Ishihara (eds.), *Interdisciplinary approaches to language: Essays in honor of S.-Y. Kuroda*, 287-304. Dordrecht: Kluwer Academic Publishers.

Hoji, Hajime (1991b) Raising-to-object, ECM and the major object in Japanese. Handout. Japanese Syntax Workshop at University of Rochester.

Hoji, Hajime (1995) Demonstrative Binding and Principle B. *North Eastern Linguistic Society* 25: 255-271.

Hoji, Hajime (2003) Surface and deep anaphora, sloppy identity, and experiments in syntax. Andrew Barss (ed.), *Anaphora: A reference guide*, 172-236. Oxford: Blackwell.

Hoji, Hajime (2004) Falsifiability and Repeatability in Generative Grammar: A Case Study of Anaphora and Scope Dependency in Japanese. *Lingua* 113(4-6): 377-446.

Hoji, Hajime (2005) A major object analysis of the so-called raising-to-object construction in Japanese (and Korean). A talk presented at the workshop on Japanese and Korean Linguistics, Kyoto University, February 21-22, 2005.

Hoji, Hajime, Satoshi Kinsui, Yukinori Takubo, and Ayumi Ueyama (2000a) Demonstratives, Bound Variables, and Reconstruction Effects. Proceedings of the Nanzan GLOW: The second GLOW meeting in asia, 141-158.

Hoji, Hajime, Satoshi Kinsui, Yukinori Takubo, and Ayumi Ueyama (2000b) On the "Demonstratives" in Japanese, Seminar on Demonstratives, held at ATR (Advanced Telecommunications Research Institute International). November 29, 2000.

Hoji, Hajime, Satoshi Kinsui, Yukinori Takubo, and Ayumi Ueyama (2003) The Demonstratives in modern Japanese. Yen-hui Audrey Li and Andrew Simpon (eds.), *Functional structure(s) form and interpretation: Perspectives from east asian languages*, 97-128. London: Routledge.

今仁生美 (1993)「否定量化文を前件にもつ条件文について」益岡隆志(編)『日本語の条件表現』203-222. 東京：くろしお出版

井上和子 (1976)『変形文法と日本語』東京：大修館書店

井上和子 (1978)『日本語の文法規則』東京：大修館書店

犬飼隆 (1992)「韻律的特徴にみる感動詞と終助詞の呼応」『音声文法の試み』重点領域研究「日本語音声」E12 班研究報告書, 34-47.

Kageyama, Taro (1976) Incorporation and Sino-Japanese verbs. Papers in Japanese Linguistics 5: 117-155.

神尾昭雄 (1985)「談話における視点」『日本語学』4(12): 10-21.

神尾昭雄 (1989)「情報のなわ張りの理論と日本語の特徴」井上和子(編)『日本文法小事

典』223-244. 東京：大修館書店
神尾昭雄（1990）『情報のなわばり―言語の機能的分析―』東京：大修館書店
Kamio, Akio (1979) On the Notion Speaker's Territory of Information : A Function Analysis of Certain Sentence-final Forms in Japanese, George Bedell, Eichi Kobayashi, and Masatake Muraki (eds.) *Exploration in linguisitics: Papers in honor of Kazuko Inoue*, 213-231. Tokyo: Kenkyusha.
Kamio, Akio (1985) Proximal and distal information: A theory of territory of information in English and Japanese. Dissertation, University of Tsukuba.
Kamio, Akio (1986) Proximal and distal information: A theory of territory of information in English and Japanese. 筑波大学博士論文
Katagiri, Yasuhiro (1993) Dialogue Coordination Functions of Japanese Sentence-Final Particles, in the Proceedings of ISSD-93 Waseda, 145-148.
片岡喜代子（2004）『日本語否定文の構造：かき混ぜ文と否定呼応表現』九州大学博士論文［(2006) 東京：くろしお出版］
Kato, Yasuhiko. (1985) Negative sentences in Japanese. *Sophia Linguistica* 19. Sophia University.
木村英樹（1992）「中国語指示詞の「遠近」対立について―「コソア」の対照を兼ねて―」大河内康憲（編）『日本語と中国語の対照研究論文集（上)』181-211. 東京：くろしお出版
Kinjo, Yumiko and Junko Sasaguri (1999) On the modal usage of formal noun koto. Osamu Fujimura, Brian D. Joseph and Bohumil Palek (eds.), *Proceedings of linguistics and phonetics (LP '98)*, 333-343. Prague: The Karolinum Press.
金水敏（1987）「時制の表現」『時代と文法―現代語―』東京：明治書院
金水敏（1988）「日本語における心的空間と名詞句の指示について」『女子大文学（国文編)』39: 1-24.（大阪女子大学国文学科紀要）
金水敏（1989）「代名詞と人称」北原保雄（編）『日本語の文法・文体（上）［講座　日本語と日本語教育 4］』98-116. 東京：明治書院
金水敏（1992）「談話管理理論からみた「だろう」」『神戸大学文学部紀要』19: 41-59.
金水敏（1999）「日本語の指示詞における直示用法と非直示用法の関係について」『自然言語処理』6(4): 67-91.
金水敏（2000）「指示詞―「直示」再考―」中村明（編）『現代日本語必携』（『別冊國文学』53）160-163. 東京：学燈社
金水敏・木村英樹・田窪行則（1989）『指示詞［日本語文法セルフマスターシリーズ 4]』東京：くろしお出版

金水敏・田窪行則（1987a）「日英三人称代名詞の用法の比較—メンタルスペース理論による—」『日本認知科学会発表論文集』4: 70-71.
金水敏・田窪行則（1987b）「指示詞・代名詞の対象語用論的研究」未公刊
金水敏・田窪行則（1990）「談話管理理論からみた日本語の指示詞」日本認知科学会（編）『認知科学の発展3』85-116. 東京：講談社
金水敏・田窪行則（1992）「日本語指示詞研究史から／へ」金水敏・田窪行則（編）『指示詞』151-192. 春日部：ひつじ書房
Kitagawa, Yoshihisa and S. -Y. Kuroda (1992) Passive in Japanese. Ms.
北原保雄（1981）『日本語助動詞の研究』東京：大修館書店
Klima, Edward (1965) Negation in English. Jerry A. Fodor and Jerrold J. Katz (eds.), *The structure of language: Readings in the philosophy of language*, 246-323. New Jersey: Prentice-Hall.
久野暲（1973）『日本文法研究』東京：大修館書店
久野暲（1978）『談話の文法』東京：大修館書店
久野暲（1983）『新日本文法研究』東京：大修館書店
Kuno, Susumu (1973) *The structure of the Japanese language*. The MIT Press, Cambridge.
Kuno, Susumu (1976) Subject raising. Shibatani, Masayoshi (ed.), *Syntax and semantics, 5: Japanese generative grammar*, 17-49. New York: Academic Press.
Kuno, Susumu (1978) Theoretical perspectives on Japanese linguistics. John Hinds and Irwin Howard (eds.), *Problems in Japanese syntax and semantics*. Tokyo: Kaitakusha.
Kuno, Susumu (1980) The scope of the question and negation in some verb-final languages. *Chicago Linguistic Society* 16: 155-169.
Kuno, Susumu (1982) The focus of the question and the focus of the answer. *CLS* 16: 134-157.
Kurafuji, Takeo (1998) Definiteness of koto in Japanese and its nullification. *RuLing Papers 1*. Working Papers from Rutgers University.
黒田成幸（1979）「「コ」・ソ・アについて」『英語と日本語と—林栄一教授還暦記念論文集—』41-59. 東京：くろしお出版［再録：金水敏・田窪行則（編）（1992）『指示詞』91-104. 春日部：ひつじ書房］
Kuroda, Sige-Yuki (1965) Generative grammatical studies in the Japanese language. M.I.T. Ph. D. Dissertation.
Kuroda, Sige-Yuki (1973) Where episitemology, style and grammar meet: A case

from Japanese. Anderson, Stephen R. and Paul Kiparsky (eds.), *A festschrift for Morris Halle*, 377-391. New York: Holt, Rinehart and Winston.

Kuroda, Sige-Yuki (1978) Case-marking, canonical sentence patterns, and counter equi in Japanese. John Hinds and Irwin Howard (eds.) *Problems in Japanese syntax and semantics*, 30-51. Tokyo: Kaitakusha.

Kuroda, Sige-Yuki (1979) On Japanese passives. Shin-ichi Harada et al. (eds.) *A Festschrift for Professor Kazuko Inoue*, 305-347. Tokyo: Kenkyusha.

Kuroda, Sige-Yuki (1983) What can Japanese say about Government and Binding. Proceedings of the West Coast Conference on formal Linguistics.

Kuroda, Sige-Yuki (1990) Cognitive and syntactic bases of topicalized and nontopicalized sentences in Japanese. *Japanese/Korean Linguistics* 1: 1-26. Stanford: CSLI.

Lasnik, Howard (1972) Analysis of negation in English. Doctoral dissertaion, MIT, published by Indiana University Linguistic Club.

Lasnik, Howard (1989) On the necessity of binding conditions. *Essays on anaphora*, 149-167. Dordrecht: Kluwer Academic Publishers.

Levinson, Stephen C. (1983) *Pragmatics*. Cambridge: Cambridge University Press.

Li, N. Charles and Sandra A. Thompson (1989) *Mandarin Chinese: A functional reference grammar*. Berkeley: University of Califormia Press.

Loftus, Geoffrey R. and Elizabeth F. Loftus (1976) *Human memory: The Processing of Information*. Hillsdale, NJ: Lawrence Erlbaum Associates.

Martin, Samuel Elmo (1975) *A reference grammar of Japanese*. New Haven: Yale University Press.

益岡隆志 (1987a)「目的表現と文の階層構造」未公刊

益岡隆志 (1987b)『命題の文法』東京：くろしお出版

益岡隆志 (1991)『モダリティの文法』東京：くろしお出版

益岡隆志・田窪行則 (1992)『基礎日本語文法―改訂版―』東京：くろしお出版

松下大三郎 (1930)『改選標準日本文法』東京：中文館書店 [復刊：(1978) 勉誠社]

三上章 (1953)『現代語法序説』東京：刀江書院 [復刊：(1972) 東京：くろしお出版]

三上章 (1955)『現代語法新説』東京：刀江書院 [復刊：(1972) 東京：くろしお出版]

三上章 (1959)『続現代語法序説』東京：刀江書院 [刊行時は、『新訂版現代語法序説：主語は必要か』 復刊：(1972) 東京：くろしお出版]

三上章 (1963)『日本語の構文』東京：くろしお出版

三上章 (1970)『文法小論集』東京：くろしお出版

南不二男 (1974)『現代日本語の構造』東京：大修館書店

南不二男（1985）「質問文の構造」尾上圭介（編）『文法と意味　朝倉日本語講座4』東京：朝倉書店
南不二男（1992）『現代日本語文法の輪郭』東京：大修館書店
森重敏（1965）『日本文法』東京：武蔵野書院
森田良行（1980）『基礎日本語(II)』東京：角川書店
森山卓郎（1989）「応答と談話管理システム」『阪大日本語研究』1: 63-88.
Muraki, Masatake (1974) *Presupposition and thematization.* Tokyo: Kaitakusha.
Muraki, Masatake (1978) The sika-nai construction and predicate restructuring. In John Hinds and Irwin Howard (eds.), *Problems in Japanese syntax and semantics*, 155-177. Tokyo: Kaitakusha.
Muraki, Masatake (1979) On the scrambling in Japanese. In George Bedell, Eichi Kobayashi, and Masatake Muraki (eds.), *Explorations in linguistics: Papers in honor of Kazuko Inoue*, 369-377. Tokyo: Kenkyusha.
中川博至（1994）「言語運用における談話標識の機能について」九州大学文学部卒業論文
中村ちどり（2001）『日本語の時間表現』東京：くろしお出版
中右実（1980）「文副詞の比較」国広哲彌（編）『文法［日英語比較講座2］』東京：大修館書店
中右実（1983）「文の構造と機能」安井稔・中右実・西山佑司・中村捷・山梨正明（著）『意味論［英語学体系5］』東京：大修館書店
Nakau, Minoru (1973) *Sentential complementation in Japanese.* Tokyo: Kaitakusha.
Newmeyer, Frederic (1976) The precyclic nature of predicate raising. In: Masayoshi Shibatani (ed.) *Syntax and semantics, volume 6: The grammar of causative constructions*, 131-164. New York: Academic Press.
仁田義雄（1980）『語彙論的統語論』東京：明治書院
仁田義雄（1991）『日本語のモダリティと人称』春日部：ひつじ書房
仁田義雄（1997）「文の構造と意味」益岡隆志・郡司隆男・仁田義雄・金水敏（著）『岩波講座　言語の科学　5 文法』東京：岩波書店
丹羽哲也（1994）「主題提示の「って」と引用」『人文研究』46(2): 79-109.（大阪市立大学文学部紀要）
野田尚史（2002）「単文・複文とテキスト」野田尚史・益岡隆志・佐久間まゆみ・田窪行則（著）『日本語の文法4　複文と談話』東京：岩波書店
大江三郎（1975）『日英語の比較研究—主観性をめぐって—』東京：南雲堂
岡田伸夫（1985）『副詞と挿入文』東京：大修館書店

奥津敬一郎（1974）『生成日本語論』東京：大修館書店
奥津敬一郎（1978）『「ボクハウナギダ」の文法』東京：くろしお出版
尾上圭介（1977）「語列の意味と文の意味」松村明教授還暦記念会（編）『松村明教授還暦記念　国語学と国語史』987-1004．東京：明治書院
尾上圭介（1981）「「は」の係助詞性と表現的機能」『国語と国文学』58(5)：102-118．
尾上圭介（1999a）「南モデルの内部構造」『言語』28(11)：95-102．
尾上圭介（1999b）「南モデルの学史的意義」『言語』28(12)：78-83．
太田朗（1980）『否定の意味』東京：大修館書店
Pope, Emily (1975) *Questions and answers in English*. Bloomington: Indiana University Linguistics Club.
Quirk, Randolph et al. (1972) *A grammar of contemporary English*. New York: Seminar Press.
Reinhart, Tanya (1976) Syntactic domain of anaphora. Unpublished Doctoral Dissertaion, MIT.
Reinhart, Tanya (1983) *Anaphora and semantic interpretation*. London and Camberra: Croom Helm.
Russell, Bertrand (1912) *Problems of philosophy*. London: Oxford University Press.
定延利之（2005）『ささやく恋人，りきむレポーター—口のなかの文化—』東京：岩波書店
定延利之・田窪行則（1992）「談話における心的操作モニター機構」『音声文法の試み』15-33．重点領域研究「日本語音声」E 12 班研究報告書
定延利之・田窪行則（1995）「談話における心的操作モニター機構—心的操作標識「ええと」と「あの(ー)」—」『言語研究』108：74-93．
Saito, Mamoru (1982) Case marking in Japanese: A preliminary study. Ms. MIT.
Saito, Mamoru (1983) Comments on the papers on generative syntax. Yukio Otsu et al. (eds.), *Studies in generative grammar and language acquisition: A report on recent trends in linguistics*, 79-89. Tokyo: International Christian University.
坂原茂（1988）「自然言語理解での論理構造解析に対する言語外的知識の役割」『言語の文脈情報処理の研究　研究資料集』文部省科学研究費研究成果報告書
坂原茂（1989）「メンタル・スペース理論概説」仁田義雄・益岡隆志（編）『日本語のモダリティ』235-246．東京：くろしお出版
阪倉篤義（1966）『語構成の研究』東京：角川書店
阪倉篤義（1975）『改稿日本文法の話』148-160．東京：教育出版
佐久間鼎（1983）『現代日本語の表現と語法』東京：くろしお出版［初版：(1951)　東

京:恒星社厚生閣]
笹栗淳子 (1996a)『現代日本語「Nのコト」の統語構造と意味機能』九州大学修士論文
笹栗淳子 (1996b)「現代日本語における「Nのコト」の分析―2つの用法と「コト」の統語的位置―」『九大言語学研究室報告』17: 37-46
笹栗淳子 (1998)「名詞句のモダリティとしてのコト―「Nのコト」と述語の相関から―」アラム佐々木幸子(編)『言語学と日本語教育―実用的な言語教育の構築を目指して―』161-176.くろしお出版
笹栗淳子・金城由美子・田窪行則 (1999)「心的行為における認識主体と対象との関係」『認知科学会(ICCS/JCSS '99)論文集』986-989.
佐々木冠 (2004)『水海道方言における格と文法関係』くろしお出版
澤田治美 (1978)「日英語文副詞類(Sentence adverbials)の対照言語学的研究―Speech act 理論の視点から―」『言語研究』74: 1-36.
澤田治美 (1979)「主語の位置への主語繰りあげ操作と日英語助動詞の派生について」第79回日本語学会口頭発表
澤田治美 (1980)「日本語「認識」構文の構造と意味」『言語研究』78: 1-35.
Schiffrin, Deborah (1987) *Discourse markers.* Cambridge: Cambridge University Press.
Schourup, Lawrence C. (1985) *Common discourse particles in English conversations.* New York/London: Garland.
関一雄 (1977)『国語複合動詞の研究』東京:笠間書院
Sells, Peter (1995) Korean and Japanese morphology from a lexical perspective. *Linguistic Inquiry* 26(2): 277-325.
Shibatani, Masayoshi (1973) Where morphology and syntax clash, a case in Japanese aspectual verbs. *Gengo Kenkyu* 64: 65-96.
Shibatani, Masayoshi (1975) Prelexical versus post lexical raising in Japanese. *Papers from the 11th Regional Meeting of Chicago Linguistic Society.*
柴谷方良 (1978)『日本語の分析』東京:大修館書店
正保勇 (1981)「「コソア」の体系」国立国語研究所(著)『日本語の指示詞[日本語教育指導参考書8]』51-122. 東京:国立国語研究所
鈴木孝夫 (1973)『ことばと文化』東京:岩波書店
鈴木孝夫 (1985)「自称詞と対象詞の比較」國廣哲彌(編)『文化と社会[日英語比較講座5]』17-59. 東京:大修館書店
Takano, Yuji (1996) Movement and parametric variation in syntax. Doctoral

dissertation. University of Carifornia, Irvine.
Takano, Yuji (2002) Surprising constituents. *Journal of East Asian Linguistics* 11: 243–301.
Takezawa, Koichi (1987) A configurational approach to case marking in Japanese. University of Washington dissertation.
田窪行則 (1975)「日本語動詞連結の一考察」京都大学卒業論文
田窪行則 (1977)「現代日本語における名詞「場所」特性について」京都大学修士論文
田窪行則 (1978)「形容詞＋する／なるの構文」京都大学大学院博士課程報告論文
田窪行則 (1979)「日本語複合動詞の構造について」京都大学大学院博士課程報告論文
田窪行則 (1984)「知っていることと知りたいこと」『日本認知科学会発表論文集』1: 58–59.
田窪行則 (1987a)「統語構造と文脈情報」『日本語学』6(5): 37–48.【本書一部1章】
田窪行則 (1987b)「普遍文法と外国語習得」『日本認知科学会発表論文集』4: 66–67.
田窪行則 (1989a)「名詞句のモダリティ」仁田義雄・益岡隆志 (編)『日本語のモダリティ』211–233. 東京：くろしお出版 【本書三部3章】
田窪行則 (1989b)「文脈理解—文脈のための言語理論—」『情報処理』30(10): 1191–1198.
田窪行則 (1989c)「文の階層構造を利用した文脈情報処理の研究対話における知識処理について」『言語情報処理の高度化研究報告7 言語情報処理の高度化の諸問題』258–275. 昭和61年度〜昭和63年度文部省科学研究費補助金特定研究
田窪行則 (1990a)「対話における聞き手領域の役割について」日本認知科学会 (編)『認知科学の発展3』67–84. 東京：講談社 【本書三部1章】
田窪行則 (1990b)「対話における知識管理について—対話モデルからみた日本語の特性—」崎山理・佐藤昭裕 (編)『アジアの諸言語と一般言語学』837–845. 東京：三省堂 【本書二部1章】
田窪行則 (1992)「言語行動と視点—人称詞を中心に—」『日本語学』11(9): 20–27.
田窪行則 (1995)「音声言語の言語学的モデルをめざして—音声対話管理標識を中心に—」『情報処理』36(11): 1020–1026.【本書二部4章】
田窪行則 (1997)「日本語の人称表現」田窪行則 (編)『視点と言語行動』13–44. 東京：くろしお出版【本書三部4章】
田窪行則 (2001)「現代日本語における2種のモーダル助動詞類について」梅田博之教授古稀記念『韓国語文学論叢』刊行委員会 (編)『韓国語文学論叢』1003–1025. ソウル：太学社
Takubo, Yukinori (1983) On the scope of the question and the negation. In *Papers from Kyoto Workshop on Japanese Syntax and Semantics*, 48–69. The Kyoto

Circle for Japanese Linguistics.

Takubo, Yukinori (1985) On the scope of negation and question in Japanese. *Papers in Japanese Linguistics* 10: 87-115.

田窪行則・木村英樹 (1990) 「中国語, 日本語, 英語, フランス語における三人称代名詞の研究」西光義弘 (代表)『日本語の文脈依存性に関する理論的実証的研究』2: 113-124. 文部省科学研究報告書

田窪行則・木村英樹 (1992) 「中国話, 日本語, フランス語における三人称代名詞の対照研究」大河内康憲 (編)『日本語と中国語の対照研究論文集 (上)』137-152. 東京:くろしお出版

田窪行則・金水敏 (1996a) 「複数の心的領域による談話管理」『認知科学』3(3): 59-74. (日本認知科学会)

田窪行則・金水敏 (1996b) 「対話と共有知識―談話管理理論の立場から―」『言語』25 (1): 30-39.

Takubo, Yukinori and Satoshi Kinsui (1992) 「Discourse Management in Terms of Mental Domains」『高度な日本語記述文法書作成のための基礎的研究』27-44. 平成3年度科学研究費研究成果報告書

Takubo, Yukinori and Satoshi Kinsui (1997) Discourse Management in terms of Mental Spaces. *Journal of Pragmatics* 28(6): 741-758.

田窪行則・笹栗淳子 (2001) 「「今」の対応物を同定する「今ごろ」について」南雅彦・佐々木アラム幸子 (編)『言語学と日本語教育 II』39-55. 東京:くろしお出版

田守育啓 (1991)『日本語オノマトペの研究』神戸:神戸商科大学経済研究所

田中穂積 (1992) 「談話の理解とメモリ・モデル」安西祐一郎・石崎俊・大津由紀夫・波多野誼余夫・溝口文雄 (編)『認知科学ハンドブック』203-210. 東京:共立出版

田中望 (1981) 「「コソア」をめぐる諸問題」田中望・正保勇 (編)『日本語の指示詞』1-50. 東京:国立国語研究所

寺尾康 (1992) 「文産出」安西祐一郎・石崎俊・大津由紀夫・波多野誼余夫・溝口文雄 (編)『認知科学ハンドブック』370-381. 東京:共立出版

Tonoike, Shigeo (1977) O/GA conversion: GA for object marking reconsidered. *Metropolitan Linguistics* 2: 50-75.

Ueyama, Ayumi (1998) Two Types of Dependency. Doctoral dissertation, University of Southern California, distributed by GSIL publications, USC, Los Angeles.

上山あゆみ (2000) 「日本語から見える「文法」の姿」『日本語学』19(5): 169-181.

吉本啓 (1993) 「日本語の文階層構造と主題・焦点・時制」『言語研究』103: 141-166.

初出一覧

第一部　日本語の統語構造と推論
第1章　統語構造と文脈情報
　　　『日本語学』6(5):37-48．明治書院　1987．
第2章　日本語の文構造――語順を中心に――
　　　『世界の中の日本語[朝倉日本語講座1]』42-64．早田輝洋(編)
　　　朝倉書店　2005．
第3章　日本語における否定と疑問のスコープ
　　　(原題 On the scope of negation and question in Japanese.)
　　　Papers in Japanese Linguistics 10. 87-115. Tokyo: Kurosio. 1985
第4章　中国語の否定――否定のスコープと焦点――
　　　『中国語学』252：61-71．日本中国語学会　2005
第5章　日本語複合述語の構造と派生の諸問題
　　　――述語繰りあげ変換を中心にして――
　　　『日本学誌』2・3：15-41．韓国啓明大学校日本学研究所　1982
第6章　現代日本語の「場所」を表す名詞類について
　　　『日本語・日本文化』12：89-115．大阪大学留学生別科　1984
第7章　日本語における個体タイプ上昇の顕在的な標識
　　　(原題 An Overt Marker for Individual Sublimation in Japanese.)
　　　Current issues in the history and structure of Japanese. 135-151.
　　　Bjarke Frellesvig, Masayoshi Shibatani and John Charles Smith (Eds.)
　　　Tokyo: Kurosio. 2008

第二部　談話管理と推論

第1章　対話における知識管理について——対話モデルからみた日本語の特性——
『アジアの諸言語と一般言語学』837-845．崎山理・佐藤昭裕（編）
三省堂　1990

第2章　談話管理の標識について
『文化言語学：その提言と建設』96-106．文化言語学編集委員会（編）
三省堂　1992

第3章　談話管理の理論——対話における聞き手の知識領域の役割——
『言語』19(4)：52-58．大修館書店　1990

第4章　音声言語の言語学的モデルをめざして——音声対話管理標識を中心に——
『情報処理』36(11)：1020-1026．情報処理学会　1990

第5章　感動詞の言語学的位置づけ
『言語』34(11)：14-21．大修館書店　2005

第三部　推論と知識

第1章　対話における聞き手領域の役割について
——三人称代名詞の使用規則からみた日中英各語の対話構造の比較——
『認知科学の発展 3』67-84．日本認知科学会（編）　講談社　1990

第2章　ダイクシスと談話構造
『言語学要説（下）［講座日本語と日本語教育 12］』127-147．近藤達夫（編）
明治書院　1990

第3章　名詞句のモダリティ
『日本語のモダリティ』211-233．仁田義雄・益岡隆志（編）
くろしお出版　1989

第4章　日本語の人称表現
『視点と言語行動』13-44．田窪行則（編）　くろしお出版　1997．

第5章　日本語指示詞の意味論と統語論——研究史的概説——
『言語の研究：ユーラシア諸言語からの視座［語学教育フォーラム 16］』311-337．
寺村政男・久保智之・福盛貴弘（編）　大東文化大学語学教育研究所　2008

第6章　談話における名詞の使用
『複文と談話［岩波講座　日本語の文法 4］』193-216　野田尚史・益岡隆志・
佐久間まゆみ・田窪行則（著）　岩波書店　2002

索 引

A

A 類の接続助詞 4
be 255
B 類の接続助詞 4
clause internal 95
come 232
c- 統御 4, 305
c- 統御領域 4
C 類の接続助詞 4
delivery 186
D-index 304
D-indexed NP 304
D- 領域（Direct, Deictic）203
D 類の接続助詞 35
Equi（Equi-NP deletion）77, 97
E- タイプ 203
go 232
H 化（始まり部分の母音の無声化）188
I-indexed NP 304
I- 領域（Indirect, Intensional）203
K- 統御（K-command）51
lan〈韓国語〉254
LF（Logical Form）305
LTM（Long Term Memory）240
PATERNAL WE（保護者的な we）280
PF（Phonological Form）305
PR（Predicate Raising）77, 78, 80, 85, 97

pro 279
PRO 11
QR（Quantifier Raising）135
Reinhart 41, 48
RK（Relevant Knowledge）241
SR（Subject Raising）77, 80, 97
S 節点 91, 98
　〜の消滅 99
this 234
uh 186
um 186
zanmen（咱们〈中国語〉）281

あ

ア-NP 302
「あ」,「ああ」185
相手
　〜の名前 319
　〜の領域 236
ア系列 175
　〜の指示詞 156, 213
「あげる」230
アスペクト
　〜句 69
　〜要素 69
値 214, 224
　〜解釈 284
　〜の割当 214, 218
「あたり」114, 117
穴あけ規則（Gapping）82, 87, 96

「あの」185
言い間違い 181, 193
言い淀み 181, 189, 194, 322
位格 105
「行く」232
意志的動作 9
移譲表現 230
一語文 198
一人称代名詞 207
一項述語 65
意図の計算 164
イベント論理 65
「今」326
「今ごろ」326
意味タイプ 7
意味的階層 28
　〜関係 28
　〜構造 28
意味的に空なノコト 126
意味表示 7
意味論 5, 289
　〜的アプローチ 294
入れ子 27
　〜型の構造 19
　〜関係 20
　〜構造 19
インタフェース 274
　〜管理 182
インデクス 185
イントネーション 198
引用 334
　〜句 12

索引

〜形 178, 204
〜形式 154
〜節 35
〜符 334

受け 35
　〜の深さ 4
受け入れ 172
受身過程 23
埋め草的 311

「え」185
英語 28, 31, 33, 47, 103, 186, 196, 208, 228, 231, 232, 234, 268, 280, 321, 329
　〜の三人称代名詞 217
「ええと」185
エピソード 208
　〜記憶 148
　〜記憶内容 162
遠近 312
演算(推論) 162
遠称の指示詞 155

応答詞 181, 185, 187, 194
「お〜さん」276
オノマトペ標識 187
音声言語 181
　〜音声対話管理システム 183
音調 181
　〜変化 188

か

「か」4, 44
「が」84
外延化オペレータ 141
外界の知識 7
介詞構造 33
階層 4

〜構造 10, 19
階層性(configurationality) 46, 52
階層的 3
　〜なデータベース 162
外的証拠 22
下位範疇化 4
　〜特性 23
係り 35
　〜の深さ 4
係り受け 35
係り先 12
係り助詞挿入 79
書き込み確認 169
かきまぜ変換 85
拡張身体 205
過去 34
下降 198
数 103
仮説的情報 22
過程 9
仮定された心的領域 162
「から」14
空のオペレータ 139
空の指定部 31
空の補文標識 31
空の要素 31
「彼」156, 203
韓国語 34, 152, 195, 196, 254, 329
冠詞 340
関数 245
間接経験 236
間接経験領域 162
間接知識領域 22
間接話法 231
眼前指示 291, 295, 311
間投(助)詞 26, 190, 194
　〜的な言い淀み 193
感動(助)詞 161, 164, 183, 185, 187, 193, 194, 319

〜類 183
感動詞標識 196
関与性
　〜の原則 170
　〜の制限 150
関与知識 241

記憶データベース更新 183
記憶モデル 184
聞き手
　〜尊敬 103
　〜の立場 180
　〜の知識 145
　〜の知識状態 180
　〜の知識領域 180
　〜の内部世界 169
　〜の領域 162, 236
　〜目当て 20
　〜を表す語 320
記載 170
記述 265
基準点 5
既存知識 340
基底構造 77
機能範疇 4
基本語順 27
義務的な名詞句「－ノコト」134
疑問 3, 13
　〜文 3
疑問詞 7, 15, 41, 45, 55
　〜疑問文 55
疑問辞 4
逆関数 252, 256
逆操作 255
旧情報 13, 340
境遇性 262
強調の表現 195
共通体験 332
　〜知識 151
共通の前提 184

共有空間 323
共有情報の欠落 164
共有体験 321
共有知識 168, 184, 203, 321
　～のパラドクス 294
局所的な心的領域 162
近称制約(condition on proximal construal) 325

空間的な距離 290
空気すすり 200
偶有的な性質・属性 335
句間 190
句構造規則 3
久野暲 41, 84
「来る」232
「くれる」230, 231
黒田成幸 294

敬意 103
計算 22
形式意味論 5
形式名詞 5, 125
敬称 275
計量詞句 284
結論非眼前指示 307
「けれど」13
言語運用 181
　～モデル 184
言語学的モデル 183
言語記号 187, 194
言語現象 183
言語行為 164
言語コミュニケーション 161, 337
兼語式 33
言語的先行詞 205
言語場の制約 159
言語能力 181
言語の運用システム 161
言語のメタ的使用 340

顕在統語論(overt syntax) 139
検索 162, 169

コ–NP 306
コ・ア 174
語彙的 5, 189
　～主要部 27
　～複合述語 93
行為依存的直示 225
行為の理由 16
後件 5
構成素 4, 27
　～統御 (c-command) 46, 48, 55
構造 4
　～的特性 301
拘束形態素 28
後置文 86
恒等関数 252
高平調 198
コード 182
心の理論 145
語順 19, 25, 28
呼称 268, 275
　～化 276
　～化操作 269
コ・ソ 174
コ・ソ・ア 174, 226, 301, 307
コソアド系列 195
個体タイプ上昇(individual sublimation) 5, 132
コト 125
こども 278
コネクター 243
　～の逆転 258
コミュニケーション 210
　～行為 322
固有名 6
固有名詞 204, 211, 264, 270, 278, 319, 330
　～+「たち」265

語用論 4
　～的アプローチ 290
　～的記述 294
　～的な操作 329
　～的関数 248

さ

再記載指示 171
再定義 335
作業記憶 184
作業バッファ 184
ささやき 200
「させ」24
「～さん」276
参照点 23
三人称 207
　～代名詞 175, 208, 214
　～単数男性 203

恣意性 187, 194
使役動作 23
「～しかない」96
自己確認 169
指示 330
指示詞 104, 183, 234, 289, 329
　～体系 207
　～の意味論,統語論特徴付け 289
指示対象 223
指示的主語 139
指示の用法 155, 254
指示トリガー階層制約 163
自称詞 262, 320
　～の用法 278
時制 8
　～の対立 10
　～辞 8, 97
事態 8
実際の焦点位置 13
指定部 31

索　引　357

視点の制約 230
支配領域 227
指標辞 264
自分の身体(VE=vehicle of
　　EGO) 312
社会(的)タイトル 204, 319
写像 209, 242
写像関数 252
終助詞 161, 168, 183, 235, 319
従属節 4, 35
主格 8
　〜名詞 8
主語敬語 102
主語上昇変換(Subject Raising,
　　SR) 77, 80
主語制約 137, 138
主語尊敬語化 79, 94, 96
主語尊敬語化変換 88
主節 8
主題 8, 15
　〜的な位置 15
出現動詞 333
述語繰りあげ 75
　〜変換 (Predicate Raising,
　　PR) 75, 77, 78, 85, 97
述語付け 152
受動態 95
受動, 能動同義性 94
主要部 4
照応(的)用法 295, 335
上下関係を表す語 261
条件節 4
条件文 5, 67, 336
上昇 198
状態 9
　〜用言 92
焦点 3, 13, 63
焦点化 7
　〜可能な位置 7
情報
　〜の帰属領域 207

〜の交換 239
〜の親疎 294
〜の入出力 188
〜の発出 172
情報構造 4
初期状態 209
所在 119
職階を表す語 261, 276
処理過程 172
処理状態 172
指令 162
新規記載指示 171
新規情報 162, 245
新規知識 153, 159, 168, 340
新情報 13, 340
親族名称 204, 261, 275, 319
身体名称 109, 121
シンタグマティック 22
心の情報処理操作 197
心的操作 182, 197
　〜モニタ機構 183
心的データベース 3
心的なデータ管理操作 183
心的モニター 185
　〜標識 197
心理述語 126
心理的な距離 290

随意的 6
　〜ノコト 126, 133, 137
遂行文 170
推量 80
推論 165, 183, 245, 257, 334
　〜操作 166
　〜の管理登録 166
　〜の根拠 167
数表現 101
数量詞 66, 303
　〜句 113
　〜の遊離 91
スケール的含意 71

スコープ 3, 41, 63
スペース 209
　〜的コネクター 255

西欧語 250, 251, 340
制限的修飾節 7
生成文法 5, 183
生成変換文法 93
声門閉鎖 188
生理的発声 187
勢力範囲 290
節 8
　〜タイプ 34
接辞の機能 119
接続助詞 4
接続副詞 161, 166, 183
絶対敬語的 233
設問詞疑問文 152
0-indexed NP 304
ゼロ代名詞 10
ゼロ名詞 329
　〜句 7
先行 51
　〜談話 150
　〜文脈 150
潜在的焦点位置 7, 13
潜在的導入 159
全順序構造 27
線状化 27
　〜規則 19, 25, 27
線状的先行関係 41
全称否定 70
全体 122
選択制限 93
選択の対比 14
前提 8, 245
　〜知識 152

ソ 311
ソ-NP 302
「そう」 81

358　索　引

増加可能集合 184
総記 84
　〜の「が」 84
想起された情報 165
総称的 150
　〜な代名詞 11
「そうだ」 88
相対空間名詞 5
相対敬語 232
相対名詞 109, 111, 113
想定間違い 214
総目的語分析 141
促音化 188
属性 210, 329, 330
　〜抽出標示 131
　〜抽象化標示 141
　〜の集合 5
　〜の抽象化のマーカー 141
　〜の部分集合 6
束縛条件 D 271
束縛変項 304
「そ」系列の指示詞 156
「その」 185
「その N」 337
「それ」 81
尊敬表現 102
存在動詞 333

た

待遇性 284
ダイクシス(deixis) 223
ダイクシス表現(deictics, deictic expressions) 223
ダイクティックな時間 326
代示形 81
対象格 92
対称詞 262, 320
対象主格 9
代名詞 250
　〜解釈 217

題目のピリオド越え 271
対立型 174, 226
対立的視点 204, 325
対話 207, 211
　〜相手とのインタフェース 182
　〜型の談話 147
　〜の初期状態 241
　〜場面 273
対話構造 224
対話処理操作 185
対話的談話 158, 180, 240, 318
対話モデル 147, 208
　〜の表示 240
他者の位置付け 222
多重疑問詞疑問文 47, 57
他称詞 262
「たち」 265
「ために」 14
単一性仮説(Uniform Hypothesis) 140
探索 165, 169
断定 80
単複の区別 101
単文構造 95
談話 153, 250, 317, 323
　〜意味機能 16
　〜運用 173
　〜構造のモデル 207
　〜初頭 190
　〜処理のシステム 162
　〜に導入された要素 150
　〜の管理運営 149
　〜の構造 161, 317
　〜の構造の表示 182
　〜の初期状態 333, 338
　〜の初期値 149, 159
　〜の場 323
　〜領域 274
談話管理 161, 240
　〜システム 240

　〜者 148, 240
　〜標識 145
　〜理論 5, 161, 203, 239, 246
談話情報管理標識 164
談話法違反 231
値域 242
知覚情報 165
知識 148
　〜確認 168
　〜の受渡しのためのキュー 182
　〜の共有性 332
　〜の提示 170
「ちゃん」 276
中国語 32, 63, 103, 175, 179, 196, 208, 213, 216, 219, 228, 229, 234, 281
　〜の指示詞体系 208
抽象的位置 106, 124
抽象的主語 138
中立叙述 84
長音化 188
長期記憶 148, 162, 208, 240
朝鮮語 46, 103, 227, 231, 233
超分節的要素(suprasegmentals) 188
直示 225, 324
　〜語 323
　〜行為 265, 323
　〜的用法 205
　〜のソ 289
直接経験
　〜知識 203
　〜領域 162
直接体験知識 294
直接知識 5
チョムスキー 183
　〜付加 58
陳述副詞 183

索 引

つっかえ 200
「って」155, 183, 204, 215, 334
「て」88
定化するもの(definitizer) 130
定義 334, 340
定記述 203, 261, 264, 270, 278
定形節 11
提題 183, 335
　〜の掛かり 271
「定」標示 130
低平調 198
丁寧 34
　〜形 17
　〜度 17
手紙 320
「でしょう」14
「てほしい」88
「てもらう」88
転移性 194, 323
電子メール 320
伝達 8

「と」35
「という」+基本範疇名詞 246
「というの」204, 215, 256
ドイツ語 30, 31
同意 168
　〜要求 170
同位関係 63
同一指示(coreference)
　〜の制約 271
　〜名詞句 305
同一名詞消去変換(Equi-NP deletion) 77
同位要素 27
統御 51
統語構造 3
統語操作 63
統語的 5
　〜アプローチ 301

〜解析 7
〜領域 41
統語テスト 5
統語表示 7
統語論 289
動作 8
　〜の命名 9
動詞句 4, 8
動詞連用形 93, 97
統制指示的
　（CONTROLLED）11
同定 255, 264, 329
　〜原則 248
「どうも」182
登録 162
時枝誠記 28
独立型 174
独立語 193
独立的視点 204
独立的用法 295
独立文 188
「ところ」5, 114, 117
「とは」204
ド・モルガンの法則 64
捉え直し 335

な

「ない」4
内部情報処理状態 164, 186
内部世界 169
内包述語 126
内包的文脈 130
名前 276
　〜化 276
縄張り 290
　〜的な領域 227

二人称代名詞 207
日本語複合述語 75
日本語文法 7

人称 204
　〜依存型 175
　〜指示 286
　〜代名詞 203
　〜的アプローチ 290
　〜独立的 175
　〜名詞 262
認知上の特性 308
認知的 301
認知的主体（EGO=cognitive agent）309, 312

「ね」168, 182, 235

「〜のこと」5, 125, 183
野田尚史 35
「ので」13

は

「は」183, 335
パージング 192
排他的関係 109
橋本進吉 19, 26
場所 103, 108
　〜化 111, 124
　〜性 106
　〜名詞 5
派生 75
裸
　〜の固有名 155, 246
　〜の名詞 154
　〜の名詞句 215
場つなぎ的な語(filler) 190
発話 8
　〜権保持的機能 190
　〜時現在 326
　〜文脈 333
発話行為 273
話し手
　〜の意向 168

～の意向の押し付け 168
～の内部世界 169
～を表す語 320
パラディグマティック 22
パラメータ 46
反事実解釈 5
半順序構造 27
判断 8
　～，依頼などの根拠 16
範疇 4

非意志的動作・過程 8
非意図的違反 231
鼻音化 188
非階層的（nonconfigulational）
　な言語 47
非眼前指示用法 291
非言語的文脈 87
非語彙的 189
非主語敬語 102
　～形 103
非主要部 27
卑称 277
非照応の用法 324
非制限修飾節 7
非対話的
　～構造 148
　～分脈 159
否定 3, 63
　～極性要素 70
　～構造 63
　～辞 4, 41
　～辞転送（negative travel）
　　ルール 45
　～述語 72
　～の焦点 67
　～のスコープ 67
　～文 3
非定形節 11
人
　～が関与していない場所名

詞 109
～が関与している場所名
　詞 109
～性 110
独り言 190, 293, 321
非場所 104
　～名詞 5
被否定項 63
評価の副詞 13
表現類型 164
標識 161, 182
頻度句 32

フィラー（filler）194
「ふうん」182, 185
付加
　～位置 30
　～句 25
　～的 20
復元可能 87
複合述語 75
複合動詞 5
複合名詞節（complex NP）85
副詞
　～句タイプ 13
　～節 12, 85
複数形 265
普通名 246
普通名詞 204, 329
物理的位置 106
不定・定の区別 340
部分 111, 122
　～化 5, 120, 124
　～主格 9
　～否定 70
不要な繰り返し 181
文解析 184
文産出 184
分節音（segmentals）188
文節構造 19
文頭 190

文法カテゴリー 21
文法構造 19
文脈 194
　～指示 227, 236, 291
　～指示的（DISCOURSE
　　ANAPHORIC）11
　～照応的 340
　～情報 3
　～情報構造 8
　～パラメータ 244
　～用法 295

「へえ」185
変換 77
　～生成文法 75
　～文法 78
変数 223
　～的表現 223

母音
　～のH化 196
　～の音調 196
　～の促音化 196
　～の長音化 196
　～の撥音化 196
包括的二人称（inclusive
　we）308
　～視点 312
方向 114
　～性 114
抱合的視点 281, 325
ポーズ 181
ぼかしの表現 195
補語 7
補集合 64
　～の特性関数
　　（characteristic
　　function）64
補足的インフォーメイショ
　ン 87
補文 75, 93

～化辞 87
～標識 31
本質的な性質・属性 335

ま

「ま」185
「ます」34
マッチング 169
マルチプル・チョイス式 44
　～焦点 55
「まわり」117

三上章 28, 262
「みなさん」265
南不二男 8, 28
　～の4階層 4
身振り 197

名詞 317, 323, 324
　～＋lani？（韓国語）254
名詞句 246
　～－ノコト 125, 127, 128
　～のメタ用法 204
　～のモダリティ 204
命題 19
　～目当て 20
メタ
　～記述 258
　～形式 179, 215
　～形態 187, 196
　～的 214
　～的存在 256
　～(的)用法 155, 254, 255
メンタルスペース 184
　～理論 207, 240

モーダル 8, 20, 256, 336
　～の助動詞 235
モジュレーション 187
モダリティ 19

～要素 239
モニタ 182
　～標識 183

や

役割 218
　～解釈 218
　～割り当て 273
「やる」230, 231

融合型 174, 226
融合的視点 204, 325

「よ」168
「ようだ」182
様態・頻度の副詞 8
抑揚 181
予測 257
「よね」171
呼びかけ 204, 270, 319
　～語 181, 268, 275

ら

「らしい」85, 93
「られ」24

りきみ 200
離接的(disjunctive) 293
理由説明的解釈 167
量化詞句 140
両唇鼻音 188
量副詞 32

臨時
　～的呼称 282
　～的名前 282

連言 65
連動

～語 305
～読み 304

〈著者紹介〉

田窪 行則（たくぼ ゆきのり）

京都大学大学院文学研究科教授。
1950年岡山生まれ。1975～1980年京都大学大学院文学研究科において言語学(生成文法)を研究。その後，韓国東国大学慶州分校，および神戸大学で，日本語と言語学を教育。1991年より2000年まで九州大学文学部で言語学の研究・教育。現在，京都大学文学研究科(言語学専修)。博士(文学)。

日本語の構造 ──推論と知識管理──

発行　2010年 11月15日　第1刷発行
　　　2013年　1月30日　第2刷発行

著者　田窪 行則

発行所　くろしお出版　〒113-0033　東京都文京区本郷3-21-10
　　　　　　　　TEL 03-5684-3389　FAX 03-5684-4762　http://www.9640.jp
装丁　右澤康之／印刷　藤原印刷

©Yukinori Takubo 2010, Printed in Japan　ISBN978-4-87424-503-3 C3081
●乱丁・落丁はおとりかえいたします。本書の無断転載・複製を禁じます。